Erich Trunz
Ein Tag aus Goethes Leben

Erich Trunz

Ein Tag aus Goethes Leben

Acht Studien zu Leben und Werk

Verlag C. H. Beck München

Mit 9 Abbildungen

ISBN 3 406 34260 4

Vierte Auflage. 1994

© C. H. Beck'sche Verlagsbuchhandlung (Oscar Beck) 1990
Satz und Druck: Kösel, Kempten
Gedruckt auf säurefreiem, aus chlorfrei gebleichtem Zellstoff
hergestelltem Papier
Printed in Germany

Inhalt

Ein Tag aus Goethes Leben

Über Goethes Leben wissen wir viel. Das liegt an der Verbindung von Lebensfülle, schriftlichem Ausdruck und bewahrendem Sammeln in seiner Natur. Wir haben nicht nur seine Werke und Tagebücher, die Briefe von ihm und an ihn, die vielen Aufzeichnungen von Gesprächspartnern, sondern wir haben die Räume, in denen er lebte, die Kupferstiche und Bilder, die er betrachtete, und Hunderte von Handwerkerrechnungen, aus denen hervorgeht, wann das Vorzimmer gelb gestrichen wurde und das Junozimmer blau. Seine Bücher, mit denen er lebte, stehen noch alle in seinem Bibliotheksraum oder in seinem Arbeitszimmer, und die Weimarer Bibliothek besitzt die alten Ausleihverzeichnisse, aus denen hervorgeht, welche Bücher Goethe sich dort auslieh. Nimmt man die Briefe aus Goethes Umkreis hinzu, die – ungedruckten – Tagebücher Knebels und andere Schriftstücke und Bilder, so ergibt sich ein reiches Material, das es ermöglicht, Goethes Leben nicht nur in großen Zügen kennen zu lernen, sondern auch in Einzelheiten zu erfassen.

Wir wollen im folgenden versuchen, uns einen Tag in Weimar – keinen besonderen Tag, sondern einen ruhigen Arbeitstag – auf Grund des Tagebuchs deutlich zu machen. Gewählt sei der 12. April 1813. Die Tagebuch-Eintragung lautet:

12. April 1813. Biographisches. Wetzlar. Orden. Göttingen, die Barden pp. Major v. Knebel. Speiste derselbe mit uns. Nach Tische das Gespräch fortgesetzt. Kam seine Frau, dann sein Sohn. Abends Prof. Riemer. Lexicon technologiae latinorum rhetoricae. Nachts im Mondschein spazieren bis zum Römischen Haus. Aushängebogen des Seebeckischen Aufsatzes über die neuentdeckten Farbenerscheinungen. Schöner Tag. (Nachtrag:) Baron v. St. Aignan wird in Gotha überfallen.

Der 12. April war ein Montag. Goethe war damals 63 Jahre alt, Christiane 47 Jahre, August, als Kammerassessor tätig, 23 Jahre. – Die Aufzeichnung fängt ohne besondere Bemerkung an, das bedeutet: Goethe ist wie üblich etwa um 6 Uhr aufgestanden[1] und hat gefrüh-

---

[1] Goethe stand gern früh auf; in Karlsbad morgens um 5 Uhr (an Christiane 2. Juni 1807; 1. August 1812 u. ö.); auf Reisen bestieg er gern den Wagen um 6 Uhr morgens (Tagebuch 30. April–3. Mai 1812). Vgl. auch Tagebuch 24.–29. Juli 1816.

stückt[2]. Als Sekretär war zu dieser Zeit bei ihm Ernst Carl Christian John tätig, 24 Jahre alt; er hatte Jura studiert und die Stelle bei Goethe nur angenommen, weil es in den durch die napoleonische Besatzung verarmten Staaten Sachsen und Preußen keine offenen Stellen gab. Er trat später, 1814, in den Staatsdienst und brachte es zum preußischen Hofrat.[3] John wohnte in Goethes Haus und hielt sich also bereit zum Diktat im Arbeitszimmer.

Das Tagebuch sagt „Schöner Tag". Es war, wie wir auch aus anderen Quellen wissen, ein sonniger Frühlingstag.[4] Wahrscheinlich hat Goethe zunächst einige Schritte in den Garten hinter dem Haus getan und die sprießenden Frühlingsblumen betrachtet.[5] Da das Arbeitszimmer nach Süden liegt, schien die Sonne hinein, denn es gab im Garten keine hohen Bäume.

Goethe arbeitete an dem 3. Teil von „Dichtung und Wahrheit". Das Wort „Biographisches" sagt, daß er an der Autobiographie diktierte. Die folgenden Wörter bezeichnen den Inhalt des diktierten Stückes. Am Tage davor verzeichnet das Tagebuch, daß er begonnen hatte, sein Leben in Wetzlar im Sommer 1772 darzustellen. Er hatte im Tagebuch notiert „Die Wetzlarische Epoche durch schematisiert", d. h. er hatte die Stichworte aufgeschrieben. Auf Grund dieser Stichworte diktierte er nun.

Er war an diesem Vormittag ungestört und kam gut voran. Die Prosa von „Dichtung und Wahrheit" pflegte er immer zu diktieren. Nur Verse schrieb er mit der Hand. Beim Diktat ging er meist auf und ab. Als einige Wochen später John krank wurde, stockte die Arbeit an

---

[2] Riemer an Frommann: „Des Abends genießt er Thee oder Wein; des Morgens außer seinem Spaa-Wasser abwechselnd Kaffee, Schokolade oder Fleischbrühe." (GHe 2, S. 260.) – W. Bode, Goethes Lebenskunst, 8. Aufl. 1922, S. 207.

[3] Walter Grupe, Goethes Sekretär Ernst Carl Christian John. In: (Jb.) Goethe 24, 1962, 202–223. – WA Tagebücher und Briefe (Register), insbes. der Brief vom 18. März 1816 an J. E. Hitzig. – Schleif, Goethes Diener, 1965, S. 233. – John (1788–1856) wurde 1831 in Berlin Oberzensor, 1836 Spezialzensor für das „Junge Deutschland" bis zur Aufhebung der Zensur 1848. Man darf ihn nicht verwechseln mit Goethes Schreiber Johann August Friedrich John, der 1814–1832 in seinem Dienste war.

[4] Auch Knebels Tagebuch notiert sehr schönes Wetter, ebenso die gedruckten Tabellen damaliger Meteorologen. Vgl. Anmerkung 60.

[5] Er hatte eine besondere Liebe für die Krokus und Narzissen. Die vielen Stellen in Briefen und Gedichten sind vollständig beieinander im Wortarchiv des Goethe-Wörterbuchs.

Goethes Arbeitszimmer. An dem Mitteltisch saß der Schreiber, wenn Goethe diktierte, und zu anderen Zeiten Goethe selbst. Der große Schreibtisch mit Aufsatzschränken kam erst in Goethes letzten Lebensjahren in diesen Raum.

der Autobiographie, weil nun keine Möglichkeit zum Diktieren bestand. Christian John schrieb rasch und gut. Er schrieb auch Fremdwörter und lateinische Ausdrücke fehlerfrei nieder.[6] Sonst aber war er nicht gerade einnehmend. Die Malerin Luise Seidler, die keineswegs eine scharfe Zunge hatte, die aber mit den Augen der Künstlerin sah und die Goethe verehrte, schrieb am 4. März 1813 an ihre Freundin Pauline Schelling: „John, ein kleines, hageres, häßliches, stilles, aber nicht so still und klein sein wollendes Wesen, von dem ich nicht recht begreife, wie es der Geheimrat um sich dulden kann... seine geistigen Einmischungen werden von dem alten Herrn so in aller Grandezza übersehen..." (GHe 2, S. 781 f.).

Christian John saß an einem einfachen Holztisch. Das Arbeitszimmer sah ähnlich aus wie auf dem späteren Gemälde von Schmeller[7], ohne Gardinen, mit dem Stehpult aus Kiefernholz, Aktenregal und einfachen Stühlen, doch ohne die Möbelstücke, die später hinzukamen (d. h. ohne den großen Schreibsekretär an der Wand zur Bibliothek, ohne den eleganten Pappelholzschrank, der in der Zeit Ottiliens in das Zimmer kam, und natürlich ohne den kleinen Schreibtisch für die Enkel). Es war also noch einfacher, nüchterner, als es heute erscheint.[8] – Die Sonne, die morgens von ganz links hereingeschienen hatte, rückte allmählich nach Süden. Vermutlich hat Christiane oder die Köchin etwa um 10 Uhr für Goethe und John ein kleines zweites Frühstück gebracht, das im Arbeitszimmer oder im Sonnenschein vor dem Haus verzehrt wurde.[9]

Die Partie, welche Goethe an diesem Vormittag diktierte, war nicht so schwer zu schreiben wie manche andere, etwa die problemhaltigen

---

[6] Goethe hat auch Sekretäre gehabt, deren Niederschriften zahlreiche Fehler und Mißverständnisse enthalten. Das zeigen die Manuskripte im Goethe- und Schiller-Archiv (NFG).

[7] Reproduziert in: Alfred Jericke, Goethe und sein Haus am Frauenplan. 2. Aufl. Weimar 1964. Titelbild, farbig. – Gajek-Götting-Göres, Goethes Leben und Werk in Daten und Bildern. Frankfurt/M., 1966., Abb. 514. – Auch sonst häufig abgebildet. Das Original befindet sich in Weimar, Zentralbibliothek der dt. Klassik (NFG).

[8] Alfred Jericke, Das Goethehaus am Frauenplan. (Führer) Weimar 1958, S. 111–115.

[9] Skell in Dornburg berichtet von Goethes Mahlzeiten: 6 Uhr Kaffee, 10 Uhr Frühstück, 1 Uhr Mittagessen; danach nichts mehr, gelegentlich um 5 Uhr „ein Franzbrot", d. h. ein Brötchen. (GHe 3,2 S. 336 u. 343.) – Vgl. auch Anmerkung 47.

Abschnitte über „Werther" oder über die Spinoza-Lektüre. Es ist ein erzählendes Stück. Der Abschnitt über das Reichskammergericht war in den Tagen davor im allgemeinen fertig geworden. Goethe hatte sich in seinem Leben so oft mit deutscher Rechtsgeschichte beschäftigt, daß ihm die allgemeinen Zusammenhänge geläufig waren. Sein Gedächtnis bewahrte mancherlei aus der Zeit, die er in Wetzlar verlebt hatte. Dazu hatte er sich am 6. April aus der Weimarer Bibliothek sechs Bücher über das Kammergericht entliehen (Keudell 847–851) und sie durchgesehen. Das Tagebuch vermerkt, daß er daraufhin den Abschnitt über das Kammergericht am 8. und 9. April diktierte.

Er machte sich also am 12. April daran, von der Schilderung des Kammergerichts überzulenken auf seine eigenen Erlebnisse in Wetzlar. Er erzählt, wie er damals, 23 Jahre alt, aus Frankfurt kommend, fürchtete, hier in der durch das Kammergericht geprägten Kleinstadt „eine sauertöpfische Gesellschaft" um sich zu haben, statt dessen aber einen Kreis fand, der fast wie eine Studentenverbindung (Orden) lebte. Die Darstellung eines Menschenkreises mit eingestreuten knappen Porträts entsprach Goethes besonderer Begabung. Und so konnte er dieses Stück flüssig diktieren. Der Übergang zum Folgenden war leicht herzustellen. Er bekommt durch Gotter die Verbindung zum Göttinger „Musenalmanach". Nun handelte es sich darum, den Geist dieses Kreises darzustellen, gute Ansätze und ihre Übertreibung ins Verkehrte, allgemeine Ideale und ihre provinziell-verengten Fortführungen. Auch dies, die Zweiseitigkeit menschlich-begrenzten Strebens, vermochte Goethe immer besonders gut sichtbar zu machen. Er blickt aus in die damalige politische Welt, er nennt Voltaires Kampf um das Recht des Bürgers und Friedrichs II. Leistung für Preußen. Klopstock dagegen verherrlichte Arminius, und seine Anhänger dichteten „Bardenlieder". Realität und Literatur fügten sich also schlecht zusammen. Nun mußte zu der eigenen dichterischen Produktion übergeleitet werden; und es mußte gezeigt werden, wie weit der 23jährige Dichter, zu dem der 63jährige Autobiograph jetzt so viel Distanz hatte, die Sprache seiner Zeit sprach und wie weit er eigene Worte fand. Die Erzählung bleibt bei den Tatsachen, nennt Gedichte wie „Der Wanderer" und das Drama „Götz von Berlichingen", läßt aber unausgesprochen, wie sehr in diesem Jugendschaffen eine Art nachtwandlerischer Zielstrebigkeit steckte.

Im Tagebuch steht „Barden p.p.". Die Abkürzung pp. bedeutet „perge, perge"; „pergere" heißt „fortfahren, fortsetzen"; pp. bedeutet also „und so weiter". Goethe hat demnach über den Abschnitt zur

Bardendichtung hinaus diktiert. Aber den Teil über die Wertherstimmungen diktierte er laut Tagebuch erst am 14. April.

Insgesamt war es ein umfangreiches Stück, das er diktierte.[10] Es war ein langer Arbeits-Vormittag, wie er ihn liebte. Er hatte früh gefrühstückt und dann begonnen. Er ermüdete nicht rasch. Die Konzentration auf die Arbeit – eine geliebte Arbeit – gelang ihm stundenlang ohne Mühe. Es war um ihn still. Vom Vorderhaus hörte man nichts. Vielleicht war ein wenig zu vernehmen von den Nachbarn. Im Nebenhaus nach der Seifengasse zu wohnte Kammersekretär Treuter mit seiner Familie, der war ein ruhiger Nachbar. In den Häusern der Seifengasse, die sich anschlossen, gab es einige Handwerker, deren Hämmern man hören konnte, doch lagen die Gärten dazwischen. Auf der anderen Seite, an das Urbino-Zimmer angrenzend, wohnte der Leineweber Herter mit seinem Webstuhl. Er besaß eine Ziege, die mitunter am Gartenzaun meckerte.[11] Goethe war in seinem Hinterhause abgeschirmt dagegen, daß jemand kam. Christiane, der Kutscher Dienemann und die Hausmädchen sorgten, daß er ungestört war. Der Hausgarten vor seinem Fenster war ruhig. Hinter dessen Mauer, auf dem kleinen Weg, den man „Ackerwand“ nannte, fuhr höchstens einmal der Wagen eines Ackerbürgers. Jenseits des Gartens sah man nur einige Bäume und den Giebel des Hauses, das Herrn v. Koppenfels gehörte.[12] An solchen Arbeitstagen fand das Mittagessen absichtlich immer erst spät statt.

Vor dem Essen kommt nun Besuch. Es ist Goethes alter Freund Karl Ludwig v. Knebel, einst Prinzenerzieher in Weimar. Jetzt lebt er mit

---

[10] Der Beginn ist etwa anzusetzen HA Bd. 9, S. 531, der Schluß S. 539.

[11] Am 27. August 1811 schreibt Goethe an Carl Wilhelm v. Fritsch: „Ich bin ohnehin hier außen in der Vorstadt zwischen manche Handwerker eingeklemmt, zwischen Grob- und Nagelschmiede, Tischler und Zimmerleute, und sodann ist mir ein Leinweber der unangenehmste Wandnachbar. Doch macht man sich über solche notwendige Dinge noch Raison, indem man zugeben muß, daß ein Gewerbe nicht geräuschlos sein könne." Die Handwerker wohnten in den Häusern der Seifengasse, der Leinweber Herter in dem angrenzenden Haus auf der anderen Seite (Frauenplan 3), in das 1834 die Familie Vulpius zog. – Aus einem Brief August v. Goethes wissen wir, daß Herter Ziegen besaß, die mitunter am Gartenzaun meckerten (Briefwechsel Goethes mit seiner Frau. Hrsg. von H. G. Gräf, Bd. 1, 1916, S. 273). Goethes Briefwechsel mit Chr. G. Voigt. Hrsg. von H. Tümmler, Bd. 1, 1949, S. 440; Bd. 2, 1951, S. 36, 128f., 131, 133, 137, 188, 424–426, 440.

[12] Dazu Goethes Briefe an Christiane 12. Juni 1801; 1. August 1814; 11. Juli 1815.

Frau und Kindern in Jena. Daß er kommt, ist kein Zufall. Goethe ist mit „Dichtung und Wahrheit" bei der Wetzlarer Zeit, als Nächstes kommt das Frankfurter Jahr 1774 an die Reihe, und dafür wünscht er die Hilfe Knebels, denn damals begannen seine Beziehungen zu Weimar. Er lernte im Frühjahr 1774 in Frankfurt Carl August, dessen Bruder Constantin und Knebel kennen. Einige Monate später sah er Carl August in Karlsruhe wieder, bald danach kam die Einladung nach Weimar und die Reise dorthin. Goethe wollte sich bei der Schilderung nicht nur auf sein Gedächtnis verlassen. Natürlich hatte er Knebel 1811 den 1. Teil von „Dichtung und Wahrheit" geschenkt, und dann 1812 den 2. Teil. Dieser hatte das Werk sogleich und mit Begeisterung gelesen. Goethe war bei seinem Aufenthalt in Jena im November 1812 fast täglich mit Knebel zusammen (Tagebuch 1. bis 22. November). Am 10. November notiert er: „Abends bei Herrn v. Knebel, Details unserer ersten Zusammenkunft im Jahre 1774". Ähnlich verzeichnet das Tagebuch am 16. November Gespräche über die Autobiographie. Am 10. März mahnte Goethe den Freund, ihm Materialien zu senden; auch habe er, Knebel, doch versprochen, etwas über sein eigenes Leben zu schreiben. Doch Knebel antwortete am 16. März, Autobiographisches gedeihe bei ihm nicht, er habe den Plan aufgegeben. Daraufhin schrieb Goethe am 27. März: „Daß Du nicht gerade Lust hast, Deine Gedanken ins ehemalige Leben zurückzuwenden, kann ich Dir keineswegs verargen; ich fühle selbst, wie wunderlich die Aufgabe ist; aber doch um eins wollte ich Dich recht schön ersuchen, um eine detaillierte Nachricht von unserm ersten Zusammentreffen und was damals in Weimar und Mainz vorgefallen. Über diese so wie einige andere Epochen hat der Fluß Lethe so ziemlich seine Gewalt ausgeübt. Ich bin eben an der Stelle und möchte nicht gern stocken bleiben".

Was sollte Knebel tun? Das Gewünschte zu schreiben widerstrebte ihm. Er konnte aber auch nicht verantworten, daß Goethe bei diesem Werk, das er, Knebel, so liebte, „stocken blieb". Und wenn Goethe schrieb, er wolle ihn „recht schön ersuchen" – dann durfte er nicht einfach schweigen. Er fand also einen Ausweg: Er fuhr nach Weimar. Er tat das nur gelegentlich, und dann besuchte er dort seine alten Bekannten. In seinem Tagebuch notiert er am 12. April 1813:

„Sehr schön. Früh 6 Uhr mit Frau und Sohn nach Weimar gefahren. Bei Goethe, beim Herzog, Herzogin, wo Prinz Bernhard, beim Erbprinzen, bei Frau v. Stein, mittags bei Goethe, Frau v. Schiller, abends nach 8 wieder hier. Preußen in Weimar, 40 bis 50 Mann. Für den Wagen 2 Taler; Trinkgeld 3 Kopfstück[13]; Chaussee 8 Groschen, 5 Pfennig."

Knebel beginnt mit dem Wetter. Die Abfahrt von Jena war für ihn recht früh, da er gern lange schlief. Die Pferde brauchten etwa drei Stunden, denn es ging bergauf und bergab. Knebel notiert zunächst „bei Goethe". Er ist also wohl in Weimar zuerst zum Frauenplan gefahren, um zu sagen, daß er am Orte sei. Das mag etwas nach 9 Uhr gewesen sein. In Goethes Tagebuch ist nichts darüber erwähnt: Vermutlich hat Knebel also Goethe (der diktierte) gar nicht gesprochen, sondern nur mit Christiane vereinbart, daß er zum Essen käme. Im Lauf des Vormittags war er bei Herzog Carl August, der Herzogin Luise, danach beim Erbprinzen Carl Friedrich, dann bei Frau v. Stein. Mittags kam er zu Goethe. Er wußte, daß in Goethes Hause spät gegessen wurde, und hatte wohl mit Christiane bereits die Zeit verabredet.

Knebel, der von einer herzoglichen Pension lebte, besaß keine Pferde. Er hatte sich eine Kutsche bestellt und notierte die Kosten für Fuhrwerk und Chausseegeld. Ihn begleiteten seine Frau, die damals 36 Jahre alt war, und der 17jährige Sohn Karl. Vermutlich besuchten diese dort Bekannte, denn Knebel kam allein zu Goethe. Er war 69 Jahre alt, gesund und kräftig. Er trug nicht die neumodischen langen Hosen, sondern Kniehosen, Strümpfe und Halbschuhe. Den Hals hatte er frei, den Hemdkragen über die Jacke geschlagen. Über der hohen, geraden Gestalt saß ein knorriges Gesicht mit klugen Augen und wuchtigem Kinn. Er hatte wenig Haare, so daß man den charakteristisch geformten Schädel sah.[14]

Da Goethes Tagebuch sagt „Das Gespräch nach Tisch fortgesetzt", dürfen wir annehmen: Es begann schon vor Tisch, und die Formulierung „das Gespräch" meint hier: das von Goethe gewünschte Gespräch über die Dinge, nach denen er brieflich gefragt hatte. Es sind seine Beziehungen zu Weimar in den Jahren 1774 und 1775 und die damaligen Weimarer Zustände, die er jetzt schematisieren wollte. Vermutlich hatte er bei dem Gespräch einen Bleistift und ein Blatt

---

[13] Kopfstück: kleine Münze, etwa 4–6 Groschen (Adelungs Wörterbuch).

[14] Hellmuth Frhr. v. Maltzahn, K. L. v. Knebel. Jena 1929. In diesem Buch ist auf Grund vieler Quellen das Material aufgearbeitet. Über Knebels Kleidung, Pfeiferauchen, spätes Aufstehen S. 191 ff.; politische Anschauungen 206 f.; das Buch enthält Reproduktionen von 10 Porträts. Über Knebels Aussehen auch Riemer, hrsg. von Pollmer, 1921, S. 137.

Papier zur Hand. Es war ihm zu diesem Zeitpunkt noch nicht deutlich, wie die Motive in die Gesamtdarstellung einzuordnen seien. Es sind: Knebels Besuch im Haus am Großen Hirschgraben; das erste Zusammentreffen mit Carl August; das Gespräch mit diesem über Möser; das Zusammensein mit Carl August in Karlsruhe; das, was Goethe damals über Weimar hörte; erneutes Gespräch mit Carl August und seiner jungen Gattin in Frankfurt; die vergebliche Erwartung des Weimarer Reisewagens. Seit Monaten hatte Goethe sich in die Welt seiner Erinnerungen eingesponnen. Das Schreiben des 3. Bandes ging gut voran. Das Weitere sollte hinreichend vorbereitet werden. In solchen Fällen spannte er gern alle, die erreichbar waren, für diese Arbeit ein und hielt sich anderes fern.

Für das Abstandhalten zur Außenwelt war es freilich eine schlechte Zeit. Allzu bedrängend zeigte sich ringsum das schicksalbestimmende politische Geschehen. Der Winter hatte den Zusammenbruch der französischen Armee in Rußland gebracht. Ende Februar hatten Rußland und Preußen sich verbündet. Die Russen rückten bis an die Elbe vor. Am 2. April gab es Kämpfe bei Lüneburg, am 5. April ein Gefecht in der Nähe von Magdeburg, bei Dannigkow und Möckern. Die preußische Armee sammelte sich hauptsächlich in Schlesien. Inzwischen rückten aus Frankreich junge Truppen an, die Napoleon im Winter hatte ausheben lassen. Weimar lag im Kriegsgebiet, wie 1806. Man hatte den Schrecken von damals noch in lebhaftester Erinnerung. Am 11. April war nun ein kleines Kommando preußischer berittener Truppen nach Weimar gekommen, doch die Franzosen standen hinter Eisenach, und es war leicht möglich, daß sie bald wieder einmarschierten.

Über die allgemeine politische Lage brauchte Goethe mit Knebel kaum Worte zu wechseln. Sie hatten einander in den letzten Jahren so oft gesehen, daß sie ihre Übereinstimmung kannten. Knebel, der in Ansbach und in Thüringen alle Nachteile der Kleinstaaterei kennengelernt hatte, hatte das alte deutsche Reich so morsch gefunden, daß er dessen Zusammenbruch nicht bedauerte. In Napoleon sah er den genial begabten Soldaten und Politiker, dem schwerlich eine andere Kraft gewachsen sein konnte. Goethe und Knebel betrachteten zu diesem Zeitpunkt den Beginn des preußischen Befreiungskampfes mit großer Skepsis. Knebel erfuhr in Jena nur, was die Zeitungen meldeten und was an Gerüchten umging (an Goethe 7. März 1813). Goethe hörte mehr, denn Carl August bekam vielerlei Nachrichten, ebenso dessen Schwiegertochter, die Schwester des Kaisers von Rußland.

Knebel war, wie sein Tagebuch notiert, im Schloß und dann bei Frau v. Stein, bevor er zu Goethe kam. Dort hörte er die Neuigkeiten, die in diesen Tagen ganz Weimar in Aufregung setzten. Zum ersten Mal seit 1806 waren preußische Soldaten in Weimar. Sachsen-Weimar gehörte zum Rheinbund und war mit Napoleon verbündet. Die kleine Weimarische Truppe war zusammen mit den anderen thüringischen Einheiten in Ruhla. Weimar war eine offene Stadt. Erfurt war eine Festung mit französischer Besatzung. Die französischen Armeen standen weiter im Westen, die der Russen und Preußen jenseits der Elbe. Man war in einem Niemandsland. Die 40 bis 50 Preußen waren ein kleines Streifkorps. Die Bevölkerung hatte sie begeistert aufgenommen. Das war sehr unvorsichtig. Frau v. Stein hatte große Sorge, Napoleon werde wiederkommen und sich dann desto mehr rächen, je mehr Sympathie für die Preußen man zeige. Besonders gefährlich war die Lage dadurch, daß Carl August als Verbündeter Napoleons sich beim Einmarsch der Preußen nicht entfernte, sondern im Schloß blieb und den Führer des Vortrupps, Major v. Blücher (einen Sohn des Feldmarschalls) zum Essen einlud, seine Preußenfreundschaft also nicht verhehlte. Was würde geschehen, falls Napoleon wiederkam? Diese Fragen erregten damals alle Gemüter in Weimar.[15]

---

[15] Charlotte v. Stein schrieb am 14. April 1813 an ihren Sohn Carl Friedrich Wilhelm in Großkochberg: „Wir haben eine große Bürgerwache, alles geht freiwillig. Gestern standen Strohmeyer und Unzelmann Wache hinterm Schloßtor. Ich weiß nicht, ob Dein Bote wieder zurück kann. Die Proclamations sind hier an alle Tore angeschlagen; herein läßt man die Kommenden, aber nicht hinaus... Die Russen sagen, die Preußen kämen so langsam. Wer weiß, ob uns doch nicht die Franzosen noch einmal plündern und brennen. Es gehen eine Menge junge Leute von hier zu den Preußen über. In Jena haben die Studenten eine Ehrenpforte gebaut, um die Preußen zu empfangen. Unsere patriotische Stimmung ist zu laut ausgesprochen, daß die Franzosen sich wohl, wenn sie können, rächen würden." (Landesarchiv Rudolstadt, Archiv Großkochberg F 842. Zitiert nach: Gotthold Sobe, Weimar in den Kriegsjahren 1806–1813 im Spiegel von Briefen von Frau v. Stein. In: Der Heimatfreund. Beilage zu: Weimar, ein Kulturspiegel 5, 1957, S. 43.) Knebels Tagebuch vermerkt: „Preußen in Weimar, 40 bis 50 Mann." Diese Truppe stand unter dem Kommando des Majors v. Blücher, des ältesten Sohns des bekannten Feldmarschalls. Als er in Weimar hörte, daß die Weimarer Truppe in Ruhla sei, sandte er sofort die Hälfte seiner Einheit dorthin. Sie suchten Kontakt mit den Weimarern und überredeten diese am 13. April, zu den Preußen überzugehn. Die Weimarer setzten sich sofort in Marsch nach Osten zu Blüchers Armee. Das preußische Streifkorps ritt weiter nach Gotha, beschlagnahmte ein Waffenlager von 1307 Gewehren, 507 Pistolen und anderen Ausrüstungsgegenständen,

Als Knebel zu Goethe kam, fand er dagegen eine Atmosphäre der Arbeit und der Kunst. Er wurde nicht gefragt nach den Ereignissen des Tages, sondern nach denen von 1774. Er sah Goethe eingesponnen in seine Arbeit, überzeugt, daß diese ihren Wert und Sinn habe, auch in dieser Zeit. Letzten Endes war „Dichtung und Wahrheit" die Geschichte der geistigen Entwicklung Deutschlands im 18. Jahrhundert und ihrer inneren Notwendigkeit. Goethe war davon durchdrungen, seinen Landsleuten keinen besseren Dienst leisten zu können als die Vollendung dieses Werkes.[16] Knebel fand ihn also inmitten seiner „Zauberzirkel" – das war sein treffendes Wort dafür am nächsten Tage, als er von Jena aus an Goethe schrieb. Auf dem Hintergrund dessen, was er bei anderen in Weimar gehört hatte, wurden ihm diese „Zauberzirkel" besonders deutlich.

Knebel, der anderen Menschen gegenüber seine Eigenart oft recht unbefangen durchsetzte, bewunderte Goethe als genialen Geist und

---

verlud alle auf Wagen und brachte sie – ungestört durch die französische Besatzung Erfurts – zu der preußischen Armee, in der Waffenmangel herrschte. Die Sorge der Frau v. Stein war berechtigt. Bald darauf rückte Napoleon wieder ein. Er befahl, sofort neue Truppen auszuheben, um die übergelaufenen zu ersetzen. Weimar wurde zu riesigen Lieferungen von Lebensmitteln gezwungen, die zu Verarmung und Not führten. – Weimarische Berichte und Briefe aus den Befreiungskriegen 1806 bis 1815. Hrsg. von Friedrich Schulze. Leipzig 1913. = Weimar in den Freiheitskriegen, 3. – Müller, Friedrich v.: Erinnerungen aus den Kriegszeiten von 1806–1813. Braunschweig 1851. Neudruck: Leipzig 1911. = Weimar in den Freiheitskriegen, 1. – Falk, Johannes: Kriegsbüchlein. Weimar 1806–1813. Leipzig 1911. = Weimar in den Freiheitskriegen, 2. – Cartellieri, Alexander: Weimar und Jena in der Zeit der dt. Not und Erhebung 1806–1813. Jena 1913. – Kebbel, Harald: Weimar in den Befreiungskriegen 1806 bis 1814. Weimar 1955. = Schr. z. Stadtgesch.u. Heimatkunde, 1. – Hans Tümmler, Goethe der Kollege. Sein Wirken mit Chr. Gottlob v. Voigt. Köln 1970, S. 127ff. – Hans Patze, Bibliographie zur Thüringischen Geschichte. Bd. 1, Köln 1965, S. 205–222: Sachsen-Weimar-Eisenach. S. 747–767: Stadt Weimar. – Vgl. Anmerkung 61 und 63.
[16] Goethe an Franz Bernhard v. Buchholz 14. Februar 1814: „Aufrichtig zu sagen, ist es der größte Dienst, den ich glaube meinem Vaterlande leisten zu können, wenn ich fortfahre, in meinem biographischen Versuche die Umwandlungen der sittlichen, ästhetischen, philosophischen Kultur, insofern ich Zeuge davon gewesen, mit Billigkeit und Heiterkeit darzustellen und zu zeigen, wie immer eine Folgezeit die vorhergehende zu verdrängen und aufzuheben suchte, anstatt ihr für Anregung, Mitteilung und Überlieferung zu danken." Ähnlich Goethes Brief an Schlosser 23. November 1814 und an Cotta 21. Dezember 1814. Man findet sie in: Momme Mommsen, Die Entstehung von Goethes Werken in Dokumenten. Bd. 2. Berlin 1958, S. 476ff.

liebte ihn als Freund. Ihm gegenüber ordnete er sich unter und ging auf alle Wünsche ein. So hat er wohl an diesem Tage auch alle Fragen Goethes beantwortet, denn dieser kam später nie mehr darauf zurück. Man sprach also über die Ereignisse, welche Goethe in der Autobiographie darstellen wollte. Dann wurde dieses Gespräch unterbrochen durch das Mittagessen.

Goethes Tagebuch sagt, Knebel speiste „mit uns". Zu der Hausgemeinschaft gehörte außer Goethe, Christiane und August auch Christianes Gesellschafterin Caroline Ulrich, genannt „Uli". Sie war 23 Jahre alt, hatte früh beide Eltern verloren und lebte seit 1809 bei der „Frau Geheimde-Rätin". Anpassungsfähig und heiter verstand sie es, auf Christianes Eigenarten einzugehn und gelegentlich mit ihrer flinken Feder Goethe auszuhelfen, wenn ein Sekretär fehlte. Die Besucher des Goetheschen Hauses rühmten ihre hübschen Züge und ihre hellbraunen Augen.[17] Ob auch Christian John bei Tisch anwesend war, ist ungewiß.[18] Vermutlich saß man in dem „Kleinen Eßzimmer", das dem Familienkreis für diesen Zweck diente. Die Räume zum Frauenplan, nach Norden gelegen, waren an einem sonnigen April-Tage kalt und unfreundlich. Die Südzimmer dagegen waren dann sonnig und warm. Das „Kleine Eßzimmer" hat seine Fenster zu dem Innenhof nach Süden.

Knebel war zum letzten Mal vom 19. bis 24. Dezember hier gewesen, als Iffland in Weimar spielte. (Goethes Tagebuch; Knebels Brief an seine Schwester; GHe 2, S. 756). In solchen Fällen wohnte er bei Goethe und bekam in dem geräumigen Hause ein Gastzimmer. Christiane sorgte für seine Bequemlichkeit. Er sah und sprach sie also oft. Seit den letzten Gesprächen waren drei bis vier Monate vergangen. Man darf sich den Ton des Gesprächs bei Tisch so denken, wie er unter alten Freunden ist, die sich verhältnismäßig häufig sehen.

Eine Frage, die zu dieser Zeit Goethe und Christiane bewegte und die sie in Gegenwart des alten Freundes berührten, war die, wo Goethe

---

[17] Über Caroline Ulrich finden sich viele Stellen im Briefwechsel Goethe – Christiane. Hrsg. von H. G. Gräf. Frankfurt 1916. – Luise Seidler, Erinnerungen. Weimar 1964. S. 72. – A. Pollmer, Caroline Ulrich und Goethe. Jb. d. Sammlg. Kippenberg 6, 1926. S. 14–64. Mit Reproduktion eines Bildnisses. – Schleif, Goethes Diener S. 15 f.

[18] Als Franz Bernhard v. Buchholz, ein Altersgenosse und Bekannter Augusts, am 27. Oktober 1812 bei Goethe zu Tisch war, war John anwesend. (GHe 2, S. 740).

die Sommermonate zubringen solle. In der ungewissen allgemeinen politischen Situation blieb man am besten zu Hause. Doch Goethes Gesundheitszustand gab Anlaß, an eine Badekur zu denken. Seit Jahren waren allerlei Gelenkbeschwerden aufgetreten.[19] Das einzige damalige Mittel dagegen war eine lange Trink- und Badekur.[20] Goethe war in den Jahren 1806 bis 1812 jeden Sommer – außer 1809 – in Karlsbad zur Kur gewesen. Christiane, besorgt um seine Gesundheit, war der Meinung, er solle auch in diesem Sommer eine Badereise machen. Falls der Krieg Einquartierung und Plünderung bringen würde, wollte sie allein die Aufgabe übernehmen, das Haus mit den Sammlungen und den Manuskripten zu schützen, obgleich sie kein Wort Französisch konnte.

Knebel schrieb in den nächsten Tagen einen Brief an seine Schwester Henriette in Ludwigslust (er ging am 22. April ab). Darin sagt er: „Goethe... hatte sich vorgenommen, es diesen Sommer, wo möglich, in Weimar auszuhalten und dabei sich ganz auf seine Arbeiten, vorzüglich auf seine Lebensgeschichte einzuschränken. Als ich letzthin in Weimar war, sah ich ihm wohl an seinem tiefen und schweigenden Ernst an, daß er etwas in sich gedrückt sei. Auf inständiges Bitten seiner Frau hat er sich endlich schleunig entschlossen, abzureisen..."[21] Dieser Entschluß wurde am 15. April gefaßt, und am 17. reiste Goethe ab.

Am 12., als Knebel in Weimar war, war es zu diesem Entschluß noch nicht gekommen. Wenn Knebel von dem „inständigen Zureden" Christianes spricht, geht das wohl auf Worte von ihr zurück, die er bei dem Besuch hörte. Vielleicht hat Christiane bei Tisch darüber gesprochen.

Man aß bei Goethe spät, um 2 Uhr oder sogar noch etwas später.[22] Da der Vormittag lang war und Goethe abends nichts aß, war das Mittagessen gut und reichlich. Goethe und Christiane liebten es, zum Essen ein Glas Wein zu trinken. Sie wußten, daß Knebel hierin mit

---

[19] W. H. Veil, Goethe als Patient. 2. Aufl., Jena 1946. – Richard Kühn, Goethe, eine medizinische Biographie. Stuttgart 1949. – Beide vermuten (unabhängig voneinander), daß Infekte von den Mandeln oder Zähnen die Ursache bildeten.

[20] Diese Kuren bewirkten, was man heute Entschlackung nennt.

[21] Aus K. L. v. Knebels Briefwechsel mit seiner Schwester Henriette. Hrsg. von H. Düntzer. Jena 1858, S. 650. – GHe 2, S. 791 f.

[22] Goethe empfing H. Luden am 13. Dezember 1813 „sogleich nach Tische, etwa um 3 Uhr" (GHe 2, S. 862).

ihnen übereinstimmte. Im Winter 1812/13 trank Goethe als Tischwein Würzburger oder Elsässer (an Christiane 13. November 1812). In einem anderen Punkt waren Goethe und Knebel aber verschieden: Knebel war Raucher, für Goethe dagegen war Rauchluft ein Greuel[23]. Knebel, sonst so burschikos, war gegenüber seinem großen Freunde von liebevoller Rücksicht. Vermutlich ging man nach dem Essen in den Garten hinter dem Haus, da Goethe bisher den Tag im Zimmer verbracht hatte und es ihn an einem so schönen Frühlingstag zwischen den Arbeitsstunden hinaus ins Freie zog. Vielleicht hat dort Knebel seine Pfeife geraucht.[24] Das Tagebuch fährt fort: „Nach Tisch das Gespräch fortgesetzt". Goethe ist seit Monaten so in dem Gedankenkreis von „Dichtung und Wahrheit", daß er jede Gelegenheit nutzt, Förderliches heranzuziehen. Auch die aufregenden politischen Nachrichten vermögen nicht, ihn daran zu hindern. Er spricht sie durch, konzentriert sich dann aber wieder auf seine Arbeit. Das zeigt sein Tagebuch in diesen Wochen und Monaten immer wieder. Das zeigt auch Knebels Brief, den er am nächsten Tage aus Jena an Goethe schrieb: „Nach einem heitern und vergnügten Tage kamen wir gestern ganz wohlbehalten hier wieder an ... Für Deine gütige Aufnahme danke ich nebst den meinigen Dir und Deiner lieben Frau. Ich freute mich, Dich in Deinen Zauberzirkeln zu finden, die Dich besser beschützen werden als alle neuerrichteten Kohorten." (Briefwechsel Goethe – Knebel Bd. 2, 1854, S. 89). Mit den „neuerrichteten Kohorten" meint er die neu aufgestellten Regimenter, und die „Zauberzirkel" sind die schriftstellerische Arbeit und die Beschäftigung mit Kunst.

Auch mit seiner Kunstsammlung war Goethe gerade in dieser Zeit intensiv beschäftigt. Seine letzten Briefe an Knebel sprechen nicht nur von der Autobiographie, sondern auch von dem Zuwachs seiner Sammlung. Knebel hatte als Offizier in Potsdam und als Prinzenerzieher in Weimar wenig Kunstwerke gesehen. Jetzt lebte er seit vielen

---

[23] Die Zeugnisse dafür sind zusammengestellt bei Emil v. Skramlik, Goethes Stellung zum Tabak. Wiss. Zeitschr. d. Univ. Jena, Math.-Naturwiss. Reihe 5, 1955/56, S. 333–352.
[24] Der Weimarer Schauspieler Genast schreibt: „Goethe war kein Freund von langem Sitzen..." (GHe 3,1 S. 150), und Kräuter, jahrelang Goethes Sekretär, der seine Lebensgewohnheiten genau kannte, berichtet: „Er bleibt stets in Bewegung, kennt weder Sofa noch Armsessel, und außer dem Mittagsmahle sitzt er des Tags keine Viertelstunde..." (26. Januar 1821, an Gräfin Hopfgarten. GHe 3,1 S. 255.)

Jahren in Jena, wo es zwar eine gute Universitätsbibliothek gab, aber keinerlei Kunstsammlung. Goethe teilte ihm brieflich die wichtigsten Neuerwerbungen mit, und wenn Knebel nach Weimar kam, wurden diese gemeinsam betrachtet.[25]

Goethe hatte seit Knebels letztem Besuch zwei bedeutende Neuerwerbungen gemacht. Die erste derselben meldete er am 13. Januar an Knebel: „Eine merkwürdige Antike, eine Halbherme von rosso antico[26], ein bärtiger Bacchus, ohne Zweifel aus den Zeiten Hadrians". Knebel antwortete: „Zu dem seltenen Bacchus in antico rosso wünsche ich Glück. Ich möchte ihn wohl sehen." (15. Januar 1813) Er wird also wohl bei dem Besuch am 12. April nun dieses Werk betrachtet haben. Goethes Gedanken darüber kennen wir aus einem Brief an Friedländer (4. Januar 1813)[27]: Ursprünglich war es eine Doppelherme, diese ist später in der Mitte durchgesägt, entweder weil die andere Hälfte zu sehr beschädigt war oder weil man auf diese Weise zwei Köpfe als Wandschmuck erhielt. Die Herme ist 19 cm hoch, der Marmor rotbraun. Der Kopf ist schöngeformt, für einen Bacchus recht schmal und geistig. Haar und Bart umrahmen in großzügiger Linienführung das ebenmäßige Gesicht. Man sieht an dem Haar, daß das Werk durch die Jahrhunderte gelitten hat. Das Gesicht ist deswegen von einem Restaurator geglättet. Goethe äußerte, man müsse es näher betrachten, um hinter dem gegenwärtigen Zustand „die Intention der ersten Formen zu finden".[28] Antike Originale waren nördlich der Alpen

---

[25] Als Knebel im Dezember 1812 bei Goethe wohnte, zeigte dieser ihm eine im Sommer 1812 in Böhmen gekaufte kleine Bronze-Nachbildung von Michelangelos „Moses". Knebel hatte das Original niemals gesehen. Goethe gab Erläuterungen an Hand der Kopie, und am 15. Januar schrieb Knebel: „Noch kann ich den allmächtigen Moses nicht vergessen." Goethes Meisterschaft der Interpretation tat sicherlich viel, um diese Begegnung eindrucksvoll werden zu lassen. – A. Jericke, Das Goethehaus (Katalog) 1958, S. 100 und 104.

[26] rosso antico = roter Marmor.

[27] Friedländer hatte das Werk für einen Jupiter gehalten. Goethe – von Meyer unterstützt – erkannte, daß es ein Bacchus sei, und die moderne Archäologie gibt ihm recht wegen des Mittelscheitels, des Diadems mit Rankenschmuck und Binde usw., ebenso darin, daß das Werk aus der Zeit Hadrians stammt und von einem Restaurator des 17. oder 18. Jahrhunderts geglättet ist. Das alles zu erkennen war in Weimar nicht leicht, denn es gab keinerlei Werke zum Vergleich, und die wenigen Umrißstiche nach antiken Statuen konnten kaum helfen.

[28] Das Werk steht jetzt im Majolikazimmer in dem Glasschrank im Alkoven, mittleres Fach. – Schuchardt 2, S. 323 Nr. 2. – A. Jericke, Das Goethehaus (Katalog) 1958, S. 90. – Grumach, Goethe und die Antike, 1949, S. 568 f.

Bacchus. Antike Statue aus Goethes Sammlungen. Halb-Herme, roter Marmor.

selten. Goethe hatte größte Freude daran, solche zu besitzen. In seiner Sammlung waren einige antike Gemmen, sodann als etwas Besonderes zwei Stücke von antiken Wandmalereien aus Pompeji. Für das Gebiet der Plastik war nun dieser Bacchus-Kopf ein hochwillkommener Zuwachs.[29] Die zweite Neuerwerbung waren Gipsabgüsse nach Peter Vischer. Am 27. März schrieb Goethe an Knebel: „Die Apostel... vom Grabe Sebaldi in Nürnberg im Abguß sind angekommen... Eine Wallfahrt zu diesen müßte wohl erbaulich sein". Er hatte 1788, von Italien kommend, in Nürnberg das Sebaldusgrab gesehen. Im Dezember 1812 erfuhr er, daß ein Töpfer in Nürnberg Gipsabgüsse der Apostelfiguren vom Sebaldusgrab hergestellt habe, „das Stück zu 2 Gulden" (an H. Meyer, 18. Dezember 1812). Da nun der mit Goethe in dauerndem Kontakt stehende junge Naturforscher Thomas Seebeck in Nürnberg lebte, bat er diesen, die Sache zu vermitteln; und er fügte hinzu: „Der Meister hat sich selbst irgendwo abgebildet im Wams und Schurzfell; diesen möchte ich besonders gern haben". Seebeck suchte vier Apostel aus; das Selbstbildnis war ebenfalls zu haben. Und nun standen die fünf Figuren in Goethes Haus, vermutlich auf einem Tisch oder einem der niedrigen Mappenschränke[30], in der Originalgröße, die Apostel (ohne Sockel) 54 cm hoch, das Selbstbildnis 35 cm hoch. Die Apostel-figuren sind hellbraun getönt, das Selbstbildnis dunkelgrün, fast schwarzgrau.[31]

[29] Die Gemmen aus Goethes Sammlung. Hrsg. von Gerhard Femmel und Gerald Heres. Lpz. 1977. – Pompeianisches: Schuchardt Bd. 2, S. 366 Nr. 428. Alles wohlerhalten in Weimar vorhanden.

[30] Diese Repositorien stehen noch heute im Goethehaus, und auf ihnen stehen Plastiken, etwa in Augenhöhe. Abbildungen in: Jericke, Das Goethehaus (Führer), 1958.

[31] Goethe besaß viele Gipsabgüsse, die weiß waren. Da Gips, zumal bei Tageslicht, die plastischen Feinheiten wenig erkennen läßt, hatte er versucht, einige Abgüsse anders zu tönen, solche standen in seinem Treppenhaus. Zufriedenstel-lend waren diese Versuche nicht. Den Bronzeguß Peter Vischers in Gips wiederzu-geben war ein Wagnis, man durfte ihn nicht weiß lassen, und da waren die braune und auch die grauschwarze Tönung eine erträgliche Lösung. – Nachdem Goethe die Abgüsse aus Nürnberg erhalten hatte, hatte er durch den Bildhauer Weißer kleine Schäden ausbessern lassen, und dann hatte er die Figuren seinen Freunden gezeigt, wie er es immer mit Neuerwerbungen tat, zunächst Heinrich Meyer, dann Charlotte v. Schiller und Riemer (Tagebuch 27., 28., 29. März, 2. April). Goethe gab von den 4 Apostel-Figuren später 2 an den Bildhauer Schadow nach Berlin. (Briefe an Schadow 2. Juni 1816; 10. Juli 1816) Die übrig gebliebenen 2 Apostel –

Für Goethe war Peter Vischer ein Genosse Albrecht Dürers, den er seit je geschätzt hatte[32], ein Künstler von Gesundheit und Kraft, wie das Selbstbildnis mit Schurzfell und Meißel ihn zeigt. Die Gipsabgüsse lassen gut erkennen, wie schmal die Gestalten der Apostel sind. Die Linien des Faltenwurfs führen den Blick zu den Köpfen mit ihrem geisterfüllten Ausdruck. Goethe wußte: Dies war nicht nur das Werk eines großen Meisters, sondern auch ein besonderes Gelingen im Zeitpunkt eines großen Formenwandels. Heinrich Meyer arbeitete gerade zu dieser Zeit, von Goethe angeregt, an einer Geschichte der Kunst.[33] Da konnte man gar nicht genug kunsthistorisches Material zusammentragen. Kupferstiche, zumal wenn sie nur die Umrißlinien gaben, vermittelten von plastischen Werken einen allzu schwachen Eindruck. Deswegen waren diese Gipsfiguren so willkommen.[34]

Goethe pflegte mit seinen Freunden vor die neuerworbenen Kunstwerke zu treten und darüber zu sprechen. Da im Gespräch mit Knebel diesesmal andere Themen im Vordergrund standen, wird die Beschäftigung mit den Kunstwerken im Vergleich mit der Zeit, die man sonst daran wandte, wohl nur kurz gewesen sein. Daß von den zwei Neuerwerbungen, die er zu zeigen hatte, die eine in das Altertum, die andre ins Mittelalter gehörte, hatte sich so ergeben, weil er möglichst vielseitig sammelte und von allen Epochen seit der Antike lehrreiche Beispiele zur Betrachtung bereit halten wollte, in Originalen oder in Reproduktionen. Er pflegte allerdings seinen Gästen sonst nur Werke aus einer einzigen Epoche vorzuführen. Ergab es sich aber – wie hier

---

Petrus und Thaddaeus – stehen heute im „Großen Sammlungszimmer" auf dem Schreibtisch; das Selbstbildnis Peter Vischers im Magazin, es ist gut erhalten, doch fehlt der Hammer, der sich in Gips nicht reproduzieren ließ. – Schuchardt 2, S. 337 Nr. 129 und 130. – Jericke, Das Goethehaus (Katalog), 1958, S. 82–84. – Jb. G. Ges. 10, 1924, S. 169 und 184. – WA Briefe 27, S. 41 u. 78. – WA Tagebücher 27., 28., 29. März und 2. April 1813. – Über Goethe in Nürnberg 1788: Lieselotte Blumenthal, Ein Notizbuch Goethes von 1788. Weimar 1965. (= Schr. Goe. Ges., 58) S. 93.

[32] Herbert v. Einem, Goethe und Dürer. Hamburg 1947. Wiederabgedruckt in: Einem, Goethe-Studien. München 1972, S. 25–49. – Goethe-Handbuch 1, 1961, Sp. 1950–1957.

[33] J. H. Meyer, Geschichte der Kunst. Hrsg. von H. Holtzhauer und R. Schlichting. Weimar 1974. (= Schr. Goe. Ges., 60) Darin über Peter Vischer S. 207.

[34] Von dem Selbstbildnis Peter Vischers bestellte Goethe 1816 noch ein zweites Exemplar, um es dem Bildhauer Schadow zu schenken. (An Seebeck 9. April 1816. Jahrb. d. Goethe-Ges. 10, S. 174 u. 187. An Schadow 10. Juli 1816.)

Gipsabgüsse nach Peter Vischer. Die Apostel Petrus und Thaddäus und das Selbstbildnis des Künstlers vom Sebaldus-Grab in Nürnberg. Die Figuren stehen hier auf einem der Goetheschen Sammlungsschränke.

bei Knebel – daß Verschiedenes zusammenkam, so sagte er, man solle bei Phidias und Jan van Eyck „einen um den andern vergessen" (HA Bd. 1, S. 326). Hinter dieser scherzhaften Formulierung stand sein historischer Sinn, der jedes Werk von seinen eigenen Voraussetzungen her zu verstehen suchte.

Aus Knebels Brief, den er am folgenden Tag an Goethe schrieb, wissen wir, daß noch ein weiteres Thema im Gespräch berührt wurde: die Trauerfeier für Wieland. Sein Tod am 20. Januar war eins der bedeutsamsten Ereignisse seit Goethes und Knebels letztem Zusammensein im Dezember. Am 18. Februar war man in der Weimarer Freimaurerloge zu seinem Andenken zusammengekommen. Goethe hatte dort eine Rede gehalten, von der bald ein Druck hergestellt wurde. Er hatte ein Exemplar davon an Knebel geschickt (mit dem Brief vom 27. März). Es waren aber noch andere Reden gehalten worden. Knebel wollte auch diese sehen (an Goethe 4. April). Am Tage nach dem Besuch in Weimar schreibt er: „Für die anvertrauten Wielandiana danke ich noch besonders und sende sie hier wieder zurück." Vermutlich hat Goethe ihm diese „Wielandiana" am Nachmittag des 12. April mitgegeben, Knebel hat sie abends und am nächsten Vormittag durchgesehn und sie dann abends mit seinem Brief zur Rücksendung verpackt. – Beide waren mit Wieland seit Jahrzehnten freundschaftlich verbunden. Beide waren jetzt zwischen 60 und 70 Jahren – in dem Alter, in dem man nicht ohne Sorgen an das Kommende denkt – und hatten gesehen, daß er bis ins höchste Alter geistige Frische, innere Heiterkeit, menschliche und schriftstellerische Anmut bewahrte. In Goethes Rede heißt es: „Auch das hohe Alter hat seine Blüte".[35] Das Gespräch für „Dichtung und Wahrheit" hatte die Zeit ins Gedächtnis gerufen, als Goethe Wieland kennenlernte. Sein Tod war ihm und Knebel nahegegangen.[36]

---

[35] Diese Rede, „Zu brüderlichem Andenken Wielands" (WA 36, S. 311 bis 346), ist Goethes ausführlichste Äußerung über Wieland. Andere Äußerungen zahlreich in Werken, Briefen, Gesprächen. Knebels Meinung über Wieland findet man in seinen Briefen, zumal denen an seine Schwester Henriette; z. B. am 28. August 1811: „Der Alte ist klug genug zum Leben ... Er sieht, im Sinne der Alten vor ihm, das Leben als eine Kunst an, und er hält viel auf die Geschicklichkeit, solches zu behandeln ... Nicht zu viel! ist sein Wahlspruch in jedem Dinge, und er hat weise Mäßigung, die bei seinem reizbaren Charakter schwer ist zu erhalten." Ergänzend dazu der Brief vom 17. April 1812.

[36] Literatur über Goethe und Wieland ist genannt in der Bibliographie in Bd. 14 der HA, Abschnitt 32. Dort auch viele Nachweise im Namenregister.

Goethes Tagebuch notiert: „Kam seine Frau, dann sein Sohn". Beide hatten vermutlich Bekannte besucht. Zunächst kam Frau v. Knebel. In ihrer Jugend war sie in Weimar Sängerin gewesen. Sie war mit Christiane zu vergleichen darin, daß sie mit einem wissenschaftlich und literarisch hochgebildeten Mann verheiratet war, dessen geistige Welt ihr großenteils fremd war. Wie Christiane hatte sie Interesse für das Theater und wohl auch ein geübtes Urteil. Freude hatte sie auch – wie Christiane – an denjenigen Werken Goethes, die sie mühelos verstand, z. B. den bisher erschienenen Teilen von „Dichtung und Wahrheit". Als Goethe im November 1812 in Jena war, notierte er im Tagebuch: „Lebhafte Teilnahme der Majorin an meinem 2. Bande". (16. November) Das hat ihn also gefreut – sonst hätte er es nicht notiert –, ebenso wie es ihn freute, daß Christiane dieses Werk mit Spannung vorlesen hörte und schön fand. In Jena hatte Luise v. Knebel mit ihm auch über die Frage des Studiums und der Berufswahl ihres Sohnes gesprochen (Tagebuch 26. April 1812).[37]

Dann kam der Sohn Karl, 17 Jahre alt, der damals in Jena Rechtswissenschaft zu studieren begonnen hatte. Die Familie Knebel verabschiedete sich von Goethe, Christiane und „Uli". Aus Knebels Tagebuch geht hervor, daß nun noch ein – vermutlich kurzer – Besuch bei Charlotte v. Schiller folgte. Abends nach 8 Uhr war man wieder in Jena. Nach 5 Uhr ist man also von Weimar abgefahren. Demnach war der Abschied bei Goethe etwa um 4 Uhr oder etwas später.[38]

Goethes Tagebuch fährt fort: „Abends Professor Riemer". Das Wort „abends" gebrauchte Goethe anders, als man es im 19. und 20. Jahrhundert benutzte. Da er mit „Nacht" die Dunkelheit bezeichnet, ist „Abend" die Zeit der Dämmerung.[39] Es war vermutlich nicht lange nach Knebels Abfahrt.

---

[37] Die Persönlichkeit Luise v. Knebels schildert Luise Seidler in ihren Erinnerungen, zusammengestellt von H. Uhde. Berlin 1875. Neudruck: Weimar 1964, S. 36–39. Ein Porträt ist reproduziert in: Maltzahn, Knebel, 1929.

[38] Wo während des Tages der Knebelsche Wagen war, geht aus den Tagebüchern nicht hervor. Der Kutscher mußte die Pferde füttern und tränken. Brunnen gab es an vielen Stellen.

[39] Goethe schreibt am 12. Dezember 1777 an Frau v. Stein: „Abends 4 in Duderstadt." Es war die Zeit der kürzesten Tage, deswegen um 4 Uhr schon „abends". Auch später blieb er bei diesem Sprachgebrauch. Als Seebeck in Weimar war, schrieb er ihm am 10. Januar 1812: „Euer Wohlgeboren werden bei der Hoheit um 5 Uhr abends willkommen sein." (Jb. G. Ges. 10, 1924, S. 168.) 1797 vermerkt das Tagebuch am 6. Januar: „abends um 5 Uhr"; und am 14. Januar: „abends gegen 4". – Goethe-Wörterbuch, Bd. 1, 1978, Sp. 24–30.

Riemer war lange Zeit Goethes Hausgenosse gewesen, seitdem er 1803 als Erzieher des Sohnes zu Goethe gekommen war. 1812 war er dann Professor am Weimarer Gymnasium geworden und hatte eine eigene Wohnung bezogen, drei Minuten entfernt, am Markt.[40] Er kam oft am Nachmittag zu vereinbarter Stunde. Er war 39 Jahre alt, für sein Alter etwas zu beleibt. Im Umgang mit Goethe traten seine geistige Regsamkeit und seine reichen Kenntnisse der Antike hervor. Eine gewisse Neigung zu Phlegma und Melancholie blieb seinen einsamen Stunden.[41] Sieht man Goethes Tagebuch daraufhin an, was er in diesen Monaten über Riemers Besuche notiert, so ergibt sich: Meist werden mit Riemer bestimmte Themen besprochen. Die Stunden dafür sind im voraus verabredet.[42] Der späte Nachmittag ist schon mehrfach für diesen Zweck gewählt. Die folgende Notiz „Lexicon technologiae Latinorum rhetoricae" bedeutet, daß beide sich mit diesem Werk beschäftigten. Schon am 5. und 6. April vermerkt das Tagebuch gemeinsames Rhetorik-Studium mit Riemer.

Der klassische Philologe der Universität Leipzig, Ernesti, hatte 1795 ein „Lexicon technologiae Graecorum rhetoricae" herausgegeben, 424 Seiten stark. Er ließ 1797 ein „Lexicon technologiae Latinorum rhetoricae" folgen, 472 Seiten umfassend. Goethe besaß beide Bände. 1814 ließ er sie neu einbinden, die Rechnung ist erhalten (Rechnungen 92,305). Beide Werke standen, als er starb, in seinem Arbeitszimmer in der kleinen Handbibliothek, die er dort hatte. Sie haben wohl seit 1813 dort gestanden.

Goethe schrieb später in seinen „Tag- und Jahresheften" in dem Abschnitt über das Jahr 1813: „In Absicht auf allgemeineren Sinn in Begründung ästhetischen Urteils hielt ich mich immerfort an Ernesti's Technologie griechischer und römischer Redekunst und bespiegelte mich darinnen scherz- und ernsthaft, mit nicht weniger Beruhigung,

---

[40] Riemer wohnte „an der Marktecke" (Goethe an Knebel 24. November 1813). Als er 1814 heiratete, bezog er dann eine Wohnung weniger als 200 Meter von Goethes Haus entfernt, das Haus hat jetzt die Nummer: Wielandplatz 2; es liegt neben dem Haus Amalienstr. 2 (dem heutigen Hospiz), das 1826 von Coudray gebaut wurde. – Fritz Kühnlenz, Erlebtes Weimar. Rudolstadt 1966. 2. Aufl. 1968, S. 179.
[41] Bildnisse Riemers findet man reproduziert in: Riemer, Mitteilungen über Goethe. Hrsg. von Pollmer. 1921. – Goethe und seine Welt. Hrsg. von Wahl u. Kippenberg, 1932. – W. Handrick, Schmeller, 1966.
[42] Als Goethe 5 Tage später, am 17. April, nach Teplitz reiste, nahm er die beiden Bücher von Ernesti mit. Und in Teplitz notiert das Tagebuch an 6 Tagen, daß er sich damit beschäftigte (5., 6., 9., 13. Mai, 3. und 4. Juni).

daß ich Tugenden und Mängel nach ein paar Tausend Jahren als einen großen Beweis menschlicher Beschränktheit in meinen eigenen Schriften unausweichlich wieder zurückkehren sah". (WA 36, S. 86): Und in dem Kapitel über das Jahr 1816: „Das nicht zu erschöpfende Werk Ernestis, Technologia rhetorica Graecorum et Romanorum, lag mir immer zur Hand; denn dadurch erfuhr ich wiederholt, was ich in meiner schriftstellerischen Laufbahn recht und unrecht gemacht hatte". (Ebd. S. 109.)

Das Werk, welches Goethe zur Hand nahm, ist ein Sachwörterbuch der Rhetorik. 1795 hatte Ernesti die griechische Rhetorik behandelt, 1797 die lateinische. Diesen Teil benutzte Goethe mit Riemer am 12. April 1813. Alphabetisch geordnet findet man darin Begriffe der Rhetorik, die Länge der meisten Artikel schwankt zwischen 8 Zeilen und 2 Seiten. Behandelt werden z. B. ambiguitas (Zweideutigkeit), amplificatio (Erweiterung), brevitas (Knappheit), decorum (geschmackvolle, angemessene Form), enthymema (Betrachtung, Reflexion, Schlußfolge), sententia (Spruch, Aperçu, Moral, Sentenz), stilus (Schreibart, Stil) und vieles andere.

Goethe las das Werk unter zwei Gesichtspunkten, die in seinem Studium der Antike verbunden waren: Einerseits wollte er ein Stück griechisch-römischer Kultur näher kennenlernen, andererseits wollte er das dort Beobachtete in Beziehung setzen zu der Gegenwart und zu seinem eigenen Schaffen. Die Begeisterung für die Antike wirkte sich auf vielen Gebieten aus, in der Bildhauerei, in der Architektur, in der Dichtung, wo man z. B. Hexameter schrieb. In der griechisch-römischen Antike stand neben der Dichtung die Dichtungs-Theorie, die Poetik und Metrik, und neben der Prosa die Prosa-Theorie, die Rhetorik. Goethe schrieb jetzt Prosa, „Dichtung und Wahrheit", und da war die Frage, ob man das eigene Werk in Beziehung setzen könne zu dem Überlieferten. Goethe brachte z. B. bei der Erzählung eines Ereignisses gern einen allgemeinen Satz, mitunter am Anfang, meist am Ende; paßte sein Verfahren zu dem, was bei Ernesti unter „sententia" gesagt war? Goethe war sich dabei – im Gegensatz zu Ernesti – bewußt, wie problematisch es ist, moderne deutsche Erzählprosa in der antiken Rhetorik zu „bespiegeln". Er sagt daher, daß es „scherz- und ernsthaft" geschah. (Bei Ernesti ist es niemals „scherzhaft".)[43]

---

[43] Ernesti in seiner Vorrede von 30 Seiten sieht die antike Rhetorik als etwas, was in keiner anderen Kultur Vergleichbares habe und was die Grundlage allgemeiner Betrachtung sein müsse, auch für die Schriftsteller der Gegenwart.

Das Werk Ernestis ist lateinisch geschrieben. Goethe las das Latein fließend, konnte auch lateinisch sprechen.[44] Er gehörte zu der letzten Generation von Männern in Deutschland, die mit Latein als lebender Sprache im Schul- und Universitäts-Unterricht aufgewachsen waren. Daß er das Werk von Ernesti gewinnbringend benutzte, zeigt in den nächsten Wochen sein Briefwechsel mit Riemer aus Teplitz. Er verwendet da mehrfach die Ernestischen Fachausdrücke, zumal in bezug auf „Dichtung und Wahrheit"[45]. Diese Briefe waren die Fortsetzung der Gespräche. Wir können uns also ungefähr ein Bild machen, worum es am 12. April ging: Gewisse rhetorische Begriffe aus Ernesti wurden durchgesprochen; ihre Anwendung im Lateinischen festgestellt und ihre Verwendbarkeit im Deutschen überlegt.[46]

---

[44] Goethes Vater schrieb sein Haushaltsbuch lateinisch. Da steht z. B., was die Frühjahrswäsche (lavatio verna) gekostet habe (20. März 1754), daß eine Göttinger Wurst (farcimen Goettingense) gekauft sei (2. September 1755), daß der Dachdekker (strator tectorum) 1 Gulden erhalten habe (10. August 1754) und daß man für den Besuch des Konzerts der Mozartkinder 4 Gulden und 7 Groschen bezahlen mußte (25. August 1763: pro musicali concerto duorum infantium 4,7 fl.). Joh. Caspar Goethe, Liber domesticus. Hrsg. von Holtzhauer und I. Möller. 2. Bde. Leipzig 1973. Bd. 2, S. 18, 23, 40, 116. Das Früheste, was wir von Wolfgang Goethe haben, sind lateinische Übersetzungen und Dialoge. In diesen wird die Welt des Alltags lateinisch wiedergegeben. Vater und Sohn gehen in den Keller und sprechen darüber, wie der Grundstein (lapis fundamentalis) gelegt wurde und wie damals der Sohn in Maurertracht, eine Kelle in der Hand, unter vielen Maurer-Gesellen stand, neben einem Steinmetz-Meister (ut murarium amictum spatulam manutenentem magnoque murariorum sociorum agmine stipatum, lapicida latus meum claudente). In solcher Weise lernte Goethe die Dinge des Hauses, des Handwerks, des Handels lateinisch ausdrücken. Rechtswissenschaft und Naturwissenschaften benutzten damals ohnehin meist das Latein. Er hat sein Leben lang lateinische Bücher fließend gelesen. Unter den 67 entliehenen Büchern des Jahres 1815 sind 7 lateinische (Keudell). Als Goethe am 15. Mai 1808 mit Riemer im Reisewagen nach Karlsbad auf Erotica zu sprechen kam, wechselten beide in die lateinische Sprache über, damit der Kutscher auf dem Bock sie nicht verstünde. (Tagebuch 15. Mai 1808; übereinstimmend Riemers Tagebuch 15. Mai 1808) Ferdinand v. Biedenfeld war im Oktober 1815 anwesend, als Goethe in Karlsruhe mit Naturforschern zusammen war, und berichtet: „Sie sprachen plötzlich lateinisch miteinander." (GHe 2, S. 1111.)
[45] Goethe schreibt in seinem Brief aus Teplitz vom 20. Juni von Enthymemen, Amplifikationen usw. Riemer geht in dem Antwortbrief von Anfang Juli sachkundig und einfühlsam auf Goethes Überlegungen ein. – Briefe an Goethe, HA, Bd. 2, 1969, S. 135 ff. u. 641.
[46] Goethes Exemplare der beiden Rhetoriken sind bibliographisch genau verzeichnet in: Goethes Bibliothek. Katalog von Hans Ruppert. Weimar 1958, Nr. 685 und 686.

Das Tagebuch notiert, daß es ein „schöner Tag" war, einer der Frühlingstage, die Goethe liebte, wenn nach dem Winter die Sonne warm schien und die Krokus und Narzissen blühten. Wäre Riemer nicht gekommen, so wäre er wohl nach Knebels Abfahrt ins Freie gegangen. Nun aber wurde erst das vorgenommene Pensum durchgearbeitet. Dann ging Riemer. Da Goethe abends nichts zu essen pflegte[47], konnte er nun seinen Spaziergang beginnen. Das Tagebuch sagt: „Nachts im Mondschein spazieren bis zum Römischen Haus". Das Wort „nachts" bedeutet bei Goethe: abends nach Einbruch der Dunkelheit.[48] Es war etwa zwischen 8 und 9 Uhr, drei Tage vor Vollmond.[49] Demnach stand der Mond ungefähr in Südsüdost.

---

[47] Riemer schreibt an Frommann: „Er ißt bloß zu Mittag; aber gut und hinlänglich." (GHe 2, S. 260) A. Nicolovius an Th. Nicolovius, Anfang Dezember 1825, nach drei Monate langem Aufenthalt in Goethes Hause: „Am Abend genießt Goethe nichts." (GHe 3,1 S. 874.) Ähnlich Skell (GHe 3,2 S. 343.). Als Goethe am 19. Oktober 1814 in Frankfurt zu Moritz v. Bethmann eingeladen war, schrieb er: „Erlauben Sie zugleich mit gastlicher Freimütigkeit zu eröffnen, daß ich niemals gewohnt war, zu Nacht zu speisen." Ähnliche Äußerungen mehrfach. Vermutlich wurde Goethe in dieser Lebensgewohnheit bestärkt durch das, was der große Hygieniker Christoph Wilhelm Hufeland empfahl. Goethe kannte ihn verhältnismäßig gut seit der Zeit, als Hufeland in Jena tätig war. In seiner Bibliothek stehen mehrere Werke Hufelands. Die Übereinstimmung vieler Goethescher Lebensgewohnheiten mit den Regeln Hufelands ist auffallend, obgleich das meiste vermutlich von Goethe spontan entwickelt ist (regelmäßig frische Luft und Bewegung, Ablehnung des Tabaks, Gartenleben, Sorge für genügend Schlaf, Vermeidung unnötigen Zusammenseins mit ansteckenden Kranken usw.). Eine für Laien geschriebene Gesundheitslehre gab Hufeland in seinem bekannten Werk: Die Kunst, das menschliche Leben zu verlängern. Berlin 1796. – 4. Aufl. unter dem Titel: Makrobiotik oder die Kunst, das menschliche Leben zu verlängern. Berlin 1805.

[48] In seiner Jugend schrieb Goethe an Auguste zu Stolberg: „Jetzt ist's bald achte nachts." (WA Briefe 2, S. 305). Und noch im Alter schreibt er in dem Aufsatz „Entoptische Farben": „Am 18. Juli, nachts halb 10 Uhr"; die Überschrift dieses Abschnitts lautet: Tiefe Nacht (Leopoldina Ausgabe 8, S. 101).

[49] Goethe benutzte den „Gothaischen Schreib-Calender auf das Jahr 1813". Da steht, daß am 7. April 1813 das erste Viertel des Mondes zu sehen war („11 Uhr, 11 Min. abends") und am 15. April Vollmond war („6 Uhr, 1 Min. abends"). Da ich nun aber gern Genaueres über den Stand des Mondes am 12. April wissen wollte, wandte ich mich an einen Astronomen, der für Goethe Interesse hat. Es ist Herr Professor Dr. Diedrich Wattenberg, Direktor der Archenhold-Sternwarte in Treptow bei Berlin, Verfasser des Aufsatzes „Goethe und die Sternenwelt" im Jahrbuch Goethe 31, 1969, S. 66–111. Professor Wattenberg hatte Verständnis für meine Frage und beantwortete sie sofort. Ich zitiere im folgenden, was er schreibt: „Aus

Goethe ging bis zum Römischen Haus. Er ging also die Seifengasse oder die Ackerwand entlang und dann rechts ab in den Park, dessen Wege er etwa 30 Jahre früher mit angelegt hatte. Sie verliefen, wie wir aus den alten Karten wissen, fast genauso wie heute.[50] Goethe konnte den oberen Weg wählen, der einen schönen Blick auf das Ilmtal mit seinen Wiesen bot, oder die Schlängelwege unten an der Ilm mit dem Blick auf das Wasser und auf die Bäume und Sträucher, die dessen Ufer säumten.[51] Vielleicht hat er den einen Weg oben und den anderen unten gemacht. Der obere Weg führte vorüber am Schlangenstein und an dem Erinnerungsstein für den Herzog von Dessau. Er hatte bei dem Hinweg den Mond vor sich über dem Tal in der Richtung von dem Dörfchen Oberweimar. Das Ilmtal erstreckt sich fast genau in nord-südlicher Richtung, der Mond schien von Süden hinein. Vom Römischen Haus bot sich ein weiter Blick bis hinüber zu dem Gartenhaus und den dahinter liegenden Höhen. Das Römische Haus war 1797 fertig geworden, weitgehend nach Goethes Plänen.[52] Schon lange hatte er einen Bau gewünscht, der am Hang steht, so daß der eine Teil des Gebäudes auf der Höhe steht, der andere auf Säulen, die im Tal ihre

---

dem Berliner Astronomischen Jahrbuch, Jahrgang 1813, geht hervor: am 15. April war Vollmond; am 12. April ging in Weimar der Mond, dessen Phase also 3 Tage vor Vollmond auswies, abends um 9.57 (= 21.57) Uhr (Ortszeit) durch den Meridian, d. h. er stand um diese Zeit genau im Süden. Für den Zeitraum zwischen 20 und 21 Uhr (in der damaligen Schreibweise 8 bis 9 Uhr abends) würde dies bedeuten, daß der Mond im Südosten stand. Die Höhe des Mondes war zu dieser Zeit durch seine Deklination, d. h. durch seine Abweichung vom Himmelsäquator, gegeben. Da dieser Wert rund 3° betrug, hat der Mond nur wenig höher gestanden als der Gürtel im Sternbild des Orion (im Meridian = 42°). Jedenfalls hatte der Mond nach 20 Uhr im Südsüdosten eine angemessene Höhe und verbreitete infolge seiner fast 5 Tage über das erste Viertel hinaus weisende Phase ein helles Licht."

[50] W. Huschke und W. Vulpius, Park um Weimar. Weimar 1955. Insbesondere die Karten S. 86 und 87.

[51] Einen Eindruck des damaligen Aussehens vermitteln die Stiche und Aquarelle von Georg Melchior Kraus.

[52] W. Huschke und W. Vulpius, Park um Weimar. 1955, S. 46–49. – WA Tagebücher Bd. 15,2 S. 100 (56 Belegstellen). – Das „Corpus der Goethezeichnungen" zeigt, wie lange Goethe in sich Motive herumtrug, die er in der Anlage dieses Gebäudes, am Hang, vor dem Tal, mit Säulen und tempelartigem Dach, verwirklichte, so gut es die örtlichen Gegebenheiten gestatteten. Man findet die betreffenden Zeichnungen leicht mit Hilfe der vortrefflichen Register unter dem Stichwort „Weimar, Römisches Haus", insbesondere in Bd. IV B. – Wie sehr Goethe sich für die Bauweise am Hang interessierte, zeigt auch die Tagebuchaufzeichnung vom 1. September 1797 in Hohenheim bei Stuttgart. (Tagebücher Bd. 2, S. 113).

Stütze finden. Immer wieder hatte er Zeichnungen dafür entworfen. Der Herzog hatte seinem Plan zugestimmt. Der Schloßbau-Architekt Johann August Arens hatte die Einzelheiten gezeichnet und den Bau geleitet. Dann aber, als alles sich der Vollendung näherte, kamen der Herzog und Arens auf die Idee, auf der einen Seite eine weit ausschwingende Freitreppe anzubauen, die Goethes klare, edle Linienführung zerstörte. Goethe schrieb verärgert am 1. August 1796 an Heinrich Meyer, daß „die Seite der Luft- und Hühnertreppe immer abscheulicher wird", die andere Seite dagegen „sieht so ruhig und vernünftig aus, daß man sich wirklich daran erfreuen kann". Seit jener Zeit waren nun Büsche emporgewachsen, welche die Treppe weniger sichtbar machten. Am Abend, da der Mond von Süden schien und die Treppe an der Nordseite liegt, war sie ohnehin kaum zu sehen.

Auf dem Rückweg hatte Goethe das Ilmtal nun auf der rechten Seite und den Mond im Rücken. An mehreren Stellen hatte man einen Blick über das ganze Tal und sah auf der anderen Seite Goethes Gartenhaus. Der Mond schien auf dessen südliche Seitenfront. Bei solcher Beleuchtung hebt sie sich hell ab von den Büschen und Bäumen, die den Hintergrund bergauf abschließen. Goethe vermerkt den Mondschein im Tagebuch, weil er für ihn zu den wesentlichen Eindrücken des Tages gehörte. Der Spaziergang wird vermutlich eine knappe Stunde gedauert haben.

Und nun, heimgekommen, setzt er sich zum Lesen. Denn dadurch wird der Tag gerundet. Nach Möglichkeit richtete er es so ein, daß jeder Tag etwas Arbeit, etwas Bewegung im Freien, etwas Gespräch und etwas Lektüre enthielt. Für diesen Abend hatte er eine Lektüre, die ihn leidenschaftlich interessierte. Der Physiker Thomas Seebeck in Nürnberg hatte ihm mit einem Brief vom 6. April einen Aufsatz über ein Spezialgebiet der Optik geschickt, in welchem er an Goethes Studien anknüpft und darüber hinaus führt. Vermutlich wartete Goethe seit der Ankunft durch die Post darauf, dies zu lesen, und nur seine durchdachte und maßvolle Tageseinteilung hatte verhindert, daß er sich sogleich an die Lektüre begeben hatte.

Thomas Seebeck hatte 1802–1810 in Jena gelebt. Goethe war oft mit ihm zusammen gewesen, er hatte den didaktischen und den historischen Teil der „Farbenlehre" mit ihm durchgesprochen. Seebeck war einer der wenigen damaligen Physiker, die dieses Werk zu schätzen wußten. Nachdem die „Farbenlehre" 1810 erschienen war, hatte Goethe dieses Gebiet nicht aus dem Auge verloren. Er korrespondierte mit Seebeck, der eifrig Experimente machte und die ausländische

Forschung verfolgte.[53] Goethe beschäftigte sich im Winter 1812/13 mit Studien zur Kristalloptik, die er in seinem Aufsatz „Doppelbilder des rhombischen Kalkspats" darstellte (Leopoldina Ausgabe 8, S. 16–20). Am 12. Januar hatte er ihn fertig, am 15. Januar schickte er ihn an Seebeck, der gerade zu dieser Zeit Experimente machte, die über Goethes Beobachtungen hinaus führten. Er schloß diese im Februar ab und schrieb sofort einen Aufsatz darüber für das „Journal für Chemie und Physik", und so konnte er Anfang April frisch aus der Druckerpresse an Goethe die sogenannten „Aushängebogen" senden, d. h. die noch nicht gehefteten und nicht beschnittenen Bogen, die in das Heft kommen sollten.[54]

Seebecks Aufsatz, 40 Druckseiten lang, knüpft an Beobachtungen an, welche der Franzose Malus („Théorie de la double réfraction", Paris 1810) gemacht hatte. Goethes „Farbenlehre" wird von Seebeck schon auf der ersten Seite genannt. Seebeck geht aus von der Lichtbrechung im Kalkspat, ersetzt diesen dann aber – über Goethe hinausgehend – durch einen Kubus aus rasch gekühltem Glas. Er stellt diesen zwischen zwei Spiegel und experimentiert mit deren verschiedener Stellung. Der eine Spiegel wirft das Licht in den Glaskubus, von da fällt es in den anderen Spiegel und erscheint dort als farbige Figur. Diese Figuren ändern sich mit der Stellung der Spiegel. Immer haben sie eine symmetrische Form, die auch ästhetisch ansprechend ist. Seebeck sagt, daß diese Figuren „den Chladnischen Klangfiguren ähnlich sind und auch so mannigfaltig verändert werden können wie diese". Am Ende des Aufsatzes berichtet er über Versuche mit Schwarzspiegeln und dazwischen gestellten Glaswürfeln bei hellem Sonnenlicht. Dies ist die Zusammenstellung, welche die Erscheinungen am günstigsten zeigt. Goethe und Seebeck nannten sie später „entoptischen Apparat" und die sich bildenden Phänomene „entoptische Farben".[55]

---

[53] Über Seebeck (1770–1831): ADB 33, 1891, S. 564f. – Goethes Beziehungen zu Seebeck: WA, Register zu den Tagebüchern und zu den Briefen, insbes. in Bd. 30. Ergänzend dazu: Goethe und Th. Seebeck. 30 Briefe. Hrsg. von M. Hekker. Jb. G. Ges. 10, 1924, S. 163–189.

[54] Thomas Seebeck, Einige neue Versuche und Beobachtungen über Spiegelung und Brechung des Lichts. Journal für Chemie und Physik. Hrsg. von J. S. G. Schweigger. Bd. 7, Heft 3. Nürnberg 1813, S. 258–298. Dazu am Ende des Hefts 2 Tafeln in Kupferstich, eine davon koloriert.

[55] Es kann sich im Zusammenhang des vorliegenden Aufsatzes nur darum handeln, kurz zu berichten, was Goethe am Abend des 12. April 1813 gelesen hat, nicht aber darum, die Geschichte seiner Studien der entoptischen Farben darzustel-

Das Besondere war, daß die Farben hier Figuren bilden. Es fragte sich also, welche Gesetzmäßigkeit dabei walte. Seebeck wies hin auf die Verwandtschaft mit Chladnis Klangfiguren. Chladni hatte entdeckt, daß auf einer mit Sand bestreuten Glasplatte der Sand sich zu symmetrischen Figuren ordnet, wenn man die Platte mit einem Geigenbogen streicht. Goethe hatte diese Experimente selbst gemacht. Chladni hatte ihn in den Jahren 1803, 1810 und 1812 besucht, und sie hatten darüber gesprochen.[56] Die Klangfiguren ergaben die Frage, ob man von der Musikwissenschaft eine Brücke bilden könne zur Physik, und nun war der Optik durch die Farbfiguren eine ähnliche Frage gestellt.

Dies wies also auf seinen alten Fragenkreis nach der Einheit der Natur, der ihn innerlich sehr bewegte, den er aber nur andeutungsweise und gleichsam beiläufig aussprach. Als er sich nacheinander Geologie, Morphologie und Optik erarbeitete, hoffte er, einen übergreifenden Zusammenhang zu finden. Die „Metamorphose der Tiere" läuft in diesen Gedanken aus. Er hatte die Idee gehabt, die Naturgebiete in einem „Roman über das Weltall" darzustellen, doch da die innere Verbindung ihm nicht genügend vor Augen stand und er eine äußerliche Aneinanderreihung nicht wollte, gab er den Gedanken auf.[57] Nachdem er die Farbenlehre gründlich durchgedacht hatte, versuchte er, mit Hilfe Zelters Grundzüge der Tonlehre zu finden, und schrieb an Sartorius: „Zelter ist gegenwärtig hier, und wahrscheinlich komm' ich durch seine Gegenwart weiter in meinem alten Wunsch, der Tonlehre auch von meiner Seite etwas abzugewinnen, um sie unmittelbar mit dem übrigen Physischen und auch mit der Farbenlehre zusam-

len, denn diese fingen hier erst an, und auch Seebecks Arbeiten gingen noch weiter. Goethes spätere Aufsätze zu diesem Gebiet und einen Aufsatz Seebecks findet man in: Leopoldina Ausgabe 8, 1962, S. 11–24, 94–138. – Zusammenfassend orientiert der Artikel „Entoptik" von R. Matthaei im Goethe-Handbuch 1, 1961, Sp. 2182–2194. Ergänzend dazu: R. Matthaei, Neues von Goethes entoptischen Studien. (Jb.) Goethe 5, 1940, S. 71–96 (mit Abb.). – Goethe hat später mit dem entoptischen Apparat viel experimentiert: Ein Apparat aus seinem Besitz ist ausgestellt im Goethe-National-Museum (NFG) und ist abgebildet in: H. Holtzhauer, Goethe-Museum, Bln. u. Weimar 1969, S. 502.

[56] Artikel „Chladni" in: Die Musik in Geschichte und Gegenwart, Bd. 2, 1952, Sp. 1216 bis 1218; und ebd. „Akustik" Bd. 1, 1951, Sp. 217. – Artikel „Chladni" in: Goethe-Handbuch 1, 1961, Sp. 1636f.

[57] Gräf, Goethe über seine Dichtungen. Epische Dichtungen, Bd. 1. 1901, S. 285–295. – Ergänzend: Frau v. Stein an Knebel 1. Mai 1784 (GHe 1, S. 347); Gespräch mit Boisserée 3. Oktober 1815 (GHe 2, S. 1105).

menzuknüpfen. Wenn ein paar große Formeln glücken, so muß das alles Eins werden, alles aus Einem entspringen und zu Einem zurückkehren". (19. Juli 1810) Und am 20. Januar 1813 schrieb er an Knebel: „Ich leugne nicht, daß die Verbindung des Erd- und Eisenmagnetismus mit den übrigen Polaritäten der physisch-chemischen Natur, welche bisher noch nicht hat glücken wollen, ein wissenschaftliches Ereignis wäre, welches ich zu erleben wünsche, da ich an der Möglichkeit garnicht zweifle". Auch Seebeck gegenüber hatte er diesen Gedanken mehrfach ausgesprochen.[58] Der Weg war schwer, man mußte froh sein, wenn man ein kleines Stück vorwärts kam. Konnten die neuentdeckten Polarisationserscheinungen des Lichts dabei helfen?

Was Goethe an diesem Abend durch den Kopf ging, können wir aus einem Brief-Konzept erschließen, das er am nächsten Vormittag seinem Sekretär John in die Feder diktierte. Es ist ein – nicht abgeschicktes – Schreiben an Seebeck: „... haben Sie zuerst tausend Dank für die vortrefflichen Bogen, wodurch jene An- und Aussichten, über die wir so einig sind, herrlich bestätigt und erweitert werden. Es ist ein Begriff von großer Tiefe, daß jede Form des durchsichtigen Glasmittels eine innere Farbenerscheinung bestimmt, die unter jenen Bedingungen von Trübung und Aufklärung, von Verdunkeln und Aufklären, von Schein und Gegenschein so wundersam hervortreten. Die Ähnlichkeit mit den Chladnischen Figuren ist überraschend und die Vergleichung der Bedingungen, unter welchen beide entstehen, höchst belehrend. Ist doch dort auch Ruhe und Bewegung, Strebendes und Widerstehendes in dem Körper, auf den gewirkt wird ... Ich muß mich enthalten,

---

[58] Noch am 15. Januar 1813, als er ihm den Aufsatz über die Doppelbilder des rhombischen Kalkspats schickte, schrieb er ihm: „Der Hoffnung, den Magnetismus an die elektrisch-chemischen und folglich auch an die Farbenwirkungen anzuschließen, kann ich nicht ganz entsagen." WA Briefe 23, S. 247. – Ähnliche Briefäußerungen gibt es mehrfach, z. B. an Döbereiner 26. Dezember 1812: „Aus Italien hat uns ein Herr Morecchini Hoffnung gemacht, Farben und Magnetismus in Rapport zu setzen. Herr Dr. Seebeck hat zwar kein Zutrauen dazu, allein mir ist an der Sache so unendlich viel gelegen, daß ich ihr die Zeit her immer nachgehe." (WA Bd. 23, S. 210). In der „Farbenlehre", 1810, hatte er diese Gedanken nur zurückhaltend angedeutet; in den Abschnitten § 735–750 hatte er nach „höheren Formeln" gesucht, hatte das Phänomen der Polarität als etwas bezeichnet, was mehrere Gebiete der Natur verbindet, und die Hoffnung ausgesprochen, daß die Erkenntnis solcher Zusammenhänge fortschreite. Er war sich darüber klar, daß er es nicht so machen wollte wie die romantischen Naturphilosophen mit ihrer „spekulativen Physik", in der er nur willkürliche Theorie sah. Er wollte von den Phänomenen ausgehen.

mehr zu sagen, und will lieber gestehn, daß ich von der Entdeckung noch geblendet bin und mir die Versuche freilich nur bloß durch die Einbildungskraft und durch Hülfe der schönen Tafeln und der so methodischen Erklärung eigen zu machen suche..."

Dieses Brief-Konzept zeigt, welche Gedanken Goethe beim Lesen des Seebeckschen Aufsatzes kamen. Er ließ das Konzept aber nicht abschreiben und den Brief nicht abgehn. Stattdessen schrieb er am 16. Mai aus Teplitz einen anderen, knapperen, ruhigeren Brief. Daß er zweimal dafür ansetzte, ist ein Anzeichen dafür, wie sehr ihm diese Dinge am Herzen lagen.[59]

Dies also war seine Abend-Lektüre. Danach aber war es Zeit, schlafen zu gehn, denn er sorgte immer dafür, daß er nicht zu spät zu Bett kam, weil er gern früh aufstand und mit frischen Kräften einen langen Arbeitsvormittag vor sich haben wollte.

Im Tagebuch folgt die Notiz „Schöner Tag". Mit solchen kurzen Angaben über das Wetter endigen die Aufzeichnungen jedes Tages in dieser Zeit. Die Eintragungen zeigen eine Schönwetter-Periode.[60]

Die Tagebucheintragung vom 12. April hat nun aber noch einen Nachtrag. Wenn im Tagebuch solche Nachträge gemacht werden, handelt es sich um Zeitereignisse, die Goethe erst später zu Ohren

---

[59] Goethes Tagebuch notiert für den nächsten Vormittag: „Aufsatz wegen der Seebeckischen Entdeckung, der nicht abging." Dieser kurze Aufsatz, John in die Feder diktiert, ist abgedruckt WA Naturwiss., Bd. 5,2 S. 359–361. Dazu diktierte Goethe das Brief-Konzept an Seebeck, abgedruckt WA Br. 23, S. 311 f. Auch dieses ging nicht ab. Stattdessen dann der Brief aus Teplitz vom 16. Mai; unvollständig in WA Br. 23, S. 433; vollständig in Jb. G. Ges. 10, 1924, S. 169 f. – Die Tatsache, daß Goethe auf Seebecks Aufsatz sofort produktiv reagierte und schon am nächsten Vormittag einen Aufsatz dazu diktierte, daß er einen Brief entwarf, ihn sofort wieder verwarf und noch einmal ansetzen mußte – was in diesem Alter selten bei ihm vorkam – zeigt, wie sehr diese naturwissenschaftliche Entdeckung ihn erregte und mit einem Arbeitsgebiet zusammenhing, das ihm ein Lebenselement war. Ihn beschäftigten am 12. und 13. April Seebecks Entdeckungen mehr als die aufregenden politischen Ereignisse. Auch das gehört zu den „Zauberzirkeln" (wie Knebel in seinem Brief vom 13. April formulierte).

[60] Schon am 7. April heißt es in Goethes Tagebuch „Warmer Tag", am 8. April „Sehr schöner Tag." So ging es bis zum 15. April. Goethes Aufzeichnungen stimmen genau mit den Wetter-Notizen in Knebels Tagebuch überein und mit den Wetter-Tabellen, die im „Journal für Chemie und Physik" veröffentlicht wurden. Dort ist für Süddeutschland vom 8.–16. April eine Periode heiteren Wetters verzeichnet mit Tageshöchsttemperaturen bis zu 16,8 Grad Réaumur (= 21 Grad Celsius). – Journal für Chemie und Physik, Bd. 8, 1813, Beilage III, zwischen S. 352 und 353 als Anhang zum 3. Heft eingeschaltet.

kommen, die er aber bei dem Tag, an welchem sie vorgefallen sind, einträgt. So ist hier hinzugesetzt: „Baron v. St. Aignan wird in Gotha überfallen".

Etienne Baron v. Saint-Aignan[61] war, nachdem die Adelsverfolgungen der Revolutionszeit vorüber waren, unter Napoleon in den Staatsdienst eingetreten und war 1811 zum Französischen Gesandten bei den Sächsischen Höfen in Thüringen ernannt. Er residierte in Weimar. Sachsen-Weimar gehörte zum Rheinbund, Saint-Aignan war also auf befreundetem Gebiet. Anderseits spürte er, daß Carl August preußenfreundlich war und keine Sympathien für Napoleon hatte. Seine Schwiegertochter Maria Paulowna war die Schwester des Kaisers von Rußland, 1812 aber hatte Napoleon den Krieg gegen Rußland begonnen. St.-Aignan bewegte sich also auf einem schwierigen Gebiet. Zwischen Goethe und ihm hatte sich bald ein gutes Verhältnis herausgebildet. Über Politik sprachen sie überhaupt nicht. St.-Aignan war Kupferstich-Sammler wie Goethe. Zwei Sammler, die Spezialkenntnisse besitzen, haben einander immer etwas zu sagen, zumal wenn sie ein so herrliches Material wie Goethes Sammlungen zur Hand haben. Außerdem war er literarisch interessiert. So unterhielt sich Goethe z. B. im März 1812 mit ihm über Chateaubriands „Génie du Christianisme", und diese Gespräche gaben ihm Anregungen für den Abschnitt über die Sakramente im 7. Buch von „Dichtung und Wahrheit".[62]

Als preußische Truppen nahten, verließ Saint-Aignan Weimar. Zum Abschied schenkte er Goethe Kupferstiche (Tagebuch 3. April 1813). Am 12. April war nun ein kleiner preußischer Vortrupp bis Gotha geritten und dort in das Haus, in welchem Saint-Aignan wohnte, eingedrungen. Doch dieser bemerkte die Gefahr und entkam durch

---

[61] Willy Andreas, Goethe und St. Aignan. Dt. Vierteljahresschr. f. Literaturwiss. u. Geistesgesch. 37, 1963, S. 249–253. – W. Andreas, Drei Briefe Goethes aus dem Jahre 1812. (Jb.) Goethe 2, 1937, S. 59–63. – WA Tagebücher, Register. – Goethes Briefwechsel mit Chr. G. Voigt. Hrsg. von H. Tümmler. Bd. 3, 1955, S. 336–340, 512f. – Weimarische Berichte und Briefe aus den Freiheitskriegen 1806–1815. Hrsg. von Fr. Schulze. Leipzig 1913, S. 130–158, 177–188. – Hans Tümmler, Goethes Weimar am Vorabend der Befreiungskriege. Aus den Berichten des frz. Gesandten v. St. Aignan 1812/13. In: Natur u. Idee. Festschr. f. Wachsmuth. Weimar 1966, S. 236–297. Wieder abgedruckt in: Tümmler, Das klass. Weimar und das große Zeitgeschehen. Köln 1975, S. 91–122.
[62] Hierüber insbesondere der Brief an Knebel vom 25. März 1812. – HA Bd. 9, S. 288–292 u. Anm.

den Garten. Das erfuhr Goethe am Tage danach und vermerkte es im Tagebuch.[63]

Die Tagebuch-Eintragung ist geschrieben von der Hand des Sekretärs John. Goethe pflegte seine Tagebücher zu diktieren. Immer sind es nur Stichworte. Personen werden so bezeichnet, wie der Sekretär sie zu benennen hat, deswegen nicht „Riemer", sondern „Professor Riemer", nicht „Knebel", sondern „Major v. Knebel". In der Aufzeichnung vom 12. April ist der Nachtrag über Saint-Aignan von Goethe eigenhändig hinzugefügt.[64]

Überblicken wir den Tag als ganzen, so sehen wir im Vergleich mit anderen Tagen: er war ohne Amtsgeschäfte, ohne Besuch bei Hofe, ohne Theaterproben, also recht still. Vor allem auch ein Tag ohne die vielen Besucher, die aus Weimar und von auswärts zu kommen

---

[63] Goethes gutes Verhältnis zu St. Aignan, das sich nur in künstlerisch-literarischem Gebiet gebildet hatte, hat sich in dieser Zeit – soweit man das beurteilen kann – auch politisch ausgewirkt. Die Weimarer Truppe ging am 13. April zu den Preußen über. Napoleon war empört über diese „petite Yorckiade". Herzog Carl August als Rheinbundfürst und Bundesgenosse Napoleons hätte seine Truppe daran hindern müssen, er hätte beim Nahen der Preußen Weimar verlassen müssen, um zu seinen Soldaten oder zu den Franzosen zu gehn. Nichts davon war geschehen. Die Bevölkerung in Jena und Weimar hatte die Preußen freudig begrüßt. Napoleon hatte Grund genug, zornig zu sein und Rache zu nehmen. Da sandte St. Aignan am 24. April einen Bericht, in welchem er zwar die politische Haltung des Herzogs verurteilt, jedoch zu bedenken bittet, daß die sächsischen Herzogtümer besonderes Recht auf den Schutz des Kaisers hätten, weil die berühmtesten und bedeutendsten Männer der Kunst und Wissenschaft in Weimar und Gotha lebten. Allein dadurch seien diese kleinen Orte von Bedeutung, dagegen seien sie politisch-militärisch ganz unwichtig. Zwar legte Napoleon Sachsen-Weimar schwere Lasten auf; St. Aignans Wort scheint aber das Schlimmste verhindert zu haben. – Weimarische Berichte und Briefe aus den Freiheitskriegen. Hrsg. von Fr. Schulze. Leipzig 1913, S. XXIV, 177ff., insbes. S. 184f. – Übrigens begegnete Goethe dem preußischen Offizier, der am 12. April bei St. Aignan eindrang, zufällig Ende Juni in Teplitz (Gespräche 2, S. 815).

[64] Aus Notizzetteln, die erhalten sind, wissen wir, daß der Sekretär die Stichworte oft zunächst auf Zetteln notierte und sie dann später in die Reinschrift des großen Tagebuchs übertrug. Die erhaltenen Blätter lassen vermuten, daß Goethe oft mittags die Stichworte über den Vormittag diktierte. Die Notizen über den Nachmittag und Abend wurden abends oder am nächsten Morgen diktiert. Die Reinschrift folgte dann später. Notizzettel, welche für die Tagebücher als Grundlage dienten, gibt es im Goethe- und Schiller-Archiv in den Archiv-Kästen Nr. 54 und 55. Die Tagebücher sind Reinschriften von Schreiberhand, auf geteilten Foliobogen rechtsseitig geschrieben. Der Schreiber mußte selbständig linksseitig alle abgegangenen Sendungen vermerken.

pflegten und jetzt wohl wegen der Kriegs-Situation zu Hause blieben. Auch war es ein Tag ohne Brief-Diktate, die sonst eine Menge Zeit wegnahmen und doch unumgänglich waren, um die vielen menschlichen und sachlichen Beziehungen lebendig zu erhalten, die zu seinem Dasein gehörten. Goethe konnte also an diesem Vormittag lange an der Autobiographie diktieren. Er hatte Ausdauer in solcher Arbeit. Sobald das Diktat zu Ende ist, wendet er sich dann anderen Dingen zu. Das Mittagessen soll Entspannung sein. Zwar dient auch das Gespräch mit Knebel der gegenwärtigen Arbeit, doch da es Gespräch ist, ist es anderer Art als das Diktieren. Gespräche strengten ihn nicht an. Dann werden mit Riemer Dinge der antiken Rhetorik durchgesprochen, das ist ein anderes Gebiet, und abends folgt die Naturwissenschaft. Bei diesem Wechsel entspannte er sich vom einen beim andern. Das hat schon Riemer bemerkt: „Da er nun nie zu lange bei einer Sache aushielt noch über Gebühr sich anstrengte, so ermüdete sein Geist niemals, und jedes Neue fand ihn wiederum frisch und rein."[65] Das Diktieren, die Gespräche, die Lektüre waren die üblichen Vorgänge seines aufnehmenden und gestaltenden Lebens, und dazu gehörten auch der Spaziergang und der nächtliche Schlaf.

Die vorgenommene Arbeit dieser Periode, „Dichtung und Wahrheit", war am Vormittag gut vorangekommen; dazu zwei sachbezogene Gespräche und dann fördernde naturwissenschaftliche Lektüre – er durfte zufrieden sein mit dem Ergebnis dieses Tages. Zu dem Erfreulichen gehörten das schöne Frühlingswetter und der Mondschein. Auf der anderen Seite standen die politischen und kriegerischen Ereignisse, die Schmerz und Unruhe verursachten. Doch sie gehörten zu dem, was er nicht ändern konnte. Er hatte den Frieden gepriesen und die Hoffnung ausgesprochen, Napoleon werde nun „den Frieden wollen" (Am Ende der Karlsbader Gedichte von 1810. HA 1, S. 262).[66]

---

[65] Riemer, Mitteilungen über Goethe. Hrsg. von Pollmer, 1921, S. 91 im Abschnitt „Tätigkeit". Da Riemer über Dinge dieser Art mit Goethe gesprochen hatte und da er weitgehend Goethesche Gedanken reproduzierte, kann man bei Mitteilungen dieser Art niemals abwägen, wie weit sie Riemers eigene Beobachtung und wie weit sie von Goethe vorgeformt sind, der über sich selbst auf eine erstaunliche Art Bescheid wußte, ohne durch solches Wissen eine unbewußte Harmonie zu stören.

[66] In der „Italienischen Reise" heißt es: „Unsere modernen Kriege machen viele unglücklich, indessen sie dauern, und niemand glücklich, wenn sie vorbei sind." (6. September 1787). – A. Bergsträsser, Der Friede in Goethes Dichtung. In: Dt. Beitr. zur geistigen Überlieferung. Bd. 1, Chicago 1947, S. 134–153.

Doch es war anders gekommen. Ihn spornten diese Ereignisse an, sich desto mehr auf sein eigenes Werk zu sammeln, um es möglichst bald zu vollenden. Am nächsten Tag sollte die Arbeit an „Dichtung und Wahrheit" weitergehen. Nach der Lektüre des Seebeckschen Aufsatzes legte er sich schlafen. Draußen war es still. In Weimar fuhren abends keine Wagen, jedenfalls nicht an der Ackerwand. Man hörte höchstens nächtliche Vögel aus dem Garten. Zu dem Geheimnis von Goethes Vielfalt, Produktivität und Gesundheit gehört auch die Fähigkeit der Entspannung. Er hatte den Aufsatz Seebecks mit größtem Interesse gelesen. Doch nun war er für diesen Tag damit fertig. Alles Weitere mußte den folgenden Tagen überlassen bleiben, ebenso wie die Arbeit an „Dichtung und Wahrheit", und das bedeutete, daß er vorher im Schlaf Kraft schöpfte und nun nicht mehr an diese Dinge dachte. Vor der Italienreise hatte er einmal an Frau v. Stein geschrieben: „Ich habe nur zwei Götter, Dich und den Schlaf. Ihr heilet alles an mir, was zu heilen ist". (15. März 1785) Und so hat er es immer gehalten: „Wo das Auge sich schließt und das Gehirn seine Herrschaft aufgibt, bin ich höchst erquickt, in einen natürlichen Schlaf zu fallen..." (an Nees von Esenbeck 23. Juli 1820)[67] Er schlief leicht und rasch ein, dazu trug wohl bei, daß er es gern tat und daß er das Gefühl hatte, mit dem Weltganzen in einem tiefen und geheimen Zusammenhang zu stehn, dem er dankbar und glücklich sich hinzugeben verstand. Er wußte, daß seine physische und psychische Gesundheit sich hier erquickte, und darum schwebten ihm, als er den Schlaf im Beginn des „Faust II" darstellte, freundliche Naturgeister vor mit ihren harmonisch-wechselreichen Melodien.

---

[67] In späteren Jahren, am 22. Oktober 1826, schreibt er einmal an Boisserée, daß er jetzt, im höheren Alter, manchmal abends noch wach liege und dann an die Arbeit des folgenden Tages denke. Aus den Jahren davor gibt es keinen Satz dieser Art. Wilhelm Bode, der das umfangreiche Material auf diese Themen hin durchgearbeitet hat, spricht darüber in: Goethes Lebenskunst. 8. Aufl., Berlin 1922, S. 182. – „Schlaf" in Sachregister HA Bd. 14 u. Briefe Bd. 4. Insbesondere Bd. 3, S. 146ff.; Bd. 4, S. 438, 452; Bd. 5, S. 249, 369. Briefe Bd. 1, S. 145, 251; Bd. 3, S. 484; Bd. 4, S. 206f.

Das Haus am Frauenplan in Goethes Alter

Das Haus am Frauenplan, das Goethe seit 1782 bewohnte, ist der Entstehung nach nicht ein Haus, sondern es sind zwei Häuser, die durch Verbindungsbauten verknüpft sind. Diese Zweiheit war Goethe durchaus willkommen. In seinen Altersjahren lebte er in dem Hinterhaus als der private Goethe und ging in das Vorderhaus als der offizielle Goethe. Von den Gästen hat fast niemand das Hinterhaus zu sehen bekommen. Es gab zwei Arten von Bekannten: solche, die nur in das Vorderhaus durften, und solche, die auch in das Hinterhaus durften; und man wußte, wer diese waren: Eckermann, Meyer, Riemer, Kanzler v. Müller, Coudray, der Großherzog.

Goethe bewohnte den 1. Stock, wie es üblich war. Im Erdgeschoß waren Wirtschaftsräume. In der Mansardenwohnung lebten sein Sohn und Ottilie. Den 1. Stock hatte er eingeteilt; da war nach Süden sein intimer Lebensbereich, sodann gab es Empfangszimmer, Sammlungszimmer, Eßzimmer und Gästezimmer. In den größten und schönsten Räumen des Hauses, dem Juno-Zimmer, Urbino-Zimmer und „Gelben Saal", hat Goethe sich in seinen Altersjahren nur wenig aufgehalten. Dahin ging er nur, wenn dort ein Gast war. Viele Besuche brach er nach einer Viertelstunde ab, andere dauerten eine Stunde und länger, dann aber verließ er diese Räume wieder, deren Fenster alle nach Norden zu liegen. Er liebte die Sonne und wohnte deswegen in den Südzimmern des Hinterhauses. Außerdem blickte man dort auf den Garten, und er wollte, wenn er aus dem Fenster blickte, Pflanzen vor sich sehen.

Aus Goethes Briefen läßt sich manches ersehen. Die Räume, in denen seine naturwissenschaftlichen und kunsthistorischen Sammlungen waren, wurden im Winter nicht geheizt. Goethe ging dann nicht dorthin, und nur wenn es unumgänglich war, ließ er von anderen etwas heraussuchen. Er schreibt im Winter oft, daß er fast nur sein Arbeitszimmer und sein Schlafzimmer benutze (an Zelter 19. Okt. 1830; 9. März 1831; an Sigismund August Herder 28. April 1830; an Rauch 11. März 1828).

Wenn er morgens erwachte, befand er sich in dem Schlafzimmer, das nicht groß ist, etwa 2,60 zu 3,40 m. Da war Platz für das Bett, auch

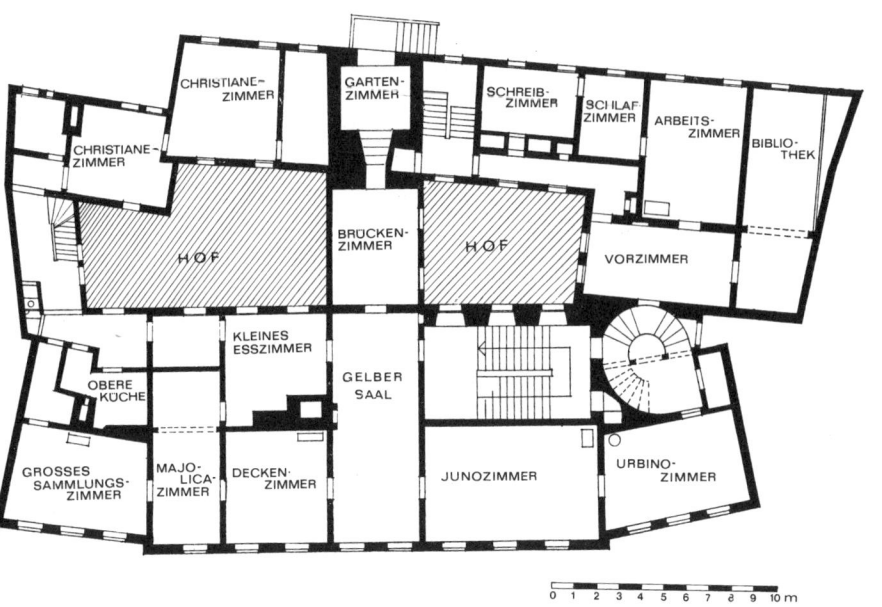

Goethes Haus am Frauenplan, Grundriß des ersten Stocks. – Im Erdgeschoß sind unter dem Großen Sammlungszimmer und dem Urbinozimmer die Durchfahrten zum Hof.

für einen Waschtisch und einen anderen kleinen Tisch, jedoch nicht für einen Kleiderschrank. Der stand in dem sogenannten „Vorzimmer", zwar nur 7 m entfernt, doch man mußte durch zwei Türen. Das Schlafzimmer ist 273,5 cm hoch. Es hat nur ein Fenster. Der Lehnstuhl ist erst 1831 dorthin gekommen. Die Ausstattung ist sehr einfach: ein Bett aus Kiefernholz, dahinter ein Wandbehang; an den Wänden eine Tabelle zur Tonlehre und eine Tabelle zur Geologie. Kein Kunstwerk, kein Porträt, kein Erinnerungsstück. Die Farbe der Wand ist ein mattes Grün. In diesem kleinen Zimmer hat Goethe alle Krankheiten seines Alters durchgemacht, und hier ist er gestorben.

Daneben liegt das Arbeitszimmer. Hier diktierte er vormittags, hier las er nachmittags und abends. Hier führte er Gespräche mit Heinrich Meyer und mit Eckermann. In keinem Raum des Hauses hat er sich soviel aufgehalten wie hier. Das Arbeitszimmer mißt von der Tür bis zu den Fenstern 5,93 m; von der Bibliothek bis zum Schlafzimmer 4,47 m. Es ist 2,72 m hoch. Die Farbe der Wand ist graugrün. Goethe wollte im Arbeitszimmer nur einfache Möbel. Der Tisch in der Mitte diente dem Schreiber, dem er diktierte, und er diktierte viel. Ein paar Stühle waren da für den Fall, daß er nachmittags oder abends Meyer, Riemer oder Eckermann hier hatte. Ein Stehpult mit Schubfächern enthielt wichtige Manuskripte, die er für seine Arbeiten zur Hand haben wollte. Er hatte im Arbeitszimmer immer auch einige Nachschlagewerke sowie diejenigen Bücher, mit denen er zur Zeit arbeitete. Für sie hatte er lange Zeit ein Regal. In seinen letzten Lebensjahren kamen sie auf den großen Schreibsekretär, der damals dorthin kam. Auch der modische Pappelholzschrank ist ein Geschenk aus seinen letzten Lebensjahren. Bis etwa 1820 müssen wir uns das Zimmer noch einfacher denken, als es heute ist. Es enthielt nicht ein einziges Kunstwerk, sondern nur persönliche Erinnerungen, Geschenke von Marianne v. Willemer, Ulrike v. Levetzow, den Enkeln usw. An der Tür zum Schlafzimmer hing eine Postkurs-Tabelle. In dem Arbeitszimmer diktierte Goethe meist vormittags, mitunter auch nachmittags, gelegentlich sogar abends. Er diktierte die Konzepte, die dann in die Reinschrift, das Mundum, übertragen wurden. Das geschah anderswo. Nach dem Diktat war Goethe in diesem Zimmer allein, er hatte es zum Lesen und zum Schreiben. In den angrenzenden Räumen – Vorzimmer, Schlafzimmer, Bibliothek – war dann niemand. In dem Arbeitszimmer hat er mit Riemer – meist nachmittags – alle Reinschriften durchgesehen und mit ihm die Korrekturen besprochen, bevor das Manuskript in die Druckerei geschickt wurde. Nachmittags oder abends durften gelegentlich die Hausfreunde ihn hier besuchen, Meyer, Eckermann, Riemer, Coudray und der Kanzler v. Müller. Hier hat er mitunter auch den Großherzog empfangen. In diesem Zimmer sind fast alle seine späten Dichtungen entstanden, insbesondere die „Wanderjahre" und „Faust II". Goethe hat das Arbeitszimmer aber auch zu anderen Zwecken benutzt. Im Winter bei starker Kälte ließ er hier das Mittagessen auftragen (Tagebuch 10.–15. Januar 1826), denn die Vorderzimmer waren dann bei Nordostwind recht unfreundlich. Goethe nannte diesen Raum „mein Zimmer" oder „Wohnzimmer". Seine Mitarbeiter haben aber schon das Wort „Arbeitszimmer" benutzt, es kommt bei Eckermann, Kräuter und Riemer vor (schon in dem Protokoll von 1832).

In den Jahren seit etwa 1820 gab es besonders viel Arbeit für Goethes Schreiber, denn Goethe wollte jetzt sein Lebenswerk einbringen. Die Arbeit ging ins Große. 1824 ließ er den gesamten Briefwechsel mit Schiller in Reinschrift abschreiben, um ihn zu veröffentlichen; 1825 den gesamten Briefwechsel mit Zelter. Dann begann die Arbeit für die „Ausgabe letzter Hand", einerseits die umfangreiche diesbezügliche Korrespondenz, andererseits die Herstellung der Druckvorlagen für die 40 Bände. Sie sollten 1827–1830 erscheinen, jedes Jahr 10 Bände, 5 im Frühjahr und 5 im Herbst. Die Termine waren vorbestimmt, und Goethe hat sie eingehalten. Dabei war sehr vieles neu zu schreiben, denn in die Ausgabe kam viel hinein, was bisher nicht gedruckt war und nun erst vollendet wurde: zwei Bände Gedichte (die Bände 3 und 4), der „Zweite Römische Aufenthalt", die „Tag- und Jahreshefte", die zweite Fassung der „Wanderjahre", Teile des „Faust II" und manches andere. Das alles mußte diktiert und dann in Reinschrift hergestellt werden. Gleichzeitig gab Goethe drei Zeitschriften heraus, „Über Kunst und Altertum", „Zur Morphologie", „Zur Naturwissenschaft überhaupt", und da er sie fast allein schrieb, hatten seine Schreiber viel zu tun. Dazu kam der sehr umfangreiche Briefwechsel. Nun war der Dichter aber außerdem Weimarischer Staatsbeamter und hatte die „Oberaufsicht" über alle wissenschaftlichen und künstlerischen Anstalten des Landes. Alles, was er dafür tat, erledigte er in seinem Haus am Frauenplan (sofern er nicht deswegen in das neue Weimarer Museum, in die Bibliothek oder in die Jenaer Universitäts-Institute mußte). Er hatte dort den Sekretär John dafür zur Verfügung. Die Arbeit für die „Oberaufsicht" hätte ein anderer Beamter in einem staatlichen Kanzlei-Gebäude verrichten müssen. Goethe erledigte alles in seinem Hause. Was mit dem Großherzog zu besprechen war, wurde zum Teil durch Briefwechsel geklärt, zum Teil mündlich. In jedem anderen deutschen Kleinstaat wäre selbstverständlich der Beamte zu dem Fürsten gegangen. In Weimar aber ging der Großherzog zu Goethe, mitunter jede Woche. Man hatte sich in der Stadt so daran gewöhnt, daß es gar nicht mehr auffiel. Auch Maria Paulowna und der Erbprinz Karl Friedrich gingen häufig zu Goethe, nicht er zu ihnen. Die Fülle der Arbeit ließ sich nur dadurch bewältigen, daß Goethe diktierte. Beim Diktat schrieb sein Sekretär verhältnismäßig schnell. Später wurde alles sorgfältig in die Reinschrift, das Mundum, übertragen. Man muß sich immer vorstellen, wie langsam eine Reinschrift vorankam, als man noch keine Schreibmaschinen hatte. Goethe beschäftigte seit 1814 Johann August Friedrich John als Schreiber, außerdem seit dem Jahre 1825, als die Arbeiten für die „Ausgabe letzter Hand" sich häuften, auch Johann Christian Schuchardt. Zeitweilig arbeitete für ihn auch der Bibliotheks-Sekretär Kräuter. Mit diesem regelte er die Angelegenheiten der Herzoglichen Bibliothek, diktierte ihm aber gelegentlich auch seine eigenen Werke. Die Tagebücher nennen diese drei Namen sehr oft, den Johns etwa fünfhundertmal. Goethe bezeichnete ihn als seinen „Kanzleigenossen" (an Carl August 13. Juli 1820) und prägte für die dauernde umfangreiche Schreibarbeit, die in seinem Hause geleistet wurde, das Wort „Hauskanzlei" (an Nees von Esenbeck 27. September 1826; an Blumenbach 7. Mai 1829). Die Sekretäre, die bei ihm beschäftigt waren, saßen nur während des Diktats in seinem Arbeitszimmer, danach aber anderswo. Außer dem Arbeitszimmer und dem Schlafzimmer gab es also noch einen dritten wichtigen Raum: das Schreibzimmer.

In den Zeiten, als die umfangreichen Manuskripte des Schiller-Briefwechsels, des Zelter-Briefwechsels, der „Wanderjahre" usw. hergestellt wurden, schrieb einer der Schreiber möglichst ganztägig daran. Das läßt sich aus dem Tagebuch erkennen. Zur Zeit, als der Schiller-Briefwechsel in Arbeit war, gibt es Eintragungen wie diese: „2. Mai 1824. Kräutern Briefkonzepte diktiert. John schrieb an der Schillerschen Korrespondenz." Goethe diktierte also Kräuter in seinem Arbeitszimmer, während John anderswo schrieb.

Der Schreiber schrieb nicht nur die schriftstellerischen Werke. Er schrieb auch fast alle Briefe und auch die Tagebücher. Goethe diktierte am Ende des Arbeits-Vormittags die Stichworte über den Vormittag, dann abends die über den Rest des Tages. Dann stellte der Schreiber die Reinschrift des Tagebuchs her, ebenfalls halbseitig im Folioformat. Auf dem freien Raum der Seite notierte er die abgesendeten Briefe.

Wir haben viele Berichte von Besuchern des Hauses. Niemals berichtet jemand, er habe einen Schreiber gesehen, der saß und schrieb. Wir haben die in Einzelheiten gehenden Aufzeichnungen von Eckermann, Riemer und Kanzler v. Müller, die vom Treppenhaus in Goethes Arbeitszimmer gehen durften. Auch sie berichten nichts über den Raum, wo John oder Schuchardt die umfangreichen Manuskripte für den Druck herstellten. Das Schreibzimmer war also ganz abgelegen. Wenn man zu Goethes Arbeitszimmer ging, kam man nicht daran vorbei. Anderseits wollte Goethe die Arbeiten dort unter Augen haben können, die Schreiber durften also nicht weit entfernt sitzen. Wo haben sie gearbeitet?

Wir können das aus der Korrespondenz erschließen. Goethe hatte in seinem Arbeitszimmer nur einen Teil seiner Manuskripte. Andere hatte er in dem Zimmer, das hinter dem Schlafzimmer liegt, da gab es einen großen Schrank und zwei Wandschränke. Wenn Goethe in Jena war und etwas aus seinen Manuskripten brauchte, schrieb er mitunter, man solle „in dem Schranke von Johns Stube" nachsehn (20. Mai 1817; 17. Sept. 1821). John wohnte in der Stadt und kam nur zum Schreiben in Goethes Haus. „Johns Stube" meint also die Schreibstube. Es war der Raum hinter dem Schlafzimmer. Er hat im Lauf der Jahre verschiedenen Zwecken gedient. Wenn Goethe krank war – auch in seiner letzten Krankheit – wohnte der Diener dort. Als Zelter 1814 im Sommer zum Besuch gekommen war, hatte Goethe für kurze Zeit keinen Schreiber. Caroline Ulrich half mit flinker Feder aus, gelegentlich auch Goethes Sohn August, das zeigen die damaligen Briefe. Als Zelter damals für sich eine Grundriß-Skizze des Hauses machte, schrieb er zu dem Raum hinter dem Schlafzimmer „Badstube". Vermutlich stand, als er dieses Zimmer sah, dort eine hölzerne Badewanne. Goethe badete also mitunter dort, der Kutscher mußte dann wohl das warme Wasser aus der Küche holen. Doch meistens diente dieser Raum in Goethes Alter als Schreibzimmer. Das Haus hatte zwar viele Räume, aber die im Vorderhaus wären als Schreibzimmer zu weit von dem Arbeitszimmer entfernt gewesen, da hätte Goethe die Arbeit nicht unter Augen gehabt. Im Hinterhaus war das Schreibzimmer nahe bei Goethes Arbeitszimmer, aber anderseits durch das Schlafzimmer getrennt. Es war heizbar, es hatte Platz für einen großen Tisch. Weil dieser Raum als Schreibzimmer nötig war, konnte Goethe ihn nicht als Schlafzimmer benutzen und mußte sich mit dem zu kleinen Schlafzimmer begnügen, das unheizbar war und nicht einmal Platz für einen Wäscheschrank hatte.

Diese drei Räume sind der intime Bereich Goethes. Man kann noch die Bibliothek hinzurechnen. Sie liegt auf der anderen Seite des Arbeitszimmers, ein unregelmäßig geformter, unheizbarer Raum, der nur als Büchermagazin diente. In offenen Regalen standen (und stehen) dort etwa 8000 Bände. Mehr hätten dort auch nicht Platz. Die Bücher waren nach Sachgebieten geordnet, innerhalb dieser Gebiete aber auch nach Formaten.

Zu Goethes intimem Lebensbereich gehörte auch der Blick aus den Fenstern. Alle diese Räume haben ihre Fenster zum Garten. Ein schmaler Gang und eine Treppe führen dorthin, der Garten war also vom Arbeitszimmer aus leicht zu erreichen. Goethe liebte es, ins Grüne zu sehn. Wir haben einige Bilder des Gartens aus der Zeit von Goethes Alter, zwar dilettantisch gezeichnet, aber sachlich klar. Aus diesen wissen wir: Der Garten hatte keine hohen Bäume, die Sonne traf ungehindert die Südwand des Hauses. Er war teils als Blumengarten, teils als Nutzgarten bepflanzt, beides aber zugleich unter dem Gesichtspunkt morphologischer Studien. Wir finden in Goethes Briefen manches über die Pflanzen im Garten, an denen er sich freute: Krokus, Kaiserkronen, Tulpen, Aprikosen an der Hauswand, Buchsbaumeinfassungen der Beete usw., darüber hinaus aber gibt es im Goethe-Archiv viele Notizen und Rechnungen, aus denen man sich ein Bild von dem Garten zu Goethes Zeit machen kann. Nach der Ackerwand zu hatte der Garten eine Mauer, über die man von draußen nicht hineinsehen konnte, so daß Goethe, den alle Weimar-Besucher gern sehen wollten, sich unbeobachtet im Garten bewegen konnte. Die Mauer hatte eine kleine Pforte, zu welcher nur die Familienmitglieder den Schlüssel hatten. Durch diese Tür konnte Goethe unmittelbar zu dem Park.

Wenn Goethe aus seinem Arbeitszimmer in das Vorderhaus ging, kam er zunächst in einen Raum, den er selbst als „Vorzimmer" bezeichnete. Es ist eigentlich nur ein Gang, der mehrere Räume verbindet, aber geräumig genug, um einen Kleiderschrank und Sammlungsschränke dorthin zu stellen. Wenn Goethe hier zum Vorderhaus ging, hatte er durch zwei Fenster einen Blick auf den Hof. Manchesmal sah er dann schon an der dort haltenden Kutsche, wer gekommen war.

Wenn das vormittägliche Diktat beendet war, nahm er Besuche an. Maria Paulowna kam zeitweilig jede Woche einmal mit ihrer Hofdame zu ihm, um 12 Uhr. Meist zeigte er ihr etwas aus seiner Kunstsammlung, doch besprach man auch Weimarische Angelegenheiten. Diese Besuche wurden auch fortgesetzt, als Maria Paulowna Großherzogin

Goethes Haus, Gartenseite. Die Fenster links von der Gartentreppe gehören (von rechts nach links) zu Hausflur (1), Schreibzimmer (2 und 3), dann mit Fensterläden: Schlafzimmer (4), Arbeitszimmer (5 und 6) und Bibliothek (7).

war. Ihr Mann holte sie dann meist ab. Im Sommer war das Juno-Zimmer der geeignetste Raum für solchen Besuch, im Winter bevorzugte Goethe das Urbino-Zimmer, weil es sich leichter heizen ließ. Im allgemeinen wurden einzelne Gäste im Urbino-Zimmer empfangen; größere Gesellschaft kam im Juno-Zimmer zusammen. Hier stand der Flügel, den Streicher in Wien, Schillers Jugendfreund, gebaut hatte. Hier hat Felix Mendelssohn gespielt. Überhaupt war dieses der Musikraum. Jahrelang kam hier ein kleiner Chor aus Mitgliedern des Theaters zum Singen und Musizieren zusammen, zeitweilig geleitet von Eberwein. Für solche Zwecke war das Juno-Zimmer am besten geeignet. Hier und im Urbino-Zimmer waren die Wände mit einigen erlesenen Kunstwerken geschmückt, die zugleich persönliche Erinnerungen waren. Die Kopie der „Aldobrandinischen Hochzeit" und das Porträt des Herzogs von Urbino erinnerten an die Reise nach Italien, das Bildnis Zelters war eine Erinnerung an diesen jederzeit geistig gegenwärtigen Freund. Die Möbel waren einfach. Goethe verzichtete auch in diesen Räumen nicht auf Sammlungsschränke, denn er brauchte den Raum dafür. Und so standen auch hier schlichte Sammlungsschränke aus Fichtenholz, grau gestrichen, mit schmalen Schubladen für Gemmen und Medaillen.

In Goethes Altersjahren steht im Tagebuch oft: „Mittags zu vieren". Das heißt: Goethe speiste zusammen mit August, Ottilie und deren Schwester Ulrike. Man benutzte dann meist das „Kleine Eßzimmer". Es ist das einzige Zimmer des Vorderhauses, das nach Süden zu liegt, mit zwei Fenstern zum Hof. Die Küche lag im Erdgeschoß, eine Treppe führte hinauf, und neben dem Eßzimmer hatte man noch eine zweite kleinere Küche zum Warmhalten und Anrichten des Essens. Ab und zu kam es vor, daß Goethe eine große Tafelrunde bei sich hatte. Dann aß man im „Gelben Saal", doch das war selten (Boisserée 17. Mai 1826; Eckermann 20. Juni 1827; David d'Angers 1829). Seit dem Dornburger Aufenthalt im Spätsommer 1828, in der Zeit der größten Arbeit an der „Ausgabe letzter Hand", notiert das Tagebuch dann häufig „Mittag Dr. Eckermann" oder „Mittags für mich". Wenn Goethe allein speiste, ließ er sich das Essen in sein Arbeitszimmer bringen, es ist die Zeit, in welcher er an Zelter schreibt, er sei wochenlang „fast nicht aus der Stube gekommen" (2. Januar 1829).

Nun gab es im Vorderhaus noch eine andere Gruppe von Zimmern: Deckenzimmer, Majolikazimmer und Großes Sammlungszimmer. Sie waren Museum, man könnte auch sagen: Museums-Magazin, denn sie waren reichlich vollgestopft. Goethe war einer der bedeutendsten

Sammler seiner Zeit, er schuf sich im Laufe der Jahre ein eigenes kunsthistorisches Institut, ein mineralogisches Institut, eine große Sammlung zur Morphologie der Pflanzen und der Tiere, außerdem eine physikalische Sammlung. Sein Besitz entspricht an Menge und Wert dem eines heutigen mittleren Museums. Dieser Bestand füllt heute das Goethehaus, das neben diesem gelegene Museum (die Ausstellungsräume und das Magazin), das Goethe- und Schiller-Archiv und einige Räume des Schlosses, welche Goethes Kunstsammlung beherbergen. Vor 1832 war das alles in dem Hause am Frauenplan zusammen, und das war nur möglich, weil es eng gestapelt war. Da Goethe auf den verschiedensten Gebieten der Literaturgeschichte, Kunstgeschichte, Botanik, Zoologie, Geologie, Farbenlehre usw. tätig war – und nicht nacheinander, sondern nebeneinander –, benutzte er dauernd Materialien aus seinen verschiedenen Sammlungen. Als er im Sommer 1827 für etwa 4 Wochen wieder einmal in seinem Gartenhaus an der Ilm gewohnt hatte, schrieb er an Zelter, er sei wieder in sein Stadthaus zurückgekehrt, weil er seine Bücher und seine Sammlungen um sich haben wollte (17. Juni 1827).

Das „Große Sammlungszimmer" enthielt Gemälde, Gipsabgüsse, Kupferstiche und andere Sammlungsgegenstände, das Majolikazimmer die Majolikasammlung, einige Porträtbüsten und anderes. Am ehesten war noch das „Deckenzimmer" (benannt nach der Stuckdecke aus dem frühen 18. Jahrhundert) benutzbar. Zwar hingen an den Wänden 35 Zeichnungen und Stiche unter Glas, doch der Raum war sonst nicht überfüllt. Gelegentlich wurde er benutzt, z. B. als Schmeller dort Goethes Sohn porträtierte (Tagebuch 14. Februar 1825) und als Stieler Goethe malte (Tagebuch 25. Mai 1828). Dann wurden die Möbel, die dort standen, vorher herausgetragen. Im allgemeinen ließ Goethe niemanden in diese Zimmer hinein, und Soret erzählt (6. Juni 1828) sehr ergötzlich, welches Donnerwetter über den Kanzler v. Müller erging, als dieser aus Neugier ohne Genehmigung bis in das Majolikazimmer vorgedrungen war. Nur ein einziges Mal melden die Dokumente, daß Goethe seinen Gästen die ganze Zimmer-Flucht öffnete: das war am 3. September 1825, als man in Weimar das fünfzigjährige Regierungs-Jubiläum des Großherzogs feierte. Da verteilten sich die vielen Gäste in die Räume vom Urbinozimmer bis zum Großen Sammlungszimmer und auch in das Büstenzimmer. Am Tage davor vermerkt das Tagebuch: „Fortgesetzte Vorbereitungen zum Fest in und außer dem Hause", und am Tage danach: „Ordnung in den vorderen Zimmern sowie im hintern". Das bedeutet wohl, daß viele

Gegenstände aus den Sammlungszimmern in das Hinterhaus getragen und dann wieder zurücktransportiert wurden. Doch dieses Ereignis war eine Ausnahme. Im allgemeinen waren in Goethes Altersjahren die drei Sammlungszimmer für alle Besucher unzugänglich. Goethe selbst ging nur dorthin, um Sammlungsstücke einzuordnen oder herauszuholen.

Anders war es mit dem „Brückenzimmer", das ebenfalls zu den Zimmern gehört, welche Goethe als seine „Kunsträume" bezeichnete (an Rauch 11. März 1828). Es führt vom Gelben Saal zum Garten, deswegen ging man im Sommer oft hindurch. In diesem Zimmer hatte Goethe Plastiken stehn, die größte war der „Ilioneus"-Abguß in der Mitte des Raums. Noch größere hätten die Proportionen gesprengt. Hier standen auch viele Porträtplastiken. Im Winter war der Raum sehr kalt. Er war unheizbar, und da er als „Brückenzimmer" über dem Hof lag, hatte er vier Außenwände (oben, unten, rechts, links).

Wenn Goethe von seinem Arbeitszimmer zur Haustür wollte, um spazieren zu gehn, oder zum Hof, um in den Wagen zu steigen, mußte er die Treppe hinunter. Als er das Haus 1782 übernahm, hatte es eine schmale steile Treppe in der Hausmitte. Die ist er 10 Jahre lang gegangen. (Ein kleines Stück von ihr ist an versteckter Stelle erhalten, wir können uns also eine Vorstellung von ihr machen.) Dann ließ er 1792 nach eigenen Entwürfen eine neue Treppe einbauen. Diese sollte ein anderes, ruhiges Gehen ermöglichen. Nachdem er sie 3 Jahre benutzt hatte, schrieb er in seinem Aufsatz „Baukunst": „Man sollte denken, die Baukunst als schöne Kunst arbeite allein fürs Auge; allein sie soll vorzüglich, und worauf man am wenigsten acht hat, für den Sinn der mechanischen Bewegung des menschlichen Körpers arbeiten." Diese Treppe, die alle Besucher hinaufgingen, führt nicht nur zu den Empfangsräumen im Vorderhaus. Sie hat eine Abzweigung zu den Arbeitsräumen im Hinterhaus. Und sie hat eine Fortsetzung nach oben zu der Mansardenwohnung, wo August, Ottilie und die Enkel wohnten. Die Treppe mußte deswegen im ersten Stock in der Hausmitte ankommen, vor dem Gelben Saal. Sie sollte aber, um nicht steil zu sein, dreiteilig werden. Deswegen konnte sie nicht in der Hausmitte an der Haustür beginnen, man muß erst einen Gang bis zur Seite des Hauses gehn. Sie ist sehr geräumig gebaut, deswegen war neben ihr Platz für Gipsabgüsse antiker Statuen. Eine Plastik wie der „Betende Knabe" wäre für die Zimmer viel zu groß gewesen. Die Treppe wirkt durch ihre Linienführung großzügig. Ihr Material aber ist das Einfachste, was es damals in Weimar gab. Holzstufen und ein Geländer aus

Das Treppenhaus. Erbaut 1792 nach Goethes Entwurf. Das Geländer aus massivem Holz, gestrichen. Links neben dem Eingang ein Abguß der Ildefonso-Gruppe. Das Deckengemälde von Heinrich Meyer stellt Iris dar. Durch die offenen Türen Blick in den Gelben Saal und in das Kleine Eßzimmer.

gehobelten Holzbrettern (also massiv, nicht Stäbe) mit einem breiten Handlauf (Abschlußleiste). Massive Geländer dieser Art waren damals in Bürgerhäusern, Bauernhäusern, Mühlen usw. nichts Seltenes. Das Material ist durchweg Holz aus den Wäldern um Weimar, von einem Weimarer Tischler verarbeitet und von einem Weimarer Malermeister angestrichen. Die Inschrift „Salve" oben an der Treppe ist aus Holz; ihr Vorbild in Pompeji ist ein Mosaik aus Stein. Das alte Weimar war – mit Ausnahme des Schlosses – sehr schlicht und bescheiden. Auch Frau v. Stein wohnte über einem Pferdestall. Die Statuen in Goethes Treppenhaus und die Porträt-Skulpturen in den Sammlungszimmern sind alle aus Gips. Der Weimarer Bildhauer Klauer schuf seine Porträtbüsten in Gips. Er und Goethe hofften immer, sie in Bronze gießen zu lassen – doch es kam nie dazu. Aber als Porträts sind Klauers Büsten manchen zeitgenössischen Werken in Marmor und Bronze gleichrangig oder gar überlegen. Zu der Schlichtheit des alten Weimar gehörte auch Goethes Nachbarschaft. Seine Nachbarn waren nach dem Frauentor zu ein Webermeister und ein Kammerdiener, nach der Seifengasse hin der Kammerkalkulator Treuter, schräg gegenüber der Gastwirt „Zum Schwan", und in der Seifengasse folgten ein Sattler, ein Schlosser, ein Seiler. Ähnlich war es gegenüber am Frauenplan.

Das Vorderhaus hat über dem 1. Stock eine Mansardenwohnung. Sie hat 9 Räume, aber wie der 1. Stock hat sie keinen Flur. Das Leben in einer solchen Wohnung bringt mit sich, daß einer oft bei dem anderen hindurch muß und ihn stört. Für zwei Eheleute, die einander auf die Nerven fallen, war das recht ungünstig. Glücklicherweise gab es an beiden Seiten der Zimmerflucht Treppen. Als um 1800 Heinrich Meyer dort wohnte und dann später Riemer dort einzog, war es eine vortreffliche Wohnung: in sich geschlossen und doch zugleich der unteren Wohnung nahe. Später hat Goethe sich gefreut, daß er auf diese Weise die Enkel in der Nähe hatte. Viele Gäste gingen dort oben ein und aus; dort hat Ottilie ihre Zeitschrift „Chaos" redigiert. Goethe ist selten dort oben gewesen. Eine Notiz wie „Abends oben bei den Kindern" (16. Oktober 1823) kommt selten vor. Fast immer kamen Ottilie, Ulrike, August und die Enkel zu ihm, allein oder auch mit Gästen zusammen. Die Enkelkinder bildeten ein verbindendes Element. Sie wohnten in der Mansardenwohnung, spielten im ganzen Haus und im Garten und hatten in Goethes Arbeitszimmer ihren eigenen kleinen Tisch zum Spielen, Zeichnen und Bilder-Besehn, der noch heute dort (am rechten Fenster) steht.

Das Mittagessen wurde für alle im Hause gemeinsam bereitet, in der großen Küche im Erdgeschoß. Man hatte einen gemeinsamen Haushalt. Zunächst leitete – nach Christianes Tode – Goethe ihn, dann August. Als dieser 1830 starb, mußte Goethe wieder alles übernehmen, weil Ottiliens Fähigkeiten ganz anderer Art waren. Goethe besprach mit dem Diener und der Köchin die Einkäufe und händigte dem Diener Geld aus. Das Weitere hatten diese dann zu erledigen. Nahe bei der Haustür, links neben dem Flur, war das „Dienerzimmer". Da hatte der Diener seinen Ort. Der Diener – bis 1824 Stadelmann, von da an Krause – bekam beträchtliche Geldsummen, die er zu verwalten hatte und über die er Goethe dann Abrechnungen vorlegte. Er besorgte die Verbindung zur Umwelt. Er ging zu den Kaufleuten und kaufte ein oder bestellte Lieferungen. Er ging zu allen Handwerkern, die im Hause etwas zu reparieren hatten – und es war viel zu reparieren –, d. h. zum Schlosser, Dachdecker, Böttcher, Tischler usw. Vor allem vereinbarte er Goethes Verkehr mit allen Besuchern. An Besucher, die schriftlich angefragt hatten, brachte er Billets in den „Elephant" oder den „Weißen Schwan". Zur Besuchszeit war er in seinem Zimmer bereit. Dieses Zimmer war ziemlich groß. Aus Berichten von Besuchern wissen wir, daß sie ins Haus kommend zunächst dem Diener ihr Anliegen vortrugen. Es war in jener Zeit nicht so, daß nur persönliche Bekannte zu Goethe, seinem Sohn und Ottilie kamen, sondern es erschienen auch unbekannte Studenten, die nach Jena wanderten und versuchten, den prominenten Dichter zu sprechen. Und manchmal nahm Goethe solche Besuche auch an. Wir hören von dem Dienerzimmer besonders bei Goethes schweren Krankheiten. Täglich kamen viele Besucher, um sich zu erkundigen. In den oberen Räumen hätten sie zu viel Unruhe verursacht; deswegen erhielten sie im „Bedienten-Zimmer" Nachricht über das Befinden. Allwina Frommann schreibt am 28. Februar 1823 an ihren Bruder Fritz: „Unten im Bedientenzimmer ist alles voll Menschen, die auf den Arzt warten..." (Gespr. III,1 S. 461) Es war also aus vielen Ursachen sinnvoll, daß der Diener sein Zimmer neben der Haustür hatte. Er mußte z. B. Briefe in der Stadt abgeben. Es gab damals innerhalb der Stadt keine Briefbeförderung durch die Post. Diese erledigte der Diener. Die vielen Handwerker-Rechnungen wurden nicht bargeldlos bezahlt, sondern bar durch den Diener, der dann Goethe die Quittungen brachte. Er holte außerdem Pakete von der Post und brachte Pakete dorthin. Die Herstellung von 40 Bänden der „Ausgabe letzter Hand" in 4 Jahren erforderte sehr viele Manuskript-Sendungen (für jeden Band mehrere Sendungen). Waren die Bände fertig, so kamen Frei-Exemplare. Jedes halbe Jahr erschienen 5 Bände; wenn nur je 10 Exemplare von jedem Band kamen, waren das 50 Bücher, die dann neu sortiert und an Freunde verschickt wurden. Goethe erhielt außerdem oft Kisten mit Steinen für seine mineralogische Sammlung und sandte wiederum Dubletten weg. Das alles hatte der Diener zu besorgen, gelegentlich wohl unterstützt durch den Sekretär. Er brauchte zum Verpacken sein großes Zimmer, und auch für diese Tätigkeit war es gut, daß dieser Raum nahe der Haustür lag.

Oft hatte Goethe bei seinen Arbeiten eine Frage betreffs wissenschaftlicher Dinge, dann sandte er den Diener mit einem Zettel herüber zu Riemer, der tags in der Bibliothek, danach in seiner Wohnung am Wielandplatz zu erreichen war. Wenn Riemer die Antwort sofort schrieb, konnte der Diener in 10 bis 15 Minuten zurück sein. Auch Kanzler v. Müller wohnte nah, in der Windischenstraße, und Eckermann, der mehrmals umzog, war ebenfalls immer nur wenige Minuten entfernt. Zur Besuchszeit war der Diener in seinem Zimmer. Kam ein Besucher, so ließ er diesen ein und ging dann ins Hinterhaus zu Goethe, um ihn zu melden.

Manche von den vielen Räumen des großen Hauses finden wir in den Tagebüchern und Briefen und in den Berichten der Besucher häufig, andere aber fast nie erwähnt. Wir wissen nur wenig darüber, wie die Zimmer, welche heute „Christiane-Zimmer" genannt werden, nach Christianes Tode benutzt wurden. Zeitweilig haben sie als Fremdenzimmer gedient, Goethes Großneffe Nicolovius hat 1825 drei Monate lang dort gewohnt. Eine Zeitlang wohnten dort auch die Enkel mit ihrem Erzieher, dem Kandidaten der Theologie Wilhelm Rothe.

Eine Hauptfrage war, wie die umfangreichen Sammlungen unterzubringen waren, ohne die Bewohner allzusehr einzuengen. Goethe traf einige grundlegende Entscheidungen. Alle Bücher kamen in den Bibliotheksraum, nur ein paar Nachschlagewerke standen im Arbeitszimmer. Alle anderen Räume waren frei von Büchern. Die zahlreichen Skulpturen wurden nach Größe und nach Bedeutung verteilt. Lebensgroße Figuren wie den „Betenden Knaben", den „Bocktragenden Faun" und die Ildefonso-Gruppe konnte man nicht in die Zimmer stellen, sie hätten zu den Proportionen aller anderen Dinge nicht gepaßt. Deswegen stellte Goethe sie in das geräumige Treppenhaus, wo er anderseits alles wegließ, was kleines Format hatte. Es sind Figuren, die man vor eine Wand stellen kann. Anders ist es bei dem „Ilioneus"; deswegen stellte Goethe ihn in die Mitte des Büstenzimmers; man muß ihn von allen Seiten betrachten. An die Wände stellte er

Das Urbino-Zimmer, der Raum für Gespräche mit Besuchern. Über dem Sofa, als Hauptbild des Raums, das Porträt des Herzogs von Urbino aus dem späten 16. Jahrhundert. Links davon ein Kinderbildnis, gemalt von Lukas Cranach.

hier Porträtbüsten, wobei es ihn nicht störte, ein Original aus Marmor – Trippels Herder-Porträt – neben einen Gipsabguß – Danneckers Schiller-Büste – zu stellen. An die Wände kamen Gipsabgüsse antiker Reliefs. Doch auch das Büstenzimmer beherbergte Sammlungsschränke. Die Klauerschen Porträt-Büsten wurden nicht so repräsentativ aufgestellt, weil man ihren Kunstwert zu ihrer Zeit gering einschätzte. Goethe hatte sie in den Sammlungszimmern auf Schränken oder auf Konsolen stehen. Im Lauf der Jahre sammelten sich etwa 50 Ölgemälde an, die gehängt werden mußten. Außerdem wollte Goethe aber viele Zeichnungen unter Glas im Rahmen an den Wänden sehn. Er kam aus der Tradition des 18. Jahrhunderts. Damals hängten die Sammler an ihren Wänden Bild an Bild (das wissen wir aus zahlreichen Abbildungen). In Goethes Elternhaus wird es nicht viel anders gewesen sein. Auch Goethe hängte die Bilder dicht; im Deckenzimmer waren es 35. (Das wissen wir aus dem Protokoll, das nach Goethes Tod von dem Zustand der wichtigsten Räume und Sammlungen angefertigt wurde). Historisch gesehen beginnen die Gemälde mit dem Sieneser „Schmerzensmann" aus dem 14. Jahrhundert und reichen bis zu neuesten Bildern von Carus; auch die Zeichnungen dokumentieren die Entwicklung vom späten Mittelalter bis in Goethes Gegenwart. Goethe hängte bei den Gemälden Kopien zwischen Originale; das störte ihn nicht. Inhaltlich war das, was man an den Wänden sah, vielfältig und abwechslungsreich: Landschaften von der Ideallandschaft bis zur Vedute, Porträts, Historienbilder, Mythologisches, Szenen aus dem Landleben usw. In den Gesellschaftsräumen sorgte Goethe dafür, daß diese nicht mit Bildern überfüllt waren und daß jeder Raum ein Hauptbild hatte: das Juno-Zimmer die Aldobrandinische Hochzeit (Meyers Kopie), das Urbino-Zimmer das Porträt des Herzogs, das dem Zimmer den Namen gab, der Gelbe Saal die Teilkopie nach Tizians Gemälde „Himmlische und irdische Liebe". Der Geschmack Goethes bewies sich darin, wie er große und kleine Bilder, Gipsabgüsse antiker Werke und Bronzefiguren wie die kleine Nachbildung von Michelangelos „Moses" kombinierte. Zu den künstlerischen Gesichtspunkten kamen persönliche, deswegen erhielt Zelters Porträt, von Begas gemalt, sogleich einen Ehrenplatz. Einer der Gesichtspunkte war auch der, daß die wichtigsten oder geliebtesten Gebiete der Kunst gebührend vertreten waren. Antikes gab es genug durch die vielen Abgüsse und die „Aldobrandinische Hochzeit"; aber nun Raffael! Im Gelben Saal war die ganze Serie der 10 Stiche von Dorigny nach Raffaels Amor- und Psyche-Fresken aus der Villa Farnesina in Rom. Goethe hatte sie schon vor 1786 in seinem Gartenhaus an der Ilm; es sind gut kolorierte alte Exemplare. Doch es hingen noch andere Bilder von Raffael an den Wänden: zwei große Stiche von Dorigny nach den Raffaelschen Kartons zu den Wandteppichen im Vatikan, „Die Heilung des Lahmen" und „Das Opfer von Lystra", ferner eine Aquarell-Kopie von Heinrich Meyer nach dem Wandbild in den Loggien des Vatikans „Loths Flucht" und eine Kopie in Ölfarbe von Raffaels Figur der Poesie an der Decke der Stanza della Segnatura im Vatikan.

Um Bilder zu hängen und Gipsabgüsse zu stellen, muß der Hintergrund geeignet sein. Goethe ließ die Wände nicht tapezieren, sondern streichen, jedes Zimmer einfarbig, und jedes in anderer Farbe. Er liebte diejenigen Farbtöne, die er in Pompeji gesehen hatte und die sich in Leimfarben mit den zu seiner Zeit gebräuchlichen Farbstoffen gut nachahmen ließen. Da man später beschloß, das Haus möglichst so zu erhalten, wie es war, hat man bei Erneuerungsarbeiten an die Tradition angeknüpft, und man darf annehmen, daß der gegenwärtige Zustand ungefähr dem einstigen entspricht. Die Malermeister der Zeit vor 1832 haben glücklicherweise oft auf ihren Rechnungen geschrieben, in welcher Farbe sie einen Raum gestrichen haben, und da Goethe die Rechnungen aufgehoben hat, kann man sich aus ihnen vergewissern, wie die Farben gewesen sind. Der „Gelbe Saal" als Empfangszimmer und festliches Eßzimmer hat seinen Namen von dem belebenden heiteren Gelb. Das Juno-Zimmer war blau, mit breiter Borte; das Urbino-Zimmer ebenfalls blau, mit schmaler Borte (vermutlich war es ein etwas anderes Blau als im Juno-Zimmer). Die Museums-Zimmer hatten andere Farben: das Deckenzimmer Altrosa, das „pompejanische" Rot, das dem Rot etwas Hellgrau beimischt; das Majolikazimmer Grau; das große Sammlungszimmer Grün, und zwar ein kräftigeres Grün als in dem Kleinen Eßzimmer. Das Brückenzimmer hatte seit seiner Einrichtung im Jahre 1792 ein dunkles kräftiges Blau als Hintergrund für die hellen Plastiken; die Gipsabgüsse sind hier alle weiß.

Anders war es im Treppenhaus. Es zeigt ein neutrales Hellgrün, das einen guten Hintergrund für die dortigen Gipsabgüsse bot; diese lebensgroßen Figuren waren bronziert. Weil weißer Gips leicht etwas kalkig wirkt und seine Plastik erst bei scharfer Beleuchtung zur Geltung kommt, versuchte Goethe es im Treppenhaus mit getöntem Gips. Kugler erwähnt „die bronzierten und bestaubten Gipsabgüsse von Antiken, die unten in einigen Nischen stehen" (5. Mai 1827;

Gespr. III,2 S. 112), David d'Angers sagt von der Hunde-Plastik: „un chien en bronze" (1829; Gespr. III,2 S. 497) und J. S. Harrison: „Passed two bronzes from antiques, besides a bronze greyhound" (25. März 1830; Gespr. III,2 S. 597). Das Zusammenpassen von Bildern, Gipsabgüssen und Wandanstrich war für einen so farbempfindlichen Künstler wie Goethe nicht leicht zu erreichen. Die 10 kolorierten Stiche nach Raffaels „Amor und Psyche" zeigen als Hintergrund ihrer Figuren alle ein kräftiges Blau. Vielleicht war dies eine der Ursachen, den Raum 1812 nicht mehr grün, sondern gelb streichen zu lassen. Goethe hat sich seine Empfindungen, die er durch Farben erhielt, bewußt gemacht und schriftlich dargestellt, es sind die Kapitel „Sinnlich-sittliche Wirkung der Farbe" (§ 758–920), vielleicht die bedeutendsten, jedenfalls die künstlerisch sensibelsten und persönlichsten seiner „Farbenlehre". Die Farben in seinen Zimmern hatten einen Zusammenhang mit deren Funktion, doch man darf diesen Gesichtspunkt wiederum auch nicht übertreiben: der „Gelbe Saal" war bis 1812 grün gestrichen und diente auch damals schon als Empfangsraum und festliches Eßzimmer.

Andere Probleme als die Kunstwerke ergaben die naturwissenschaftlichen Sammlungen. Die 17800 Steine brauchten Platz. Sie hatten den Vorteil, unempfindlich gegen Kälte zu sein. Besonders interessante und schöne Exemplare bewahrte Goethe in den Sammlungsschränken seines Vorzimmers vor dem Arbeitszimmer. Glücklicherweise hatte er aber anderswo viel Platz für den Hauptbestand der Sammlung. Zu seinem Grundstück gehörte das „Gartenhaus am Frauentor", ein Gebäude, das an die beiden benachbarten Häuser anschließt, aber nur nach Goethes Garten zu eine Tür hat. Seit 1817 besaß er außerdem durch den Kauf des Treuterschen Grundstücks auch das Gartenhaus an der Ackerwand. In diesen beiden Gartenhäusern war seine Sammlung von Mineralien und Versteinerungen untergebracht, dort hat er sie Besuchern gezeigt (z. B. Tagebuch 15. Okt. 1831).

Goethes Äußerungen im Alter, er müsse, um mit seiner mineralogischen Sammlung zu arbeiten, die warme Jahreszeit abwarten (an Zelter 9. März 1831; an Soret 3. Jan. 1832 u. ö.) zeigen, daß die Steine fast alle in unheizbaren Räumen untergebracht waren. Auch ließen sich Mineralien nicht so leicht in sein Arbeitszimmer holen wie Kupferstiche. Für seine kunstgeschichtlichen Studien ließ Goethe sich durch Stadelmann oder Krause die eine oder andere Mappe mit graphischen Blättern in sein Arbeitszimmer bringen. Hier brachte er den Tag mit

Gartenpavillon an der Ackerwand. Seit 1817 in Goethes Besitz.
Hier brachte er einen Teil seiner naturwissenschaftlichen Sammlungen unter, vorwiegend Mineralien.

seinen Arbeiten zu. Wenn ausnahmsweise einmal das Arbeitszimmer gründlich gesäubert wurde oder dort der Ofen gereinigt wurde und er für ein paar Stunden anderswo sitzen mußte, wird das im Tagebuch ausdrücklich als etwas Unnormales vermerkt (12. Januar 1825; 15. November 1828).

Eine ganz andere Sicht des Hauses als Goethe hatten die Gäste, die ihn besuchten. Das Hinterhaus, in dem er lebte, bekamen sie überhaupt nicht zu sehen. Den Blick auf den Garten kannten sie nicht. Sie kamen von der Straße, vom Frauenplan, und sahen das Haus zunächst von außen. Kugler fand, es sehe aus wie ein altmodisches Verwaltungsgebäude. Dann traten sie ein, sahen Hausflur, Dienerzimmer, Treppe, Gelben Saal. Die zahlreichen Beschreibungen wiederholen sich in vielem. Augenmenschen wie der Kunsthistoriker Kugler und der Bildhauer David d'Angers wußten rascher und besser als andere das Gesehene einzuschätzen, hatten ein besseres optisches Gedächtnis und konnten also ihre Eindrücke besonders gut wiedergeben. Franz Kugler, der spätere berühmte Kunsthistoriker, der als 19jähriger Student am 24. April 1827 Goethe aufsuchte, schreibt in burschikoser Art an seinen Freund Droysen: „Sein Haus sieht von außen ziemlich rumplig aus, wie der Sitz irgend eines Collegiums. Auf dem Flur linker Hand ist das Zimmer eines feinen Bedienten, dem du dein Anliegen vorbringst; er nimmt dir den Brief ab, erkennt an der Leier auf dem Siegel, daß er vom alten Zelter geschrieben ist, und eilt die Treppe hinauf. Derweil Goethe den Brief liest, hast du Zeit, dir die bronzierten und bestaubten Gipsabgüsse von Antiken, die unten in einigen Nischen stehen, zu betrachten. Der Bediente erscheint wieder und verneigt sich winkend. Du folgst ihm hinauf durch ein Entree, in welchem mancherlei Sachen stehn und hängen, die du aber aus Mangel an Zeit nicht in Augenschein nehmen kannst. Er öffnet die Tür eines schönen großen Zimmers; auf der Schwelle empfängt dich statt Fausts Pentagramma ein großes, schon etwas abgetretenes ‚Salve‘. Du wirst gebeten, einige Augenblicke zu verzeihen, und beschaust dir das Zimmer. Gipsabgüsse des kollossalen Jupiter und Junokopfes und anderer Antiken, an den Wänden eine Menge Zeichnungen von Antiken, Landschaften und Porträts, darunter Zelter, meisterhaft gezeichnet ... Der Meister erscheint...“ (Gespr. III,2 S. 111f.) Als Freiherr Löw v. Steinfurt am 3. Oktober 1819 bei Goethe gewesen war, schrieb er: „Man führte mich durch ein Zimmer in ein zweites. Überall Kunstwerke verschiedener Art, Gemälde, Kupferstiche, Büsten, Statuen, auf Repositorien große Mappen, Zeichnungen enthaltend. Das Ameublement stand hiermit in Widerspruch; es war geschmacklos, alt, fast ärmlich zu nennen." (Gespr. III,2 S. 530) Albertine v. Boguslawski beschreibt in einem Brief an ihren Bruder am 18. Mai 1824 das repräsentativste Zimmer des Hauses folgendermaßen: „Wir setzten uns auf ein Sofa in diesem Zimmer mit drei Fenstern, das ganz einfach aber bequem eingerichtet war, und wo sich außer wenigen anderen an der Seite des ersten Fensters der Kopf der großen Juno befand, die Du wohl kennst." (Gespr. III,1 S. 688) Goethes Möbel wirkten also auf Besucher dieser Art „ganz einfach", „fast ärmlich"; es kam ihm auf anderes an. Die wenigsten verstanden es, die Dinge, welche sie hier sahen, als Äußerung eines persönlichen Stils, als Jahresringe langen Wachstums zu verstehen. Andererseits war ihnen, da sie Zeitgenossen Goethes waren, vieles leicht verständlich, was der heutige Betrachter sich erst historisch klar machen muß. Sie wunderten sich nicht über die Gipsabgüsse, denn diese waren zeitüblich, sofern man Platz dafür hatte. Sie kannten es, daß man Kopien oder Kupferstiche nach Renaissance-Gemälden an die Wände hängte, und wußten, daß Raffael dabei der Vorrang gebühre.

Auf ganz andere Weise als Goethes Besucher sieht der heutige Besucher das Haus. Damals durfte nicht einmal der König von Bayern Goethes Arbeitszimmer sehn, heute darf es jeder Schuljunge. Damals standen die Empfangszimmer, in welche die Besucher kamen, im Zusammenhang eines Haushalts mit Küche, Waschküche, Pferdestall usw., heute im Zusammenhang eines Museums. Die Nebenräume sind inzwischen längst umgebaut. Auch die Zimmer im 1. Stock sehen anders aus als zu Goethes Zeit. Die Sammlungszimmer sind nicht so voll wie damals – das wäre bei der Masse der Besucher ein unhaltbarer Zustand. Damit der Strom der Besucher seinen Rundgang macht und die Museumswärter alles unter Augen haben, sind alle Türen geöffnet; zu Goethes Zeit waren sie geschlossen. Man hat also heute Durchblicke, die es damals nicht gab. Die Sammlungsräume sind nicht mehr im Winter eiskalt, sondern sind zentralgeheizt wie alle anderen Zimmer. Als man im 19. Jahrhundert Goethes Enkel bat, das Goethehaus zur Besichtigung freizugeben, sagten diese, die Balken seien nicht mehr sicher genug. Und sie hatten recht. Als nach dem Tode des letzten Goetheschen Enkels, 1885, das Haus zum Museum werden sollte, wurden die Balken von 1709 ersetzt durch moderne Eisenträger. Auch später hat es noch Änderungen gegeben. Nach dem Beginn des Krieges 1939 wurde das gesamte Inventar in Orte gebracht, wo es vor Bomben sicher war, soweit man Sicherheit schaffen konnte. Im Frühjahr 1945 schlug eine Bombe in das Haus ein, sie war glücklicherweise nicht groß. Als ich im Spätherbst 1945 durch Weimar kam, ging Professor Hans Wahl mit mir zu dem Haus am Frauenplan und schloß die Tür auf. In den leeren Räumen lag der Steinstaub, den es damals überall gab, wo Bomben gefallen waren. Wir gingen hinauf zu dem Gelben Saal und dann ins Juno-Zimmer so weit, wie man ohne Gefahr gehen konnte. Vor uns war ein großes Loch. Die Bombe war in das Urbino-Zimmer eingeschlagen. Die Reste der Wand zeigten noch die alte blaue Farbe.

Obgleich das Haus seit 1832 manche Wandlungen durchgemacht hat, ist – jedenfalls im 1. Stock – das meiste so, wie es zu Goethes Zeit war. Woher wissen wir das? Im Arbeitszimmer, Schlafzimmer und der Bibliothek ließ man nach Goethes Tode alles, wie man es vorfand. Von dem Zustand dieser Räume und auch der Räume des Vorderhauses stellten Riemer, Kräuter und Eckermann ein Verzeichnis her. 1842 wurde noch einmal ein solches Verzeichnis – wegen der Sammlungen und ihres eventuellen Verkaufs – niedergeschrieben. Als 1885 das Museum eingerichtet wurde, gab es in Weimar noch eine Tradition persönlicher Kenntnis. Dazu kamen einige alte Zeichnungen, welche das Juno-Zimmer darstellen. Die schriftlichen Quellen sind reich. Goethe hat alle Rechnungen aufgehoben. Es war eine Zeit, in der fast alles, was man im Hause brauchte, handwerklich hergestellt wurde. Im ganzen gibt es etwa 25 000 Rechnungen (Quittungen), aus denen wir die Leistungen der Weimarer Tischler, Maler, Schlosser, Ofensetzer usw. genau kennenlernen. Es ist erstaunlich, wieviel an dem Hause zu reparieren war. Goethe hat dafür gesorgt, daß jedes klemmende Türschloß, jeder schadhafte Dachziegel, jedes beschädigte Möbelstück sofort repariert wurde. Wir finden in den Rechnungen 1812, daß das große Vorzimmer gelb gestrichen wurde, und 1821, daß das Juno-Zimmer blau gestrichen wurde. Dieser Art gibt es viele Einzelheiten.

Viele Angaben über das Haus finden sich in Goethes Briefen und Tagebüchern. Wenn er am 26. August 1820 aus Jena an seinen Sohn schreibt: „in dem Schreibtisch, der sonst im Blauen Zimmer stand, wo jetzt das Repositorium mit Kupferstichen", so erfahren wir, daß bis 1820 im Junozimmer ein Schreibtisch stand, auf welchem Goethe seinen Gästen Kupferstiche vorlegte; dann aber kam dieser in das „Große Sammlungszimmer", damit im Juno-Zimmer mehr Platz sei. An den Bildhauer Rauch schreibt er im Mai 1828: „Ihr lebensvolles Basrelief, in meinem Gartenzimmer angebracht, gibt Durchreisenden und Einheimischen die beste Unterhaltung" (WA Briefe 44, S. 382).

Dieses Relief hing also damals schon im Gartenzimmer, genau wie heute. In dieser Art gibt es viele Sätze. Am 5. Dezember 1830 machte Goethe ein Verzeichnis „Schlüssel zu meinen Sammlungen" (WA Briefe, Bd. 48, S. 284). Aus diesem erfahren wir, in welchen Zimmern die wichtigsten Sammlungsschränke standen. Innerhalb des gesamten Hauses war Goethes Lebenswelt das Obergeschoß. Dessen Räume waren nach ihren Funktionen verteilt: 1. der intime Bereich (Arbeitszimmer, Schlafzimmer, Schreibzimmer, Bibliothek); 2. der repräsentative Bereich (Junozimmer, Urbino-Zimmer, Gelber Saal); 3. die Sammlungszimmer (Büstenzimmer, Deckenzimmer, Majolica-Zimmer, Großes Sammlungszimmer); 4. die Fremdenzimmer (ehemalige Christiane-Zimmer).

Goethe hat an dem Hause, das er von dem Herzog erhielt, einiges geändert, vor allem durch den Einbau der neuen Treppe und die Neugestaltung des Büstenzimmers. Im Großen aber konnte er nichts ändern; dann hätte er das Ganze neu bauen müssen. Als Ganzes ist das Haus erstaunlich verwinkelt, ein Gebäude zum Verirren, ein wahrer Fuchsbau. Das hängt erstens damit zusammen, daß vom Frauenplan vor dem Haus bis zu Goethes Garten hinter dem Haus das Gelände um etwa 2,20 m ansteigt. Das Hinterhaus ist vom Garten gesehen einstöckig (mit Mansarde), vom Hof aus gesehen zweistöckig (mit Mansarde). Wahrscheinlich war das Hinterhaus längst vorhanden, als das Vorderhaus gebaut wurde. Die Höhe des einen paßt nicht zu der des anderen, zumal im Vorderhaus das Erdgeschoß viel höher ist. Der Unterschied wurde durch Stufen ausgeglichen. Wenn Goethe aus seinem Arbeitszimmer zum Urbino-Zimmer ging, mußte er jedesmal 4 Stufen steigen. Vom Brückenzimmer zum Gartenzimmer geht man 5 Stufen hinab. Der verwinkelte Gang vom Großen Sammlungszimmer zu den Christiane-Zimmern hat erst 4 Stufen und dann noch eine. Sogar innerhalb des Majolica-Zimmers gibt es eine Stufe.

Die Unregelmäßigkeit geht zweitens darauf zurück, daß das Vorderhaus und das Hinterhaus nicht parallel stehen, sondern in einem leichten Winkel. Alle Gänge, die vom Vorderhaus rechtwinklig abgehen, kommen im Hinterhaus schräg an. Von den Christiane-Zimmern ist daher nicht ein einziges rechtwinklig. Das sind Formen, wie man sie aus dem Mittelalter und noch aus dem 17. Jahrhundert kannte. Ein dritter Grund der Unregelmäßigkeit liegt darin, daß das Gebäude sich der Biegung des Frauenplans anpaßt. Die seitlichen Zimmer (Urbino-Zimmer, Großes Sammlungszimmer) führen nicht die geradlinige Zimmerflucht fort, sondern sind winkelig zurückgebaut, und zwar sind diese Winkel rechts und links nicht gleich. Unter diesen Zimmern liegen die großen Durchfahrten für das Fuhrwerk. Die eine ist 3,53 m breit, die andere 3,16 m. Und so ungleichmäßig ist fast alles. Anderseits: Was Goethe 1792 neu gebaut hat, ist großzügig und klar. Vom Gelben Saal führt eine gerade Flucht durch Brückenzimmer und Gartenzimmer zum Garten. Das Brückenzimmer hat er mit einem Tonnengewölbe versehen lassen, das eine Bemalung hat, welche die Diagonalen betont. Da ist südliche Linienführung und große Tradition. Von da kommt man dann aber in die Räume eines kleinen Bürgerhauses des 17. Jahrhunderts, verwinkelt und unübersichtlich, jedoch keineswegs ungemütlich. Dieser Übergang gelingt erstaunlich gut und wirkt nicht unorganisch. Goethe war immer ein Meister darin, Verschiedenes, scheinbar Gegensätzliches zu verbinden; das berühmteste Beispiel ist das Hineinnehmen der Helena-Szenen in „Faust II". Etwas von dieser Gabe der Vereinigung lebt auch in seinem Hause.

Der Betrachter sieht heute wie zu Goethes Zeit die Einheit von Hausform und Kunstwerken, die in die Räume verteilt sind. Doch viele Besucher, die Goethes Dichtung gut kennen, wissen nicht zu sagen, warum er das eine oder andere Bildwerk – Gipsabguß, Gemälde, Kupferstich – in seinen Zimmern haben wollte. Die Quellen dafür sind vielfach vorhanden, und wenn man ihnen nachgeht, beginnt jedes Werk eine Geschichte zu erzählen, die etwas von dem Werk selbst, etwas von Goethes Leben und etwas von der europäischen Bildungsgeschichte des 18. und 19. Jahrhunderts enthält. In das Treppenhaus stellte Goethe, weil es am geräumigsten war, die Großplastik. Da stehen Werke, die von Winckelmann und seinen Zeitgenossen aufs höchste geschätzt wurden und von denen Goethe in seiner Jugend Abgüsse im Mannheimer Antiken-Saal gesehen hatte. Zu diesen gehört der Kopf des Apollo von Belvedere. Goethe bekam ihn 1782 als Geschenk des Herzogs von Gotha. Er hat später oft „den schlanken Bau, die freie Bewegung, den siegenden Blick" („Dichtung und Wahrheit", 11. Buch) dieser Statue gepriesen. Da ist ferner der Kopf des Mars (Ares), der damals in der Sammlung Borghese stand (seit 1808 im Louvre). In Mannheim sah Goethe auch zum ersten Mal die Jünglingsgruppe, welche damals in Schloß Ildefonso in Spanien stand. In seinen Mannesjahren erhielt er einen Abguß davon und korrespondierte mit Heinrich Meyer darüber, daß hier wahrscheinlich ein Werk aus der Schule des Polyklet und eins aus der Tradition des Praxiteles zusammengestellt seien von einem späteren Künstler, so daß die Aufgabe bliebe, hinter diesem Werk die griechischen Urbilder zu erahnen. Nun

aber hatte in den Jahren 1803–1812 Lord Elgin altgriechische Original-
werke vom Parthenon in Athen nach London geholt, die 1816 von dem
Britischen Staat gekauft wurden. Hier waren Originale, wie man sie
bisher nicht kannte. Goethe lag sehr daran, Abbildungen davon zu
bekommen. Er bat den Großherzog, Zeichnungen zu bestellen, und so
kamen 1818 große Blätter nach Weimar, die der Herzog zunächst
Goethe lieh, dann ihm schenkte. Die an römische Nachbildungen
gewöhnten Augen sahen hier nun endlich die griechische Antike,
herber, strenger, aber auch lebensnäher als das, was man kannte. Der
moderne Betrachter, gewöhnt an gute Photographien griechischer
Originale oder bekannt mit Originalwerken in Athen, London, Paris
usw., findet die großen Zeichnungen, welche Goethe an die Wand des
Treppenhauses hängte, undeutlich und unbedeutend. Für Goethe
waren sie etwas ganz Besonderes, immer wieder mit Entzücken Be-
trachtetes, die aufschlußreichen Nachbildungen eines griechischen
Meisterwerks, wie sie zu dieser Zeit in Weimar und Umgebung sonst
nirgendwo zu sehen waren. Hier zeigt sich Goethes Verhältnis zur
Antike in seinem Alter, als nicht mehr Pompeji, sondern Athen die
Hauptquellen bot. Es ist wie der Schritt von „Iphigenie" zu den
Helena-Szenen des „Faust II". Im Treppenhaus sieht der Besucher
sodann ein Deckengemälde im Ovalformat, und der Blick sagt meist:
dekorativ, klassizistisch, unbedeutend. Blickt man genauer hin, erkennt man nicht nur eine Frauengestalt, sondern auch einen Regenbogen. Für Goethe war dieses Bild ein Symbol. Es zeigt die Göttin Iris.
Er sagt von ihr in der „Geschichte der Farbenlehre": „Die Griechen
verwandelten den Regenbogen in ein liebliches Mädchen, eine Tochter
des Thaumas (des Erstaunens); beides mit Recht, denn wir werden bei
diesem Anblick das Erhabene auf eine erfreuliche Weise gewahr. Und
so ward sie diesem Gestalt liebenden Volke ein Individuum, Iris, ein
Friedensbote, ein Götterbote überhaupt; andern, weniger Form be-
dürfenden Nationen, ein Friedenszeichen" (Kap. „Zur Geschichte der
Urzeit"). Iris war für Goethe ein Zeichen des Zusammenhangs von
Natur und Kunst und also des Zusammenhangs seines eigenen Strebens in zwei Bereichen. Das göttliche Licht bricht sich und wird zu
Farben. Das menschliche Auge kann weder unmittelbar in die Sonne
blicken, noch leben wir völlig im Dunkel. Das dem Menschen Angemessene sind die Farben. Nun erscheinen im Schatten, je nach der
Farbe des Lichts, die Komplementärfarben. Diese Entsprechung ist
aber nicht nur ein Naturphänomen, sondern genau das, was der
ästhetische Sinn fordert, ein Zeichen also des Zusammenhangs von

Natur und Kunst, über den Goethe sein Leben lang immer wieder nachdachte. Die Farben waren ihm „Abglanz" des höchsten Lichts, darum Iris „Götterbote", „Friedensbote". Sie verkörperte ihm die Verbindung von Naturwissenschaft und Kunst, von Farbenlehre und Dichtung. Dieses Bild hatte Heinrich Meyer auf seinen Wunsch gemalt, es erinnerte ihn immer an den Freund und an die Zeit, als dieser es malte und er selbst hoffnungsvoll seine optischen Studien trieb, und er setzte es vor den Eingang der Räume mit all den Kunst- und Naturgegenständen, die er zusammengetragen hatte. Trat der Besucher ein, so sah er an den Wänden 10 Stiche nach Raffaels Zyklus „Amor und Psyche". Für Goethe bedeutete Raffael das Anknüpfen an die Antike und zugleich ein völlig selbständiges Schaffen aus begnadeter Begabung – also das Höchste, was einem neueren Künstler möglich war. Diese kolorierten Stiche hatte er im Gartenhaus an der Wand gehabt, als er sich nach Italien sehnte; er hatte an sie gedacht, als er in Rom die Originale sah; er hatte sie nach der Heimkehr mit Hilfe seines vorzüglichen Bildgedächtnisses mit diesen verglichen, oft mit Meyer darüber gesprochen, später in der „Italienischen Reise" darüber geschrieben (18. November 1786; 16. Juli 1787). Sie sollten für seine Gäste eine freundliche Begrüßung sein. Setzte er sich mit dem Besucher auf die Sessel im Junozimmer, so hatten sie vor sich auf dem Tisch den Gipsabguß einer kleinen Statue der Victoria (Nike). Das Original, aus Fossombrone stammend, steht in Kassel. Wie manche antike Kleinplastik ist sie wohlerhalten, es fehlt nichts. Es ist ein Werk, das eine große Tradition fortführt, nicht eben geschickt, ja unbeholfen; doch Goethe sah hier das Bewegungsmotiv und ahnte hinter der Nachbildung ein Urbild: die herabschwebende Siegesgöttin, mit ausgebreiteten Flügeln, die mit einer Hand den Kranz überbringt. So hatte er sie in „Faust II" geschildert:

> Droben aber auf der Zinne
> Jene Göttin, mit behenden
> Breiten Flügeln, zum Gewinne
> Allerseits sich hinzuwenden.
> Rings umgibt sie Glanz und Glorie,
> Leuchtend fern nach allen Seiten,
> Und sie nennet sich Viktorie,
> Göttin aller Tätigkeiten. (5449–5456)

31 Jahre nach Goethes Tod kam in Samothrake die Nike-Statue ans Licht, welche in vollendeter Form das darstellt, was Goethe aus den

Blick vom Frauenplan auf Goethes Haus. Kupferstich von 1827. Links die Einfahrt für Wagen, rechts die Ausfahrt. Im oberen Stock von links nach rechts folgende Fenster: 1–3 großes Sammlungszimmer, 4 Majolikazimmer, 5–6 Deckenzimmer, 7–8 Gelber Saal, 9–11 Junozimmer, 12–14 Urbinozimmer.

späten schwachen Nachahmungen erahnt hatte: die Trägerin des Göttergeschenks, plötzlich nahend in großartiger Bewegung mit rauschendem Schwung der Flügel. Blickte der Besucher auf, so sah er an der Wand Meyers Kopie der „Aldobrandinischen Hochzeit". Da sitzt der Bräutigam wartend an der Schwelle. In den „Lehrjahren" wird der „Saal der Vergangenheit" beschrieben (VIII,5) mit den Gemälden, welche Urformen des Menschenlebens darstellen: „So war alles und so wird alles sein! Hier dieses Bild der Mutter, die ihr Kind ans Herz drückt..., so ungeduldig wird der Bräutigam auf der Schwelle horchen, ob er hereintreten darf..." In dieser Weise gibt es überall Verbindungen zu Goethes Dichtungen, autobiographischen Werken, Kunstschriften, naturwissenschaftlichen Arbeiten.

Wegen der Sammlungen und wegen der Gäste mußte das Haus groß sein. Goethes eigentlicher Lebensbereich war klein: Arbeitszimmer und Schlafzimmer zusammen etwa 33 qm, nimmt man das Schreibzimmer hinzu, sind es 47 qm. Dazu kommt das unheizbare Büchermagazin. Der Treppenaufgang hat einen schlichten, fast zeitlosen Stil. Dort standen einige der antiken Werke, die sich im Gelben Saal fortsetzen. Hier beginnt aber bereits die Renaissance mit Raffael und Tizian, und wer sich in den Zimmern weiter umsah, entdeckte den Sieneser „Schmerzensmann" aus dem 14. Jahrhundert, Abgüsse nach Peter Vischer und eine Kopie nach Ruisdael. Goethe wurzelte in vielen Bereichen, seine Schriften zur Kunst und Literatur zeigen es, auch sein „Faust" zeigt es, Altdeutsches und Griechisches vereinend. Und ähnlich war es in seinem Hause. Das Vorderhaus hat, teils von der Anlage, teils vom Umbau her, Formelemente aus Antike und Renaissance. Doch von da geht es in das schlichte winkelige Hinterhaus, das so gebaut ist, wie man in Deutschland aus alter volkstümlicher Tradition dergleichen bescheidene Bürgerhäuser in Kleinstädten errichtete. Goethes Welt war sowohl das eine wie das andere, alles zusammen, in dieser Verbundenheit. Er hat niemals das ganze Haus umgebaut oder die Möbel grundlegend erneuert. Von Zeit zu Zeit wurden die Zimmer neu gestrichen, die Möbel ergänzt und etwas anders gestellt, einige Bilder umgehängt. Und so ergab sich der Zustand, den das Haus zur Zeit seines Todes hatte und den wir – im großen ganzen – heute noch sehen. Bezeichnend für Goethe ist dabei das langsame Wachstum, die Verbindung des Verschiedenartigen, hervorgehend aus seiner inneren Weite, und zugleich die persönliche Gestaltung bis in die Kleinigkeiten hinein.

Goethes Arbeitsweise – je älter er wurde, desto mehr – bestand in einem Umgang mit viel Material: sei es für Morphologie, Geologie, Kunstgeschichte oder ein anderes Gebiet; auch für seine Autobiographie und für seine Dichtungen brauchte er Bücher und viele im Laufe der Jahre gesammelte Manuskripte. Und dafür brauchte er sein Haus. Als im Jahre 1819 August und Ottilie nach Berlin gereist waren, schrieb er an Zelter: „Mir will nun nicht mehr wohl werden als in meinem Hause, das besonders den Sommer alle Vorteile genießt und wo mir so vieljährig zusammengetragene Besitztümer zu Gebote stehen, die mir Freude und Nutzen bringen." (29. Mai 1819). Seit 1823 ist er nicht mehr verreist. Er blieb in dem Gehäuse, das er sich geschaffen hatte. Es war ein Haus, in dem er einsam und in dem er gesellig sein konnte. Ein Haus mit Garten und frischer Luft. Ein Haus für seine Sammlungen, die er zur Arbeit brauchte. Ein Haus zu ruhigem Schlafen. Und ein Haus, in welchem er seine Aufgabe, die ihm aus schöpferischer Begabung zugewachsen war, erfüllen konnte.

Goethe als Sammler

Als Goethe 1775 im Reisewagen des Herzogs nach Weimar kam, hatte er nur leichtes Gepäck bei sich, darunter ein paar Manuskripte wie das „Faust"-Fragment. Als er 1832 in Weimar starb, hinterließ er Manuskripte, die heute 341 Kästen füllen, eine Sammlung von 17800 Steinen, mehr als 9000 Blätter Graphik, etwa 4500 Gemmenabgüsse, 8000 Bücher, zahlreiche Gemälde, Plastiken, naturwissenschaftliche Sammlungen usw. Er hatte die Gabe, viel Welt an sich zu ziehen, indem er beobachtete und darstellte, und in diesem Zusammenhang ergab sich für ihn, daß er sammelte und ordnete. Sein Nachlaß ist heute die bedeutendste Sammlung zur Kultur der klassischen deutschen Literaturperiode.

Wer wenig von Goethe weiß, der könnte angesichts des Hauses am Frauenplan denken, für einen Mann, eine Frau und ein Kind sei das ein reichlich großes Haus gewesen. Doch bei näherer Betrachtung ergibt sich: Goethe brauchte für seine Studien ein kunsthistorisches Institut. Dergleichen gab es damals nicht. Er schuf es sich selbst und brachte es in seinem Hause unter. Er brauchte sodann ein geologisch-mineralogisches Institut. Ein solches gab es zwar in Jena, doch er wollte es zur Hand haben und schuf es sich selbst – deswegen die Tausende von Steinen. Er brauchte ein botanisches und zoologisches Institut für seine Morphologie; und daneben sollte die Physik – insbesondere die Farbenlehre – nicht vernachlässigt werden. Für alles trug er die Materialien selbst zusammen. Dagegen gab es in Weimar seit langem eine gute Bibliothek; die hat er viel benutzt; deswegen war seine eigene Büchersammlung nicht groß. Alles andere mußte er sich selbst schaffen und in seinem Hause unterbringen; und dafür war dieses Haus fast zu klein.

Viele Besucher haben uns ihre Eindrücke von dem Hause geschildert. Bei anderen Dichtern kam man in eine Wohnung, die außer den Gebrauchsgegenständen nur viele Bücher enthielt. Hier aber sah man keine Bücher, sondern künstlerische und naturwissenschaftliche Sammlungen und fand einen Hausherrn, der mit Begeisterung und großer Sachkenntnis den Besuchern ausgewählte Stücke erläuterte. Am 23. Oktober 1812 zeichnet Kanzler v. Müller ein Gespräch mit

Goethe auf. Sie sprechen darüber, daß Goethe allwöchentlich „kunst-
liebenden Freunden" Blätter aus seiner Kupferstichsammlung zeigt
und erläutert. Goethe sagt in diesem Zusammenhang: „Mir ist der
Besitz nötig, um den richtigen Begriff der Objekte zu bekommen...
Und so liebe ich den Besitz nicht der besessenen Sache, sondern meiner
Bildung wegen..." Hier fällt das Wort „Bildung", das bei Goethe den
ursprünglichen Sinn hat, der mit „bilden" = „formen" zusammen-
hängt. Die Gegenstände der Sammlung formen ihn, weil sie Geist
verwirklichen. Diesen Geist nimmt er auf und verarbeitet ihn. Und so
sollen die Gegenstände auch auf andere wirken. Darum zeigt er sie
gern.

Er versuchte für seine Gäste das zu wählen, was sie, wie er meinte,
besonders ansprechen würde. Der Malerin Luise Seidler zeigte er 1813
Zeichnungen und Kupferstiche, den Bildhauern Rauch und Tieck 1820
seine Sammlung von Kleinplastik. Der Gegenstand ergibt das Gespräch. Während im Kreise der Kantianer und der Jenaer Frühroman-
tiker das abstrakte Denken oft das Gespräch formte, wirkte im Weimarer Kreise Goethes gegenständliches Denken. In den „Maximen und
Reflexionen" steht der Satz „Denken ist interessanter als Wissen, aber
nicht als Anschauen". Die Sammlungsgegenstände sollten zwar auch
Wissen vermitteln, vor allem aber das Anschauen üben.

Die Gebiete der Sammlungen ergaben sich organisch aus Goethes
Arbeiten. Sein literarisches Interesse umfaßte die Weltliteratur. Er
besaß die wichtigsten Schriftsteller des Altertums, ebenso Dante,
Ariosto, Shakespeare, Calderon, Kalidasa und andere Große der
Literatur. Seit Herder war das Denken in zeitlosen Normen zurückge-
treten, man begann die Werke geschichtlich einzuordnen. Dem entsprach Goethes Büchersammlung in Auswahl und Anordnung.

Schwieriger war die Berücksichtigung der Geschichte auf dem
Gebiet der bildenden Kunst. Noch herrschten die ästhetischen Normen von Mengs und Sulzer, und als geschichtliche Hilfsmittel benutzte man die Werke von Vasari aus dem 16. Jahrhundert und von
Sandrart aus dem 17. Jahrhundert. Nun ließen sich aber, seitdem
Winckelmann die antike Kunst in ihrem zeitlichen Verlauf dargestellt
hatte, die geschichtlichen Fragen nicht mehr übergehen. Goethe wollte
das historische Wissen mit der Deutung und Wertung des Einzelwerks
und der Überschau der Zusammenhänge verbinden. Er war zwar der
Meinung, daß große Kunst unmittelbar auf das empfängliche Gemüt
wirke, wußte aber zugleich, daß historisches Sehen vor Fehldeutung
bewahrt und vielfach den Sinn erst erschließt. Darum: „Jeder, dem es

Ernst ist, sieht wohl ein, daß auch in diesem Felde kein Urteil möglich ist, als wenn man es historisch entwickeln kann." (HA 11, S. 167). In Italien sah er sich veranlaßt, „bei jedem Kunstgegenstande ... nach der Zeit zu fragen" (HA 11, S. 167), und diese Bemühungen setzte er in Weimar fort. Seinen Freund Heinrich Meyer schob er sanft von der Malerei zur Kunstgeschichte, und so schrieb dieser dann, von Goethe inspiriert, eine Geschichte der Kunst von der Antike bis zur Gegenwart, die beiden als Leitfaden diente, leider aber damals ungedruckt blieb, weil beide merkten, daß ihnen große Gebiete zu wenig bekannt seien. Wie war es Goethe und Meyer möglich, dieses Werk überhaupt herzustellen? Sie waren niemals in Paris, Madrid, Amsterdam, Brüssel und London gewesen. Als Hilfsmittel mußten Abbildungen dienen, also Reproduktionsstiche. Sodann waren Handzeichnungen ein vortreffliches Mittel, einen Künstler kennenzulernen, und Zeichnungen waren damals noch preiswert. Es gab im 18. Jahrhundert noch nicht den Typ des Kunstbuches, der im 19. Jahrhundert aufkam. Die meisten Bücher über Kunst erschienen ohne Bilder. Wie begeistert hat Goethe 1808 die Lithographien von Strixner nach Dürers Randzeichnungen zum Gebetbuch des Kaisers Maximilian begrüßt! „Man hätte mir soviel Dukaten schenken können, als nötig sind, die Platten zuzudecken, und das Gold hätte mir nicht so viel Vergnügen gemacht als diese Werke ..." (an Jacobi, 7. März 1808) Es gab also nur einzelne Reproduktionsstiche, und so sammelte Goethe Reproduktionsstiche und Handzeichnungen. Man konnte damals bequem die gesammelten Werke von Sophokles, Shakespeare oder Racine kaufen, nicht aber die von Raffael, Michelangelo oder Rembrandt. Man mußte sie mühsam Stück für Stück in Nachstichen erwerben, immer bedacht, möglichst viele und möglichst gute zu erhalten. So wurde aus dem Bemühen um rechtes Verstehen das Streben nach historischer Einordnung, und daraus folgte die Notwendigkeit, viel Materialien zur Hand zu haben und also zu sammeln.

Ähnlich war es in den Naturwissenschaften. Linné hatte ein System der Gattungen, Arten usw. geschaffen. Goethe zielte auf etwas anderes, das er Morphologie nannte: die Lehre von der Wandelbarkeit der Organe und dem Gesamthaushalt des Organismus. Er wollte nachweisen, daß der Mensch einen Zwischenkieferknochen habe, so wie andere Wirbeltiere. Dazu brauchte er Schädel von Menschen, Affen, Pferden, Füchsen, Löwen und Hunden; er sammelte sie in seinem Hause, denn er konnte nicht zu jeder Beobachtung nach Jena fahren. Sein „Erster Entwurf einer Einleitung in die vergleichende Anatomie" beginnt mit dem Satz: „Naturgeschichte beruht überhaupt auf Vergleichung" (HA 13, S. 170). Und so auch in der Botanik: Um nachzuweisen, daß die Teile der Blüten umgeformte Blätter seien, brauchte er Beobachtungsmaterial. Darum seine Pflanzen im Garten, in Herbarien und auf Zeichnungen. Ähnlich war es in der Mineralogie. Es gab noch keine klaren Vorstellungen, wie die Gestalt der Erdoberfläche mit den Veränderungen im Laufe der Zeit zusammenhinge. Wollte man hier zu Erkenntnissen gelangen, so genügte es nicht, hier und da einen Stein mitzunehmen, sondern man mußte systematisch sämtliche Mineralien einer Landschaft zusammentragen. Goethe brachte also von Thüringen und Böhmen sehr reichhaltige Sammlungen zusammen, von Deutschland eine, die einen guten Überblick gab, und reichhaltige Beispiele von Gesteinen anderer Länder. Wieder kam er von der wissenschaftlichen Fragestellung zur Sammeltätigkeit.

Goethe sammelte nicht (oder nur ausnahmsweise) einzelne schöne und wertvolle Stücke. Seine Kunstsammlungen waren ihm Material zur Kunstgeschichte. Ebenso sollte die Steinsammlung die großen Zusammenhänge zeigen, den geologischen Aufbau von Thüringen, von Deutschland, von Europa. Seine Naturbetrachtung wie seine Kunstbetrachtung gehen zwar von genauer Einzelanschauung aus, streben aber zu großen Synthesen. Immer bleibt für ihn die Natur ein Ganzes. Deswegen seine Weite des Forschens, die vielen Bereiche. Er versucht, Tonlehre, Farbenlehre und „das übrige Physische" zu verknüpfen: „Wenn ein paar große Formeln glücken, so muß das alles Eins werden, alles aus Einem entspringen und zu Einem zurückkehren." (an Sartorius 19. Juli 1810) Schiller hat diese Richtung des Goetheschen Denkens richtig erkannt in dem Brief vom 23. August 1794: „Sie nehmen die ganze Natur zusammen, um über das einzelne Licht zu bekommen, in der Allheit ihrer Erscheinungsarten suchen Sie den Erklärungsgrund für das Individuum auf…"

Goethe lebte in einer Epoche, als die privaten Sammlungen einen letzten großen Höhepunkt erlebten und zugleich die öffentlichen Museen begannen. Im 17. Jahrhundert gab es nur die sogenannten „Raritätenkabinette" und „Kunstkammern" einiger Fürsten und reicher Privatleute, in denen meist die verschiedenartigsten Dinge zusammenstanden, Gemälde, Steine, indianischer Federschmuck, Automaten mit einem Uhrwerk usw. Im 18. Jahrhundert begann man, die Bestände nach Sachgebieten zu ordnen und die Kunstsammlungen abzutrennen. Goethes Anordnung seiner Kupferstiche und Handzeichnungen nach Jahrhunderten und Ländern, die uns heute selbstverständlich erscheint, war damals neu; man gliederte gewöhnlich nach Gegenständen: Biblisches, Historienbilder, Porträts, Stilleben usw., sofern man überhaupt gliederte. 1734 wurde in Rom die Antikensammlung des Kapitolinischen Museums öffentlich zugänglich gemacht. 1753 wurde das Britische Museum gegründet, doch seine Sammlungen waren zunächst nur für Gelehrte geöffnet. Die deutschen Fürsten hatten ihre Kunstwerke meist in ihren Wohnräumen. Allmählich begannen sie, öffentliche Sammlungen einzurichten. Die Mannheimer Sammlung von Gipsabgüssen, die Dresdener Galerie und die zwei Kasseler Museen (Gemäldegalerie und Museum Friedericianum) waren im 18. Jahrhundert bahnbrechend. In Frankreich wurde infolge der Revolution der königliche Kunstbesitz zum Staatsbesitz, er erhielt staatliche Verwalter und wurde 1793 durch Konventsbeschluß allgemein zugänglich. Als Napoleon dann nach und nach viele europäische Länder besetzte, ließ er überall wertvolle Kunstwerke fortführen und nach Paris bringen. So entstand dort das „Musée Napoléon", das durch Kunstraub einen Überblick über die europäische Kunst von Neapel bis Berlin, von Spanien bis Wien gab. Nach den Befreiungskriegen wurden die Kunstwerke wieder heimgebracht.

Die privaten Sammlungen verloren aber keineswegs an Bedeutung. Ihnen ist zu verdanken, daß vieles, für das die öffentlichen Sammlungen damals noch kein Interesse hatten, erhalten blieb. Die Sammlung Wallraf wurde zum Grundstock des späteren Kölner Museums; die Sammlung Boisserée wurde ein wesentlicher Bestandteil der Münchener Pinakothek. Als das linksrheinische Gebiet 1795 französisch wurde und als 1803 durch den Reichsdeputationshauptschluß die geistlichen Fürstentümer aufgehoben wurden, kam sehr viel Besitz der geistlichen Fürsten, der Stifte, Klöster usw. zum Verkauf. Nur was den Pfarrkirchen gehörte, blieb erhalten. Damals begannen die Brüder Boisserée Werke von Van Eyck, Rogier van der Weyden, Memling usw. zu sammeln und brachten mehr als 200 Gemälde zusammen, für die sie ihr Vermögen opferten.

Goethe hat seit seiner Kindheit Sammlungen und Sammler gekannt. Deswegen schildert er sie in den ersten beiden Büchern von „Dichtung und Wahrheit" (HA 9, S. 14ff., S. 27ff., S. 74ff.). In der Jugend ist die Bildbarkeit des Geistes besonders stark, die bildende Wirkung unbewußt. Der Knabe sah in römischen Kupferstichen Bauwerke des Altertums und der Renaissance. Er sah sodann die Gemäldesammlung des Vaters. Der Rat Goethe hatte sein Spezialgebiet: Frankfurter Maler seiner Zeit. Wie tief die jugendlichen Eindrücke sich Goethe einprägten, zeigt folgende Geschichte: Die beiden Stilleben von Justus Junker, deren Entstehung er als Knabe erlebte, wurden seiner Schwester Cornelia mitgegeben, als sie 1773 heiratete. Goethe hat die Bilder wohl noch einmal wiedergesehen, als er 1779 Cornelia in Emmendingen besuchte, dann nie mehr. Mit 63 Jahren beschrieb er sie aus der Erinnerung in „Dichtung und Wahrheit". Im 20. Jahrhundert tauchten die Bilder wieder auf; sie hängen heute wieder im Frankfurter Goethehaus. Wir können sie mit seiner Schilderung vergleichen; diese stimmt genau. Ein gutes optisches Gedächtnis gehört zu einem Sammler, ebenso zu einem Kunsthistoriker, und es ist von hohem Wert für einen Schriftsteller.

Die Galerie in Dresden war, als Goethe 1768 dorthin kam, bereits öffentlich und enthielt schon die meisten der Kostbarkeiten, um derentwillen sie heute so berühmt ist. Goethe sah dort vortreffliche Niederländer des 17. Jahrhunderts, und er beschreibt in „Dichtung und Wahrheit", daß ihm hier zum ersten Mal bewußt wurde, daß man durch die Bilder der Künstler die Natur neu sehen lernt. Später hat er sich bemüht, nicht nur an den Niederländern – wie in Dresden –, sondern auch an ganz andersartigen Werken sein Sehen zu bilden und damit Möglichkeiten der Welt-Auffassung zu verstehen und zu verarbeiten.

Naturaliensammlungen interessierten ihn in seiner Jugend nicht. Doch das änderte sich bald. In Sachsen-Weimar, das ein armes Land war, hatte man früher Kupfer- und Silberbergbau in Ilmenau betrieben. Es bestand die Absicht, ihn wieder aufzunehmen. Dazu bedurfte es mineralogischer Kenntnisse. 1779 begann Goethe, sich in dieses Gebiet einzuarbeiten, hauptsächlich wegen des Ilmenauer Stollens, aber auch, weil er überall im Lande abbaufähige Kohle, gute Bausteine und nebenher brauchbare Steine für den Bildhauer Klauer suchte. Da ergab sich die Sammlung der Gesteinsproben von selbst. Und das um praktischer Zwecke willen begonnene Studium wuchs dann um der reinen Erkenntnis willen weiter und dehnte sich aus.

Die italienische Reise war der Versuch, die eigene Bildbarkeit neu zu erproben und für die innere Sehnsucht antwortende Gegenstände zu finden. Goethe sah vor allem die Werke des Altertums und der Renaissance. Auch beobachtete er Pflanzen und Tiere. Hier wuchs die Freude am Besitz von Gipsabgüssen antiker Statuen und Gemmen, von Reproduktionsstichen der Gemälde und Ansichtsstichen der Landschaften. Bisher hatte er in Weimar vorwiegend Lebensdokumente aufbewahrt: Silhouetten oder Porträtkupfer oder Klauersche

Büsten, die Freunde und Bekannte darstellten. Jetzt begann ein planmäßiges Sammeln von Abbildungen bedeutender Kunstwerke. Goethe wurde nun zum Sammler und mit der Zeit zu einem der bedeutendsten in Deutschland. Sein Interesse war dabei keineswegs nur auf seinen privaten Besitz gerichtet, sondern mindestens ebensosehr auf die herzoglich weimarischen Sammlungen. Er arbeitete immer darauf hin, daß beide einander ergänzten, und dafür bestanden die besten Vorbedingungen, da er sehr bald der maßgebliche Mann für alle Sammlungen in Weimar und Jena wurde. Eine feste Formulierung erhielt diese Aufgabe erst 1815 als „Oberaufsicht über die unmittelbaren Anstalten für Wissenschaft und Kunst in Weimar und Jena". Goethe hatte hier zu tun mit Ankauf, Restaurierung, Ordnung und Aufstellung aller Sammlungen. Er hat viele Ämter in dem kleinen Herzogtum gehabt, von der Wegebaukommission bis zur Leitung des Hoftheaters. Er hat sie nach und nach aufgegeben, nur eins behielt er bis zu seinem Tode: die Oberaufsicht über die Sammlungen.

Goethe war sich darüber klar, daß die Entwicklung der Naturwissenschaften und der Universitäten den idyllischen Zustand hinter sich ließ, in welchem eine Sammlung in einem einzigen Zimmer Platz hatte, zu welchem allein der Professor den Schlüssel besaß, um holen zu können, was er brauchte. Goethe weist auch darauf hin, daß man bis in seine Zeit hinein vielfach nur vom praktischen Nutzen ausgegangen sei, z. B. im botanischen Garten nur Heilpflanzen angebaut habe, daß man jetzt aber ebensosehr an freie Forschung denken müsse.

Goethe bemühte sich, in Zusammenarbeit mit den Jenaer Professoren die Sammlungen möglichst förderlich für die Forschung und den akademischen Unterricht zu gestalten. Finanziell war man freilich sehr begrenzt, man mußte geschickt sein im Ankauf und darin, Geschenke zu erhalten.

Zu Goethes amtlichen Pflichten gehörte auch die Aufsicht über die Büchersammlungen, d. h. die herzogliche Bibliothek in Weimar und die Universitätsbibliothek in Jena. Wie das Museumswesen war das Bibliothekswesen um 1800 in einem großen Wandel. Die Bibliotheken der Fürsten waren bisher nur einem kleinen Kreis von Gelehrten und Schriftstellern zugänglich gewesen. Die Universitätsbibliotheken waren für die Professoren da und nur in begrenztem Maße für ältere Studenten. Die erste moderne öffentliche Studienbibliothek war die in Göttingen. Nun strebten Weimar und Jena diesem Beispiel nach, mit genauen Katalogen, regelmäßiger Ausleihe und allgemeinen Benutzungsmöglichkeiten. Daraufhin wurde die Jenaer Bibliothek, wie das

alte Ausleihverzeichnis zeigt, um 1800 nicht nur von Universitätsange-
hörigen benutzt, sondern auch von dem Jenaer Postmeister, einem
Zinngießer, einem Bäckermeister und einem „Handarbeiter".
Goethe hat diese Bibliotheken viel benutzt. Wir wissen aus dem
Weimarer Ausleihverzeichnis, was er entliehen hat. Und da seine
private Bibliothek erhalten ist, kann man sehen, wie er diese und die
öffentliche aufeinander abstimmte. Goethe gab wenig Geld für Bücher
aus im Vergleich mit dem, was er für Kupferstiche und naturwissenschaftliche Sammlungen ausgab; am wenigsten für deutsche Literatur
seiner Zeit. Er war wohl der Meinung, wenn ein Schriftsteller in seiner
Bibliothek vertreten sein wolle, dann solle er seine Bücher als Geschenk senden. Und das haben viele getan. Seine Bibliothek umfaßte
am Ende seines Lebens etwa 5500 Werke, das macht ungefähr 8000
Bände. So viel besaßen damals auch andere Schriftsteller oder Gelehrte. Sie war also nicht groß, aber sie war universal. Sie umfaßt
Naturwissenschaften, Nationalökonomie, Geschichte, Literatur,
Theologie, Philosophie usw. Auf allen Gebieten hatte er gute Nachschlagewerke, zumal in den Naturwissenschaften. Er besaß sorgfältige
Ausgaben antiker Klassiker und große Wörterbücher mehrerer Sprachen. Seine Bibliothek sollte eine praktische Handbücherei sein. Für
alles andere war die herzogliche Bibliothek da, die nur fünf Minuten
entfernt lag und aus der er alles sofort haben konnte. Er stellte seine
Bücher, nach Sachgebieten geordnet, in den Raum hinter dem Arbeitszimmer, der nur als Büchermagazin diente. Einige Nachschlagewerke
und diejenigen Bücher, die er für die jeweilige Arbeit brauchte,
standen im Arbeitszimmer. Sonst aber nirgendwo; in den Wohn- und
Empfangsräumen gab es Sammlungsschränke, aber keine Bücher. Da
die Besucher nie in das Hinterhaus vordringen durften, bekamen sie
also nie ein Buch zu sehen, desto mehr aber Kunstgegenstände. – An
die Büchersammlung schließt sich eine Sammlung von zahlreichen
Notenwerken an. Sie diente den Hausmusiken, die Goethe viele Jahre
hindurch allwöchentlich in seinem Hause veranstalten ließ. – Die
Bedeutung der Bibliotheken für Goethe läßt sich nur andeuten. Aus
dem Ausleih-Verzeichnis der Weimarer Bibliothek sieht man: Das eine
mal entleiht er Bücher über Homer und die Landschaft von Troia – da
schreibt er an der „Achilleis"; das andere mal entleiht er Bücher über
Frankfurt und über die deutsche Literatur des 18. Jahrhunderts – da
schreibt er an „Dichtung und Wahrheit"; später entleiht er persische,
arabische, indische Dichtung – da schreibt er am „Divan".
Als Sammlung von Schriftwerken reihen sich den Büchern die

Autographen an. Teils hat er sie gekauft, teils bekam er sie geschenkt. 1811 hatte er bereits so viele Autographen gesammelt, daß er ein Verzeichnis drucken ließ, das er an Freunde schickte. Sie konnten daraus ersehen, von wem er Handschriften besaß, und vor allem, von wem er noch nichts besaß. Als Knebel ihm 1817 einen Brief für die Sammlung schenkt, schreibt er: „Für den mitgeteilten behaglichen Brief danke zum allerschönsten; man sieht in wunderliche Zustände hinein. Deswegen wird mir auch meine Sammlung von eigenhändigen Briefen bedeutender Menschen immer interessanter, ja zuweilen furchtbar; man wird in ein vergangenes Leben als in ein gegenwärtiges versetzt und wird verleitet, das Gegenwärtige als ein Vergangenes anzusehn." (17. März 1817) Und an den Handschriftensammler Preusker in Leipzig schreibt er: „Daß die Handschrift des Menschen Bezug auf dessen Sinnesweise und Charakter habe und daß man daran wenigstens eine Ahndung von seiner Art zu sein und zu handeln empfinden könne, ist wohl kein Zweifel..." (3. April 1820) Goethe nimmt die Autographen als Ausdruck individuellen Lebens. Das verbindet sie mit Porträtzeichnungen und Medaillen. Als Jacobi ihm etwas für seine Sammlung schenkt, schreibt er: „Die übersandten Blätter sind mir von unendlichem Wert; denn da mir die sinnliche Anschauung durchaus unentbehrlich ist, so werden mir vorzügliche Menschen durch ihre Handschrift auf eine magische Weise vergegenwärtigt." (10. Mai 1812) Dieses „magische" Vergegenwärtigen gilt für entfernte Lebende ebenso wie für historische Gestalten. Das Einfühlen in die Person auf Grund der Handschrift ist eine von Goethes Arten, sich dem Geschichtlichen zu nähern – eine ungewöhnliche Art. Das Geschichtliche ist hier nichts Fernes und Totes, sondern „magisch" gegenwärtig. Diese Sensibilität ist das Besondere seines Sammlertums; sie unterscheidet ihn von den meisten anderen Sammlern, und hier ist die Grenze, an der das Künstlerische beginnt. Nachdem er bekanntgegeben hatte, daß er Autographen sammle, bekam er viel geschenkt, und er hat viele entzückte Dankbriefe geschrieben. In „Dichtung und Wahrheit" gehen manche Einzelheiten – z. B. über Gleim und Bürger – darauf zurück, daß Goethe Handschriften besaß, die ihm dazu dienten, intime Züge einer Gestalt zu beleuchten.

Dem Festhalten des Individuellen dienten auch die zahlreichen Silhouetten, die er sammelte, und die Porträtzeichnungen, darunter die von Schmeller, die er selbst im Alter anregte. Dieser Wunsch, von bedeutenden Gestalten gute Bildnisse zu haben, war in den frühen Weimarer Jahren die Ursache für Goethes Interesse an Klauer. Als er

1795 „Über die verschiedenen Zweige der hiesigen Tätigkeit" sprach, sagte er: „Die Porträts, welche unser Klauer gearbeitet, sind uns und den Auswärtigen interessant, und sie werden es den Nachkommen sein. Ich wünschte, daß sich ein Platz fände, wo man sie alle ohne Ausnahme aufstellen ... könnte." (WA 53, S. 178 f.) Goethe sorgte, daß er gute Exemplare erhielt, und so standen in seinem Hause viele Klauersche Büsten: Herders Bildnis, das Einfühlsame und Welthaltige dieses Geistes fühlbar machend; Jacobi, ernst und idealistisch wirkend; Anna-Amalia, klug, wach und etwas sorgenvoll; Herzogin Luise, ernst und beherrscht; der feinsinnige Künstlerkopf von Oeser und der gemütliche Bürgerkopf von Musaeus.

Hier schließen die Kunstsammlungen an. Die Geldmittel, die Goethe dafür ausgeben konnte, waren begrenzt. Sie erlaubten ihm, entweder wenige Gemälde und Statuen zu kaufen oder viele Reproduktionsstiche, Gipsabgüsse und Zeichnungen. Er entschied sich für das letztere, denn er wollte vor allem kunsthistorisches Material zur Hand haben und die großen Werke in Abbildungen sehen können. Nur ausnahmsweise hat er Gemälde gekauft. Was an den Wänden hing, war zum großen Teil Geschenk.

Bei Goethe kamen im Laufe der Zeit 130 Gipsabgüsse von Werken antiker und moderner Plastik zusammen, darunter die Juno Ludovisi, der sogenannte „Ilioneus", die Minerva Velletri und andere. Er nahm die Unvollkommenheiten des Gipses in Kauf, wenn er dafür den Vorteil hatte, diese Werke immer anschauen zu können. Um antike Plastiken im Original zu sehen, mußte er nach Dresden fahren. Die Werke in Rom hat er seit 1788 nicht wiedergesehn. Wiedergaben in Kupferstichen waren gerade bei Großplastik damals sehr unzureichend, denn es waren meist nur Umrißzeichnungen. Deswegen waren Gipsabgüsse als Studienobjekte so wertvoll. Goethe stellte einige Abgüsse in seine Gesellschaftsräume, mehrere in das 1792 neu gebaute Brückenzimmer, das zum Garten führte und das seither „Büstenzimmer" heißt. Der Raum erlaubte ihm nicht, noch mehr Großplastik zu sammeln. Günstiger war die Möglichkeit bei der Kleinkunst. Goethe sammelte Gemmen. Die Zahl der 58 antiken oder der Antike nachgeahmten Gemmen ist gering im Vergleich mit der Zahl der Abgüsse. Am Ende seines Lebens hatte er etwa 4500 Gemmenabgüsse beieinander. Er studierte an ihnen nicht nur Motive und Charakter der antiken Kleinkunst, sondern versuchte, aus ihnen Motive verlorener antiker Großplastik zu rekonstruieren. Wenn in der Klassischen Walpurgisnacht Sphinxe und Greifen vorkommen, sind sie bei Goethe, dem

Augenmenschen, nicht nur literarischer Herkunft. Unter den Tausenden seiner Gemmenabgüsse und unter den Zeichnungen und Kupferstichen von Pompeji, die er sammelte, sah er häufig diese Motive, und so waren sie ihm geläufig und gelangten deswegen in die Dichtung. – An die Sammlung der Gemmen schließt sich eine reiche Sammlung von Münzen und Medaillen.

Die Gemälde, die Goethe besaß, reichen zeitlich von dem Sieneser „Schmerzensmann" aus dem 14. Jahrhundert, den er 1824 kaufte, bis zu Werken seiner Gegenwart. Das Urbino-Zimmer wurde beherrscht durch das Bildnis des Herzogs von Urbino, das er 1790 erwarb und in dem er wohl mehr die nachwirkende Renaissance als den beginnenden Stil des Barock sah. Zwischen die Ölgemälde hing Goethe Kopien. In dem Juno-Zimmer (in das erst 1823 der Abguß der Juno Ludovisi kam) hing seit 1797 Heinrich Meyers Kopie der Aldobrandinischen Hochzeit; auch andere Kopien (in Öl- oder Wasserfarben) – nach Raffael, Tizian, Annibale Carracci – schmückten die Wände der Gesellschaftsräume. Goethe scheute sich nicht, Originale, Kopien und Reproduktionsstiche benachbart zu hängen, ebenso wie er Gipsabgüsse in die Nähe von Originalplastiken stellte.

Die Stiche und Zeichnungen lagen in großen Sammelmappen. Goethe ließ sich dafür von seinem Tischler Mappenschränke nach eigenen Entwürfen herstellen, aus einfachem Tannenholz, schlicht grau gestrichen. Es gab wohl keinen Raum außer dem Schlafzimmer und Christianes Räumen, in dem nicht mindestens ein Sammlungsschrank stand.

Unter den 2512 Handzeichnungen befinden sich auch Blätter von Rembrandt, Rubens, Guercino u. a., unter den graphischen Blättern sind reiche Spezialsammlungen von Schongauer, Dürer und Elsheimer. Die größte Zahl aber machen die Reproduktionsstiche und Kopien aus. Es kam bei diesen darauf an, nicht kleine Umrißstiche zu erwerben, sondern große Blätter, die in guter Technik alle Abtönungen von Hell und Dunkel wiedergeben. Man muß sich vergegenwärtigen, daß Weimar wenig Kunst besaß außer Cranachs Altargemälde in der Stadtkirche, den Gemälden in den herzoglichen Räumen und den Kupferstichen in der Bibliothek. Und Jena, wo er oft wochen- und monatelang war, bot in dieser Beziehung noch viel weniger. Es gab dort nur Bücher und naturwissenschaftliche Sammlungen. Als Goethe im Sommer 1809 sieben Wochen in Jena war, ließ er sich durch Heinrich Meyer eine neugekaufte Mappe mit Reproduktionsstichen nach Raffael, Michelangelo und Giulio Romano senden und schrieb dann: „Ich habe erst an diesen Dingen gesehen, wieviel man vermißt, wenn man nicht immer etwas Vorzügliches in seiner Umgebung hat." (11. Aug. 1809)

Der liebevolle Enthusiasmus des Kenners und Sammlers und der scharfe Blick des Kunsthistorikers sind bei Goethe vereinigt. Den Aufsatz „Cäsars Triumphzug, gemalt von Mantegna" (HA 12, S. 182–202) konnte er nur schreiben, weil er Andrea Andreanis Holzschnitte dieser Bilder vollständig besaß und darüber hinaus mehrere graphische Blätter Mantegnas in seiner Sammlung hatte. Der Aufsatz „Rembrandt als Denker" geht aus von dem Blatt „Der barmherzige Samariter" in seiner Sammlung. – Goethes letzter kunsthistorischer Aufsatz, „Landschaftliche Malerei", 1829 skizziert, ist eine großartige Zusammenschau der Entwicklung der europäischen Landschaftsauffassung in der Malerei vom Mittelalter bis zu den Veduten des 18. Jahrhunderts. Brueghel, Paul Bril, Tizian, Rubens, Claude Lorrain, Poussin u. a. werden genannt. Wie konnte Goethe über dieses Thema schreiben, ohne in Paris, Amsterdam, Wien und anderen Kunststätten gewesen zu sein? Seine eigene Sammlung von Tausenden von graphischen Blättern bot so viel, daß er sich zutraute, die Grundtendenzen der Landschaftsauffassung hieraus erkennen zu können. Und das ist ihm gelungen. Freilich fehlt dem Aufsatz eins: jede Äußerung über die Farben, obgleich diese für die Landschaftsmalerei wichtig sind. Hier reichten die Materialien der Sammlung nicht aus.

Goethes intensive Beschäftigung mit den Sammlungen bewirkte, daß manche Motive aus ihnen anregend wurden für die Dichtungen seines Alters. Bekannt ist dies in bezug auf „Faust II". In dem Festaufzug am Kaiserhof erscheint eine Gruppe mit einem Elefanten. Das Motiv geht zurück auf eins der Blätter von Andreani nach Mantegnas „Triumphzug Cäsars", die Goethe seit 1820 besaß. Das Motiv des Erdbebengeistes (griechisch „Seismos") in der klassischen Walpurgisnacht, der mit geballten Fäusten die Erde hochstemmt, stammt aus Raffaels Bildteppich „Paulus im Gefängnis zu Philippi", von dem Goethe Nachstiche besaß, deren einer sogar die Beischrift „terrae motus" hat. In der Galatea-Szene der Klassischen Walpurgisnacht heißt es von den Doriden:

Sie werfen sich, anmutigster Gebärde,
Vom Wasserdrachen auf Neptunus' Pferde. (8140 f.)

Die „Wasserdrachen" sind Delphine, „Neptunus' Pferde" die Wasserkentauren; man sieht sie auf Raffaels Gemälde „Der Triumph Galateas", von dem Goethe zwei Nachstiche besaß. Für die Sphinxe, Greifen und Doriden könnte man viele Abbildungen unter Goethes Gemmenabgüssen und seinen Reproduktionen pompejanischer Bilder heranziehn.

Während die Kunstsammlungen mit Goethes Bedürfnis, immer etwas Schönes um sich zu haben, zusammenhängen, sind die naturwissenschaftlichen Sammlungen Arbeitsmaterial, freilich auch sie zum Teil nicht ohne ästhetischen Reiz, insbesondere die Mineralien mit ihren farbigen Kristallen. Die meisten Steine konnten nicht in dem bewohnten Stockwerk aufgehoben werden, sondern lagen in dem Pavillon nach dem Frauentor zu und in dem Gartenhaus an der Ackerwand.

Goethes geologische Schriften gehen oft von den Sammlungen aus und werten diese aus. Er stellte meist sogenannte „Suiten" zusammen, d. h. möglichst vollständige Sammlungen aller Gesteine einer Landschaft, etwa von Karlsbad, Marienbad, Thüringen oder dem Harz. In späteren Jahren bekam er viel geschenkt, so z. B. eine Sammlung sibirischer Gesteinsarten. Von Anbeginn sammelte er mit System und wollte die Phänomene möglichst umfassend vor Augen haben, um dann Folgerungen zu ziehen. Die Steinsammlung wuchs an auf 17800 Stück. Eine Spezialabteilung zeigt Steinarten, die für Skulpturen und Bauten benutzt worden sind, in schön geschliffenen Exemplaren. Sie leitet über zum Kunsthistorischen.

Auch die morphologischen Schriften bedienten sich der Sammlungen. So berichtet Goethe, wie er für seine Zwischenkiefer-Untersuchungen die Weimarer Sammlungen auswertete. Die Herbarien wurden ergänzt durch Zeichnungen, die er selbst machte oder herstellen ließ, um seine These von der Variabilität der Organe zu beweisen. Übrigens wurde auch die geologische Sammlung durch Zeichnungen ergänzt, denn man kann zwar Steine mitnehmen, nicht aber Formationen. Goethe zeichnete also oder ließ durch Georg Melchior Kraus zeichnen.

Über der Fülle der Kunst- und Naturgegenstände darf man aber nicht vergessen, daß der Mittelpunkt die Handschriften blieben, die Goethe selbst als „Archiv des Dichters und Schriftstellers" (HA 10, S. 532) bezeichnete. Um die „Ausgabe letzter Hand" zu schaffen, mußte dieser große Bestand geordnet und verzeichnet werden. Der Sekretär Kräuter brauchte dafür vier Monate. Da waren die vielen dichterischen Handschriften und Entwürfe, die noch nicht zu gedruckten Werken geworden waren. Sodann Schriften zur Naturwissenschaft, zur Kunst und Literatur, die ungedruckt waren. Ferner die ungeheure Masse der Briefe. Zwar hatte Goethe 1797 viele Briefe verbrannt, doch manches war übriggeblieben, seitdem sehr viel hinzugekommen, und im Alter bewahrte er fast alles sorgfältig auf. Goethes Briefe wurden oft im Konzept des Schreibers aufgehoben, während eine Reinschrift abging. Eingegangene Briefe wurden in zeitlicher Folge in Heften zusammengefaßt. Er hat sie mitunter für seine Schriften benutzt. So hat er im Jahre 1821, um für die „Campagne in Frankreich" den Abschnitt über Münster zu schreiben, die Briefe der Fürstin Gallitzin wieder gelesen und ihnen Einzelheiten entnommen. Die Briefe an Goethe sind nicht nur der Menge, sondern auch dem Gehalt nach unvergleichlich. Die besten Geister Deutschlands und Europas sind vertreten, und alle geben sich Mühe, ihr Bestes herauszukehren und Wesentliches zu sagen. Diese Fülle der Stimmen ist einzigartig. Keiner der anderen Großen der Zeit – Kant, Beethoven, Hegel, Hölderlin, Alexander v. Humboldt – ist nur annähernd ein solcher Mittelpunkt geistiger Strahlen von allen Seiten geworden. Es sind fast 20000 Briefe. Zu diesen kamen die vielen Manuskripte, die Goethe zugeschickt bekam und die er behalten durfte. Sie machen eine umfangreiche Sammlung zeitgenössischer Dichtungen und Übersetzungen aus. Das alles zusammen ergibt eine Sammlung, die in ihrer Fülle einzigartig war und ist.

Zu den eigenen Werken gehörten auch Goethes Zeichnungen. Sie waren im Gegensatz zu den Dichtungen nicht öffentlich bekannt. Er verschenkte wenige und sammelte sie in großen Mappen.

Diese Materialien waren stets um Goethe, sofern er in Weimar war; sie waren eine von ihm aufgebaute Umwelt, ganz aus seinen Interessen erwachsen und auf ihn und seine Arbeiten zugeschnitten. Man kann deswegen erkennen, wie seine Schriften, vor allem die des Alters, mit diesen Sammlungen – und zwar allen Sammlungen: Manuskripten, Büchern, Bildern, Steinen und Kunstwerken – zusammenhängen. Als Beispiel diene der Roman „Wilhelm Meisters Wanderjahre" (in der zweiten Fassung von 1829). Wilhelm wandert mit Felix durch das Gebirge und erläutert ihm den Glimmer („Katzengold"). Natürlich hatte Goethe Exemplare in seiner Sammlung. Dann zeigt Fitz einen spanischen Kreuzstein, den er aus einer Kirche entwendet hat. Goethe besaß auch einen spanischen Kreuzstein. Dann kommt man zu den säulenartigen Felsen von Basalt („Riesenschloß"). Goethe hatte Zeichnungen davon. In der Pädagogischen Provinz gibt es besondere Erziehungsmethoden, bei denen die Musik eine wichtige Rolle spielt.

Goethe benutzte hier handschriftliche und gedruckte Berichte über Fellenbergs Erziehungsinstitut, die er unter seinen Papieren hatte. Dann kommt die Rede auf den Zustand der Spinner und Weber in der Schweiz. Goethe verwendete dafür einen handschriftlichen Bericht von Heinrich Meyer, der seit langem unter seinen Papieren lag und den er für diesen Zweck heraussuchte. Wer Goethes Arbeitsweise nicht kennt, könnte bei manchem Motiv denken, Goethe habe es irgendwo in der Literatur gefunden und dann übernommen. Da ist z. B. das Motiv der Feldküche, welche der „Oheim“ bei seinen Fahrten über Land mit sich führt. Ein Zeitgenosse Goethes hatte ein Modell entworfen. Daraufhin wollte Carl August eine Feldküche haben. Er beauftragte Weimarer Handwerker, eine solche herzustellen, doch jemand mußte die Arbeit leiten und beaufsichtigen. Carl August bestimmte Goethe dazu. Dieser legte eine Mappe an „Acta die Feldfuhrküche betreffend“ und machte selbst Zeichnungen dazu (von denen heute zwei im Düsseldorfer Goethe-Museum sind). Als er in den „Wanderjahren“ die Feldküche erwähnte, hatte er also über dieses Thema unter seinen Papieren ausführliche Materialien.

Diese vielteilige Umwelt, die Goethe sich aufgebaut hatte und die stets weiter wuchs, bedurfte ständig seines ordnenden Geistes. Nachdem seine Sammeltätigkeit bekannt geworden war, bekam er viel geschenkt. Vieles kaufte er. Wenn Auktionen stattfanden, bekam er Kataloge zugesandt. Nach der Auktion bemühte er sich, einen Katalog mit Eintragung der erzielten Preise zu erhalten, um auf dem laufenden zu sein. Am liebsten ließ er sich von einem Händler Kupferstiche und Handzeichnungen zur Ansicht senden. Dann sah er die Sendung sorgfältig durch, sei es allein, sei es mit Meyer oder Coudray, wählte aus und sandte den Rest zurück. Sein Hauptlieferant war Weigel in Leipzig; die Korrespondenz mit diesem füllt im Goethe-Archiv einen Faszikel. Hatte Goethe etwas erworben, so war er besorgt, daß es sachgemäß behandelt würde. Sogar an Zelter, bei dem er sicher sein konnte, daß dieser sich Mühe geben würde, es dem großen Freunde recht zu machen, schrieb er: „Das allersorgfältigste Einpacken mir erbittend“ (3. Jan. 1832).

Manche Wünsche des Sammlers ließen sich nur schwer und nach langer Zeit erfüllen. Im Jahre 1775 sah Goethe auf der Schweizerreise ein Exemplar von Martin Schongauers Kupferstich „Der Tod Marias“ (HA 10, S. 143). Ihn ergriff die ausdruckstarke, in feinsten Linien gearbeitete Darstellung. Jahrzehntelang wünschte er, dieses Blatt zu besitzen. Endlich bot sich eine Gelegenheit bei einer Leipziger Versteigerung. Er beauftragte Weigel, für ihn zu bieten (7. Okt. 1819). Er hatte 38 Jahre gewartet – nun wurde dieser Wunsch erfüllt und er schrieb an Meyer: „Die Kupfer machen mir viel Freude. Es ist immer wie Öl in die Lebenslampe..." (18. Okt. 1819). Goethe hat viel Geld ausgegeben für seine Sammlungen, er bekam aber auch viel geschenkt. Daß er ein berühmter Dichter war, kam den Sammlungen sehr zustatten. Doch da, wo er echten Sammlergeist bei anderen sah, hat er auch wieder verschenkt. Als 1825 der Geologe Grüner, ein Forscher und Sammler, zum fünfzigjährigen Regierungsjubiläum Carl Augusts nach Weimar kam, ließ Goethe ihm einen Tisch zwischen die Mineraliensammlung stellen und sagte: „Nun können Sie von meinen Dubletten einige Ihrer Lücken ergänzen". Goethe besaß viele Dubletten. Grüner war von der Sammlung so entzückt, daß er gar nicht mehr an den Festakt dachte, bis Goethe ihn mit sanfter Gewalt drängte, sich umzuziehn, und ihn dann in seinen Wagen setzte, der ihn nach dem Schloß fuhr.

Die Sammlungen erforderten Einordnen der Neuerwerbungen, mitunter Umgruppierung des Vorhandenen, Anschaffung von Mappen, Schränken usw. Goethe hat sich oft damit beschäftigt. Seine Tagebücher enthalten viele Eintragungen wie: 26. Sept. 1817. „Kam die Kupferstich-Sendung von Leipzig an; ward ausgepackt und geordnet. Ingleichen die Schränke im blauen Zimmer gewechselt und möglichste Ordnung und Raum gemacht... Abends mit August die Kupfer durchgesehen und besprochen". – 27. Sept. „Einige Kupfer und Zeichnungen einrangiert." usw.

Es war nicht nur eine Ordnung im Kleinen nötig, z. B. der Kupferstiche nach Jahrhunderten, Ländern und Meistern, sondern auch im Großen: Die Bücher, die eigenen Handschriften, die graphische Sammlung, die Steinsammlung und alles andere mußte seinen Platz haben, zugleich aber sollte das Haus wohnlich bleiben und Goethes ästhetischen Bedürfnissen entsprechen. Das Arbeitszimmer blieb ohne Sammlungsgegenstände, mit Ausnahme einiger Manuskripte und Handbücher. Die Bibliothek daneben war reines Büchermagazin. Die Gesellschaftsräume (Gelber Saal, Juno-Zimmer, Urbino-Zimmer) enthielten besonders gute oder historisch wichtige Bilder und Gipsabgüsse sowie einige Sammlungsschränke, doch so, daß diese nicht zuviel Raum beanspruchten. Dagegen wurde die östliche Gruppe der vorderen Räume nach Christianes Tode immer mehr zu einer Art Museum, in welchem die Bestände recht gedrängt standen und die Bilder an den Wänden sehr nah beieinander hingen. Das sogenannte „Büstenzim

mer" war schon zu Goethes Zeit ein Raum, der viele Gipsabgüsse
aufnahm, allerdings befanden sich dort auch Manuskripte (die heute
im Archiv sind). Es gibt darüber vielerlei Notizen in den Tagebüchern.
Goethes Tagebücher erwähnen auch oft, daß er seine Sammlungen
anderen zeigte, und diese Notizen werden für uns ergänzt durch die
Aufzeichnungen der Besucher. Rochlitz schreibt über seinen Besuch
im Dezember 1813: „Handzeichnungen guter alter und neuer Meister
und Münzen waren es vornehmlich, womit wir uns unterhielten und
worüber wir zuweilen wacker stritten. Auch hier sehe ich: was weiß
der Mann nicht alles! Und wie weiß er, was andern wohl auch bekannt,
durch Weitausgreifen und Zusammenstellen des Entfernten neu und
lehrreicher und schön anregend zu machen." Goethe ließ seine Besucher merken, wie sehr er seine Kunstgegenstände liebte. Kanzler
v. Müller schreibt in seinem Tagebuch (1. Jan. 1832), Goethe habe ihm
und Coudray italienische Renaissance-Medaillen „mit Feierlichkeit"
gezeigt. Liest man die Aufzeichnungen der Besucher, so bemerkt man,
daß diese oft mehr von Goethes Art der Interpretation und von seiner
Begeisterung für die Werke entzückt waren als von den Werken selbst.
– Diejenigen, welche Goethe im Alter nahestanden und zu den Haus-
freunden gehörten, haben die Sammlungen besonders oft gesehen,
Eckermann und Coudray die graphischen Blätter, Soret die Mineralien.

In die Zeit von Goethes Leben fällt nicht nur der Wandel von
privaten zu öffentlichen Sammlungen, sondern auch die Wendung von
antiquarischen Notizen alten Stils zur neuen Form der Interpretation.
Sie fing bei Winckelmann an; Goethe führte sie fort in seinen Schriften
zur Kunst und Literatur. Es handelte sich nicht mehr darum, auf
Grund des üblichen Schemas (Erfindung, Komposition, Zeichnung,
Kolorit) ein Urteil zu geben, sondern Werke in ihrem inneren Zusammenhang zu erkennen. So wie Goethe das in der Literatur für Shake-
speares „Hamlet" oder Hebels „Alemannische Gedichte" tat, so in der
Kunst für Werke von Mantegna, Rembrandt, Ruisdael und anderen.
Diese Art der Interpretation entstand im Zusammenhang mit Gesprächen, um andere auf etwas aufmerksam zu machen. Deswegen wird die
„Hamlet"-Analyse in den „Lehrjahren" als Gespräch gegeben; auch
die Novelle „Der Sammler und die Seinigen" hat zum Teil die Form des
Gesprächs. Das haben dann die Romantiker aufgegriffen und weiter-
geführt. Für den Zusammenhang zwischen Goethes Kunstschriften
und seinen Gesprächen (an Hand der Sammlungen) geben die Tagebücher, Briefe und Gesprächsaufzeichnungen Quellenmaterial. Eine

Sammlung ist nichts ohne Auslegung, d. h. ohne Verstehen. Anderseits: Die Bereitschaft zum Verstehen ist nichts ohne das Objekt. In seinem Aufsatz über „gegenständliches Denken" sagt Goethe: „Jeder neue Gegenstand, wohl beschaut, schließt ein neues Organ in uns auf." (HA 13, S. 38)

Das Sammeln gehörte bei Goethe in den Haushalt seiner inneren und äußeren Lebensführung. Das reiche Material für seine umfangreichen Arbeitsgebiete ließ sich nicht nebenher zusammentragen. Es war ein Teil seiner Arbeit. Dies gab ihm das Gefühl, für weite Gebiete des geistigen Reiches die Hilfsmittel zur Verfügung zu haben. Er wollte nicht nur das Verständnis des Einzelwerks, er wollte auch die Überschau: die Kunst und Literatur als Geschichte in großen Zusammenhängen; das Pflanzenreich als ein System, ebenso das Mineralreich. Deswegen brauchte er die Fülle der Objekte und die Ordnung der Einteilung. Die große Objektivität, deren es hier bedarf, hielt seiner starken Subjektivität die Waage. Die Ausgewogenheit dieser Polarität gehört wohl zu dem, was seine Genialität ausmacht.

Er sammelte bereits in seinen Mannesjahren – so daß Schiller sich etwas befremdet über das „Steckenpferd", die Medaillensammlung, äußert (an Wilh. v. Wolzogen 7. Febr. 1804) –, doch die eigentliche Zeit der Sammlerfreuden war das Alter. In dieser Epoche lebte er intensiver mit den Sammlungen und widmete ihnen mehr Zeit. Deswegen finden sich in seinen Briefen, je älter er wird, desto mehr Äußerungen über seine Sammlungen.

Und er spricht nicht nur über einzelne Stücke, sondern auch darüber, was sie ihm ganz allgemein bedeuten. Deswegen an Heinrich Meyer, nach dem Erwerb von Kupferstichen: „Öl in die Lebenslampe"... (18. Okt. 1819) Es gab in diesem Dasein viel Schmerz und viel innere Not, doch nur selten darüber ein Wort wie „Wir leiden alle am Leben" (WA 36, S. 363) oder im Gespräch mit Soret: „Mon cher ami, il faut apprendre à s'arranger avec la vie, pour pouvoir la supporter et ne pas se laisser abattre par elle." (5. März 1830) In der Marienbader „Elegie", die bis zu den düsteren Worten „Mir ist das All, ich bin mir selbst verloren" geht, erscheint als Gegengewicht die Natur in ihrer Schönheit: „Ist denn die Welt nicht übrig? Felsenwände, / Sind sie nicht mehr gekrönt von heiligen Schatten?" In anderen Fällen rettet Goethe sich in die Arbeit. Nach dem Tode seines Sohnes schreibt er an Zelter: „Hier nun allein kann der große Begriff der Pflicht uns aufrecht erhalten" (21. Nov. 1830) Auch die Beschäftigung mit schönen und bedeutenden Dingen aus den Sammlungen gehörte zu der Tagseite des

Lebens. Einige Wochen nach dem Tode Christianes schreibt er an Wilhelm v. Humboldt: „Senden [Sie] mir wieder einmal etwas Bedeutendes von Handschriften. Mit alten hergebrachten Liebhabereien schmeichelt man seinem Schmerz." (26. Juni 1816) Sie konnten ihn nicht verdrängen, nicht betäuben; vielleicht sollten sie es auch nicht; doch sie konnten ihm „schmeicheln" und dadurch ein wenig mitwirken zu dem Gleichgewicht innen und außen.

Die Beschäftigung mit den Sammlungen konnte in den Augen der anderen leicht wie Egoismus aussehen. Doch Goethe hat für die Sammlungen des Herzogtums nicht weniger getan als für seine eigenen. Und auch das, was er für seinen persönlichen Lebenskreis tat, war letztlich von Nutzen für Weimar. Wie sehr diese beiden Bereiche zusammenhingen, hatte sich gezeigt, als er 1786 den Herzog gebeten hatte, ihn zwei Jahre lang von allen Beamtenpflichten zu befreien, und nach Italien gefahren war. Er hatte sich wiedergefunden als Dichter, hatte die achtbändige Ausgabe seiner „Schriften" geschaffen, und dann war Weimar zur großen Literaturstadt geworden, die es vorher nicht gewesen war, solange Goethe seine Kräfte in amtlicher Tätigkeit erschöpfte. Zurückgekehrt behielt er die Aufsicht über die öffentlichen Sammlungen, und seine – an Hand der Privatsammlung erworbene – Vertrautheit mit den Einzelproblemen kam letzten Endes den Einrichtungen des Staates wieder zugute. Er dachte daran, seine eigenen Sammlungen in einen Weimarer Gesamtkatalog einzubeziehn. Und er hoffte, daß nach seinem Tode aus ihnen öffentliche Sammlungen würden.

Goethes Sorge für die herzoglichen Sammlungen in Weimar und Jena hat ihren Niederschlag gefunden in dem Briefwechsel mit Carl August und mit dem Weimarischen Oberkammerpräsidenten Christian Gottlob v. Voigt. Ein großer Teil dieser vielen Briefe handelt über die Weimarer Bibliothek, die Edelsteinsammlung, Gemmensammlung, das Münzkabinett, die Kartensammlung, Kupferstichsammlung, Medaillensammlung usw.; sodann über die Jenaer Sammlungen, insbesondere: Anatomisches Kabinett, Botanische Sammlung, Chemisches Institut, Mineralienkabinett, Münzsammlung, Naturalienkabinette, Physikalisches Kabinett, Tierärztliche Sammlung, Universitätsbibliothek usw. In Goethes Lebensführung gehörte auch dies: das Wirken für öffentliche Institute, die dafür nötigen Besprechungen, das Betrachten des Erreichten, das Planen des Wünschenswerten. Es galt dabei, Maß zu halten, mit wenigen Mitteln etwas Gutes zu erreichen, mit anderen Menschen sich zu arrangieren und dabei Klarheit, Sicherheit, Geduld und Zähigkeit zu behalten. Goethe wollte hier immer wieder seine Kräfte erproben und Nützliches schaffen, auch auf diese Weise seinem Dasein Sinn gebend. „Funktion, recht begriffen, ist das Dasein in Tätigkeit gedacht" (HA 13, S. 241)

Eine herzogliche Sammlung, um welche Goethe sich in seinen späteren Jahren besonders bemüht hat, ist die Gemäldegalerie. Der Herzog besaß manche Gemälde im Schloß, andere befanden sich in der Bibliothek und in der Zeichenschule, wo sie als Vorbilder dienten. Carl August besaß ein Porträt von Dürer, eine schöne Landschaft von Ruisdael, mehrere Bilder von Caspar David Friedrich und vieles andere. Er hatte auf Goethes Rat mehrere Werke aus dem Nachlaß von Jacob Asmus Carstens gekauft. Aus diesen Beständen wurde im „Jägerhaus" ein Museum zusammengestellt, 5 Räume mit Gemälden, Zeichnungen und Plastiken. Auf diese Weise hatte das kleine Weimar seine Gemäldegalerie, 1824. In Berlin wurde die Gemäldegalerie erst 1830 eröffnet. Daß man in Weimar die Betreuung der Sammlung einer Frau anvertraute, der Malerin Luise Seidler, war für jene Zeit recht fortschrittlich. Goethes „Tag- und Jahreshefte" reichen nur bis zum Jahre 1822. Er hat also über das Museum nichts geschrieben, und deswegen ist seine umfangreiche Tätigkeit für dieses Gebiet von seinen späteren Biographen immer übersehen worden.

Goethes intensive Beschäftigung mit Sammlungen hatte zur Folge, daß auch in seinen Schriften häufig von Sammlungen die Rede ist. In „Dichtung und Wahrheit", dem Buch des Widerspiels von Ich und Umwelt unter dem Gesichtspunkt der Bildung, bespricht Goethe die Sammlungen des Vaters, der Frankfurter Patrizier, der Leipziger Kaufleute, die Dresdener Galerie, den Mannheimer Antikensaal und die Düsseldorfer Galerie. Seine Schilderung der Reise nach Italien behandelt natürlich viele Sammlungen wie die im Vatikan und das Kapitolinische Museum in Rom sowie die Sammlungen in Neapel.

Unter den Werken Goethes gibt es eins, in welchem die Sammlungen das Hauptthema bilden; es ist die Schrift „Kunst und Altertum am Rhein und Main", 1816 in der Zeitschrift „Über Kunst und Altertum" erschienen. Der Titel ist, wie Goethe am Ende selbst sagt, nicht genau. Über Bauten wird fast nichts berichtet mit Ausnahme des Kölner Doms; berichtet wird über Sammlungen. Da aber geht Goethe über das Gebiet der Kunst hinaus. Alles das, was ihn im Bereich der „Oberaufsicht" in Sachsen-Weimar anging, beobachtet er hier in den westlichen Gegenden. Und so berichtet er über die Sammlung Wallraf in Köln (Gemälde, römische Altertümer), die Sammlung Pick in Bonn

(Gemälde, Kupferstiche, Münzen), die Bibliothek in Mainz mit ihrer Sammlung römischer Ausgrabungen und die Naturaliensammlungen in Biebrich und in Wiesbaden; auf seine Heimatstadt Frankfurt kommend, schreibt er über die Anfänge eines Museums, über die Sammlung Städel, die soeben als Stiftung zu öffentlichem Besitz wird, und die große naturwissenschaftliche Sammlung Senckenberg. Zum Schluß folgt Heidelberg mit der Sammlung Boisserée, an deren Besprechung Goethe eine allgemeine Würdigung der alten niederländischen und niederrheinischen Malerei anknüpft.

Durch dieses ganze Werk ziehen sich einige Grundgedanken: Sammlungen werden meist von Privatleuten zusammengetragen, sie sind späterhin aber am besten in öffentlichem Besitz untergebracht. Nur hier erfüllen sie ihre eigentliche Funktion. Die rechtliche Form dabei sollte Nebensache sein, Hauptsache die öffentliche Benutzbarkeit. Wenn private Besitzer nicht verkaufen wollen, sollten sie ihren Besitz als Dauerleihgabe einem Museum zur Verfügung stellen (WA 34, I, S. 107). Sammlungen sollten nach Sachgebieten gegliedert sein. Wo viele kleine Sammlungen bestehen, sollte man sie in wenige große zusammenlegen und planmäßig ausbauen. Man sollte dem Publikum helfen, Sammlungen richtig zu sehen, man sollte vor den Werken „sich belehrend unterhalten" können (WA 34, I, S. 118), und die Direktion sollte für die Besucher gute Kataloge herstellen, möglichst „in historischer Folge" (WA 34, I, S. 110).

Oft also geht Goethe von der Beschreibung der Sammlungen über zu Vorschlägen. Er sagt den Kölnern, Bonnern und Frankfurtern, was sie tun könnten, tun müßten. Hätte es irgend jemand anders gesagt, sie hätten vielleicht verärgert sein können bei so zahlreichen Ratschlägen. Doch diese werden hier mit so viel Sachkenntnis gegeben, mit so viel Freude an dem Vorhandenen, mit so viel Anerkennung des Geleisteten, mit so viel persönlicher Liebenswürdigkeit, daß die Sammler wohl nur Freude daran haben konnten. Und schließlich war es ja nicht irgendwer, der dies sagte, sondern es war Goethe; sein öffentlich bekundetes Interesse machte ihn zum Bundesgenossen derer, die für diese Sammlungen arbeiteten.

Da das Sammeln Goethe besonders in seinem Alter beschäftigte und erfreute, kommen Sammlungen vor allem in seinem Altersroman vor, in „Wilhelm Meisters Wanderjahre". Hier gibt es eine Gestalt, die einfach „der Sammler" heißt, und das Wesentliche ist: Sie wird in die großen Zusammenhänge eingeordnet. Da sind die nach Amerika fahrenden Auswanderer mit Lenardo, dem Organisator, und Montan, dem Naturwissenschaftler, da sind die Familien mit Heimindustrie in der Schweiz, da gibt es die Pädagogen und die Schüler der „Pädagogischen Provinz" und noch andere Gruppen wie die Umsiedler in Deutschland, die Odoard leitet. Zwischen den vielen Tätigen ist der Sammler der Betrachtende, zwischen denen, die der Gegenwart leben, ist er jemand, der Vergangenheit und Gegenwart im Zusammenhang sieht. Er sammelt nicht nur für sich, sondern er ist auch Berater anderer; er nützt einem Kreise von Kennern. Und er erzählt Wilhelm, als dieser ihn aufsucht, ein kleines, aber typisches Erlebnis: Seit seiner Jugend besaß er ein elfenbeinernes Kruzifix, doch fehlten die Arme. Dreißig Jahre später entdeckte er diese und konnte sie erwerben – Symbol dafür, daß mit der Zeit nicht nur vieles zerstört wird, sondern daß da, wo der rechte Geist waltet, auch wieder Zerstörtes erhalten und vereinigt wird.

In dieser Gestalt des Sammlers steckt ein Stückchen von Goethe, aber nur ein Stückchen. Etwas von Goethe lebt auch in Lenardo, in Odoard und erst recht in Montan. Die „Wanderjahre" sind nicht nur ein Bild verschiedener menschlicher Lebensformen, die alle in ein Verhältnis gebracht werden, sondern sie sind auch ein Bild ihres Verfassers, der sich auseinandergefaltet hat in diese verschiedenen Gestalten seiner Dichtung. Und in diese Reihe gehört auch der Sammler. Die „Wanderjahre" sind insofern ein besonders aufschlußreiches Werk, um Goethe kennenzulernen, denn in der Vielfalt dessen, was sie enthalten, verkörpern sie eine Eigenschaft, die für Goethe bezeichnend ist, seine Fähigkeit, vieles zu vereinigen.

Das Besondere der Goetheschen Persönlichkeit ist immer die Weite. Shakespeare ist wohl ein größerer Dramatiker, doch er ist fast nur Dramatiker. Alexander v. Humboldt ist ein größerer Naturforscher, doch er ist nur Naturforscher. Goethe dagegen: Naturforscher, Sammler, Verwaltungsmann, Schriftsteller in allen Gattungen und dazu ein Mensch des geselligen Lebens, der Hunderte von Menschen kennt und zu ihnen Beziehungen hat. Es hat auch andere damals gegeben, die Mineralien sammelten – aber keiner von ihnen hat zugleich lyrische Gedichte gemacht. Es hat auch andere damals gegeben, die Gedichte machten – aber keiner sammelte zugleich Steine, Kupferstiche und Autographen. Es wäre nicht möglich, sich Hölderlin als Sammler von Zeichnungen und Gipsabgüssen zu denken, ihn, der nie im Leben eine eigene Wohnung besaß und dessen ganzes Dasein in einer einzigen Dimension lag, hier allerdings auch in letzte Tiefen drang. Hölderlin zerbrach daran. Goethe zerbrach nicht trotz aller inneren Gefährdung – vielleicht eben wegen dieser Verbindung verschiedener Lebensstränge, Daseinsformen. Dieses Zugleich ist das Besondere bei Goethe. Oberflächlich gesehen könnte es so erscheinen, als vereine er drei Leben, die nur gebündelt sind: das des Naturforschers, des Sammlers und des Schriftstellers. Tieferem Blick zeigt sich aber, daß dies alles aus einer Mitte erwächst und daß die Tätigkeit als Schriftsteller vielfach an die Arbeit als Naturbetrachter und als Sammler anknüpft.

Goethes Weite – das ist nicht nur die Verbindung verschiedener Interessengebiete, sondern auch die Verbindung verschiedener Seelenlagen und Haltungen. Um ein lyrisches Gedicht zu machen oder etwas zu schreiben wie den „Faust"-Schluß und die Makarien-Kapitel der „Wanderjahre", bedurfte es der Intuition des Augenblicks und des Sich-Lösens vom Alltag, um ganz frei zu sein für die innere Vision und ihre Gestaltung. Goethe war zu dieser Haltung von Jugend an fähig. Das Besondere ist, daß er sie noch im hohen Alter hatte. Seine Handschrift ist dann flüchtig, schräg, von leidenschaftlichem Schwung. Goethe konnte aber auch der Gesellige sein, der in Weimar oder Karlsbad viele Gäste sah und mit Sicherheit diesen Kreis zusammenhielt und formte. Seine Stammbuch-Eintragungen sind dann graphisch formschön, charaktervoll, doch im Rahmen seiner Eigenart dem Konventionellen angenähert. Er konnte auch Sammler sein, der bedächtig Stück für Stück zur Hand nahm, klassifizierte und beschriftete. Und dann ist seine Handschrift genau, steil und malend. Zu dieser Sammlertätigkeit gehörten Exaktheit, Übersicht und System – ganz andere geistige Kräfte als die des Dichters. Dazu gehörte auch Gedächtnis. Goethe hat zu vielen Gaben auch die eines guten Gedächtnisses gehabt. Er kannte Tausende seiner Steine und jedes Blatt seiner Kupferstiche und Zeichnungen. Dieses Kennen, Ordnen, Bewahren scheint der dichterischen Haltung fast entgegengesetzt. Doch wer in die Einzelheiten des reichen biographischen Materials eindringt, wird bald gewahr, daß dieses Sammlertum bei Goethe gar nicht fern von seiner Schriftstellerei steht. Andere Schriftsteller konzipieren ein Werk, arbeiten es aus, lassen es drucken und machen sich dann an das nächste. Goethe dagegen hat inmitten eines Tagespensums eine Idee, schreibt ein paar Stichworte nieder und arbeitet dann wieder das, was die zeitweilig vorgenommene Arbeit ist. Später beschäftigt ihn jene Idee wieder, er nimmt die Stichworte auf, ergänzt, erweitert und legt sie wieder weg, um anderes zu tun. Für manche Werke wie die „Wanderjahre" und die letzten Teile von „Dichtung und Wahrheit" entstehen im Laufe der Jahre Berge von Materialien und Entwürfen. Diese müssen aufgehoben werden in einem Zustand, der sofortiges Weiterarbeiten zu einem späteren Zeitpunkt ermöglicht. Wieder ist es das Ordnen im Großen und im Kleinen, das Goethe hier braucht, wie bei seinen Sammlungen. Und dann, wenn eine solche wohlgeordnete Fülle da ist, dann kommt eines Tages auch die innere Bereitschaft, um daraus die fertige Darstellung zu machen. Kein anderer deutscher Schriftsteller hat solche Massen von Materialien gehäuft und gebraucht (wohl auch Jean Paul nicht). Goethe empfand sie nicht als Last, sondern als Grundlage, als Ansporn zur Weiterarbeit. Das hängt mit seiner Arbeitsweise und inneren Produktivität zusammen: Er schrieb Dichtungen, Autobiographisches, Naturwissenschaftliches durcheinander, dahinein schoben sich Tagesaufgaben wie die umfangreiche Korrespondenz und die amtlichen Geschäfte. Das ließ sich nicht bewältigen ohne Überschau, Ordnung und Genauigkeit, d. h. ohne Sammlergeist. Man kann also vielleicht sagen: Goethe vereint viele innere Haltungen, die des spontanen Lyrikers wie die des sorgfältigen Sammlers. Und für seine Schriftstellerei, zumal die des Alters, war sein Sammlergeist von Vorteil, weil er gern aus Vorgeformtem arbeitete und weil er Geduld hatte, Werke jahre-, ja sogar jahrzehntelang wachsen zu lassen. Er hätte sich an manche seiner Alterswerke gar nicht herangemacht, wenn er nicht umfangreiche wohlgeordnete Vorarbeiten dagehabt hätte.

Sammlungen können ein schöner Besitz sein, aber auch eine Last. Wenn etwas zur Last wird, dann mangelt die Kraft. Goethe wurden seine großen Bestände, die soviel wie mehrere wissenschaftliche Institute umfaßten, nie zur Last – ein Zeichen seiner Kraft. Doch er wußte, daß sein Leben zu Ende gehen werde und daß seine Erben diese Kraft nicht hätten. Was sollte aus den Sammlungen werden?

Goethe hatte an vielen Beispielen gesehen und es oft ausgesprochen, daß gute Privatsammlungen am sinnvollsten in öffentlichen Besitz übergehen. In Frankfurt hatte Johann Christian Senckenberg, ein Witwer ohne Kinder, mit Einwilligung seines Bruders Heinrich Christian seine naturwissenschaftliche Sammlung der Stadt als Stiftung übermacht. Ähnlich tat es Johann Friedrich Städel; er war Junggeselle, ohne nähere Verwandte, und machte aus seinem Kunstbesitz eine Stiftung. Anders war die Lage der Brüder Boisserée. Sie hatten zwar eine herrliche Sammlung zusammengebracht und vieles vor dem Verfall gerettet, doch sie hatten sich dabei finanziell verausgabt, hatten nicht die Mittel, um eine Privatgalerie auf die Dauer zu finanzieren, und Sulpiz Boisserée hatte vor zu heiraten. Sie verkauften ihre Sammlung 1827 an den bayerischen König. Nach Goethes Meinung war in allen diesen Fällen die Hauptsache, daß die Bestände beieinanderblieben und öffentlich zugänglich wurden. Er lobte Senckenberg und Städel, aber auch die Art, wie man es in Prag machte, wo die Privatbesitzer ihre Sammlungsgegenstände als Dauerleihgaben in das Böhmische Museum gaben (WA 34, I S. 107). Von der Wallrafschen Sammlung sagt er: „Wünschenswert wär' es daher, wenn man baldmöglichst dem gemeinen Wesen diesen Schatz zueignete..." (WA 34, I, S. 77) Goethe benutzt hier die zu seiner Zeit schon abkommende Wendung „gemeines Wesen", die alle, welche in ihrer Jugend Latein gelernt hatten, als Übersetzung von „res publica" kannten. Und dann folgt noch einmal ein wesentliches Wort über das Verhältnis von Betrachter und Sammlungsgegenstand: „Das Vortreffliche zu kennen und zu lieben, was man nicht besitzt noch zu besitzen hofft, ist eigentlich der größte Vorzug des gebildeten Menschen, da der rohere, selbstige im Besitz oft nur ein Surrogat für Einsicht und Liebe, die ihm abgehen, zu erwerben sucht." (WA 34, I, S. 118 f.) Wieder wird hier betont, auf was es ankommt: Einsicht und Liebe. Liebe ohne Besitz ist Geist, ist Bildung. Damit ist die tiefere Begründung für den Wandel von privaten zu öffentlichen Sammlungen gegeben. Goethe zitiert deswegen einen Satz des zeitgenössischen Historikers A. H. L. Heeren: „Die Werke der Kunst gehören nicht einzelnen, sie gehören der gebildeten Menschheit an." (WA 49,2 S. 112)

Mit dem allem ist im Grunde gesagt, was Goethe für seine eigenen Sammlungen als das Wünschenswerteste ansah. Er konnte es aber nicht machen wie der kinderlose Witwer Senckenberg oder der Junggeselle Städel, die ohne Erben waren. Er konnte nicht seine Sammlungen und sein Haus dem Lande schenken und sein Vermögen zur Pflege der Sammlungen bestimmen. Dann wäre für die Schwiegertochter Ottilie und die drei Enkelkinder nichts geblieben. Er hatte viel Geld für seine Sammlungen ausgegeben, er hatte es aber auch nur für sie ausgegeben. Er besaß weder Wertpapiere noch Schmuck, er hatte keinerlei Geld in einem geschäftlichen Unternehmen, und er besaß kein Grundstück außer dem am Frauenplan und dem Gartenhaus. Seinen Erben blieben zwar die Einnahmen aus seinen literarischen Werken; doch es war damals nicht damit zu rechnen, daß diese viel einbringen würden. Die Witwe Herders hatte aus der großen Werkausgabe nach Herders Tode wenig Nutzen gehabt und sich dann mühsam durchbringen müssen. Genau so war es der Witwe Schillers ergangen. In den Jahren vor Goethes Tode war keineswegs das vorauszusehn, was später eintrat: daß der Cotta-Verlag seit 1840 etwa alle zehn Jahre eine Goethe-Ausgabe herausbrachte. Im Gegenteil: Goethe rechnete mit keiner neuen Ausgabe, er fürchtete, daß nicht einmal die Ausgabe letzter Hand ganz abgesetzt werden würde. Er mußte deswegen darauf bedacht sein, den Enkeln etwas zu hinterlassen, was sie im Notfall so benutzen konnten, wie die Brüder Boisserée es mit ihren Sammlungen getan hatten. Er konnte nur darauf hinweisen, daß man die Sammlungen am besten als Ganzes verkaufen solle und daß es am sinnvollsten sei, sie in Weimar zu lassen.

Am 19. November 1830 – d. h. neun Tage nachdem er die Nachricht vom Tode seines Sohnes erhalten hatte – besprach Goethe mit dem Kanzler v. Müller, der Jurist war, daß er sein Testament machen wolle, und dieser notierte, was Goethe ihm über die Sammlungen sagte: „Meine Nachlassenschaft ist so kompliziert, so mannigfaltig, so bedeutsam, nicht bloß für meine Nachkommen, sondern auch für das ganze geistige Weimar, ja für ganz Deutschland, daß ich nicht Vorsicht und Umsicht genug anwenden kann, um jenen Vormündern die Verantwortlichkeit zu erleichtern und zu verhüten, daß durch eine rücksichtslose Anwendung der gewöhnlichen Regeln und gesetzlichen Bestimmungen großes Unheil angerichtet werde. Meine Manuskripte, meine Briefschaften, meine Sammlungen jeder Art sind der genausten Fürsorge wert. Nicht leicht wird jemals so vieles und so vielfaches an Besitztum interessantester Art bei einem einzigen Individuum zusammenkommen. Der Zufall, die gute Gesinnung meiner Mitlebenden, mein langes Leben haben mich ungewöhnlich begünstigt. Seit 60 Jahren habe ich jährlich wenigstens 100 Dukaten auf Ankauf von Merkwürdigkeiten gewendet, noch weit mehr habe ich geschenkt bekommen. Es wäre schade, wenn dies alles auseinander gestreut würde. Ich habe nicht nach Laune oder Willkür, sondern jedesmal mit Plan und Absicht zu meiner eignen folgerechten Bildung gesammelt und an jedem Stück meines Besitzes etwas gelernt. – In diesem Sinne möchte ich diese meine Sammlungen konserviert sehen."

Am 6. Januar 1831 war das Testament fertig und wurde unterzeichnet (WA 53, S. 328–334). Es besagt: Die drei Enkel sind Universalerben. Goethe schreibt, daß er es „für das zweckmäßigste halte, wenn sämtliche … Sammlungen, oder doch der größte Teil derselben, an eine öffentliche Anstalt, und zwar wo möglich an eine Weimarische, gegen eine billige Kapitalsumme oder Rente veräußert würden". Er fügt ausdrücklich hinzu, daß er die Sammlungen „nicht einzeln versteigert wünsche".

Die Enkel haben die Sammlungen nicht verkauft. Sie haben lieber bescheiden gelebt. Sie ließen einen guten Katalog derselben herstellen, der 1848/49 in 3 Bänden im Druck erschien. Und als 1885 der letzte der Enkel, Walther v. Goethe, starb, stand in seinem Testament: Das Haus am Frauenplan mit allen Sammlungen erbt der Staat Sachsen-Weimar, Goethes Handschriften erbt die Großherzogin Sophie. Dieses Testament des Enkels entsprach genau dem, was Goethe für seine Sammlungen als günstigste Zukunft vorgeschwebt hatte: Alles blieb beieinander, alles blieb in Weimar, und alles wurde öffentlicher Besitz. Auf diese Weise ist das, was Goethe als seine persönliche Welt um sich gefügt hatte, als Ganzes erhalten geblieben und ist heute der Forschung zugänglich.

Wir sehen heute Goethes Haus mit den Bildern, die er gesammelt hat, mit den Gipsabgüssen und den von ihm und Heinrich Meyer farbig getönten Wänden. Da das Haus jetzt für Besucher frei ist, konnten die Sammlungen nicht in den Zimmern bleiben, die damit vollgestopft waren. Neben dem Goethehaus befindet sich heute ein Museum, das nur Stücke aus seinen Sammlungen enthält, Gemälde, Zeichnungen, Landkarten, Tierskelette, optische Apparate, Gesteinsproben usw. Außerdem gibt es die Sammlung der Handschriften im Goethe- und Schiller-Archiv und die große graphische Sammlung Goethes, die zur Zeit im Schloß untergebracht ist. Im allgemeinen ist es schwer, einen Dichter museal darzustellen, denn seine Welt ist das geschriebene und gedruckte Wort. Man hilft sich dann – etwa bei Klopstock oder bei Hölderlin – mit Porträts, mit Kupferstichen der Städte, in denen der Dichter gelebt hat, mit Handschriften und – sofern vorhanden – Bühnenbildern. Bei Goethe braucht man nicht nach Materialien für ein Museum zu suchen, er hat sie in Fülle hinterlassen. Doch daraus ergibt sich nun ein anderes Problem. Ich ging einmal mit einem ausländischen Professor der deutschen Literaturgeschichte, der Goethes Werke kannte und mit seinen Studenten die Gedichte und die „Lehrjahre" besprochen hatte, durch das Goethehaus, und er bekannte offen: „Mir ist fast alles, was hier an den Wänden hängt, ganz fremd. Warum hat er das gesammelt? Wie hängt es mit ihm zusammen?" Das Goethehaus und das daneben gelegene Museum sind für den Betrachter keine leichte Aufgabe. Es bedarf bei den einzelnen Stücken oft einiger Mühe, um dahinter zu kommen, warum sie Goethe wertvoll waren. Man muß Bescheid wissen über seine Kunstinteressen, über den damaligen Stand der kunstgeschichtlichen Kenntnisse, über Goethes Forschungen zur Morphologie und zur Farbenlehre und vieles andere, z. B. auch über seinen Bekannten- und Freundeskreis, aus dem ihm so viel als Geschenk zukam. Es ist gut, dabei an Goethes Satz zu denken, er habe an jedem Stück seines Besitzes etwas gelernt. Oft hat Goethe die Antithese von Erhalten und Zerstören ausgesprochen. Zerstörung kommt von selbst, nur allzuviel, man sorge für Erhaltung, mit geschultem Geiste das Wertvolle erkennend. Goethes Vorliebe für Porträts, Bildnismedaillen, Autographen ist Erhalten von Leben; und letztlich ist jedes Kunstwerk die lebendige Objektivation des jeweiligen Geistes eines Künstlers. Beim Betrachten seiner Sammlungen erscheinen ihm Verstorbene wie lebend. Und eine Bemühung, das Leben durchzusetzen gegen Tod und Zerstörung, ist sein ganzes Werk. Schriften, Tagebücher, Briefe, Sammlungen, alles was er aufhob – es sind Dokumente, in denen seine Gestalt sich ausspricht. Wir kennen ihn daher so gut wie kaum einen anderen Menschen der Welt, seinen Geist und seinen Lebenskreis. Es ist, als habe er die Zeit zum Stehen gebracht. Er lebt durch sein Werk und durch seine Lebenszeugnisse, die so reichhaltig und so sprechend sind.

Er hat die Dinge an sich herangezogen, weil das in seiner Natur lag. Sie sind in ihrer Zusammenstellung ein Ausdruck seines Interessenkreises. Und dieser erstreckte sich nach allen Seiten breit um ihn. Goethe hat in den Altersgedichten gelegentlich das Bild eines großen alleinstehenden und nach allen Seiten entfalteten Eichbaums benutzt (HA 1, S. 375), um ein voll entwickeltes Individuum zu symbolisieren, das fest in seinem Erdreich wurzelt. Man kann das Bild auch auf ihn selbst anwenden. Sein Wurzelwerk erstreckt sich in einen weiten Umkreis und holt sich dort Kraft. Dieser Umkreis ist einerseits die Natur mit Gestein und Pflanze und Licht, anderseits die menschliche Kultur in Dichtung, bildender Kunst, Musik, Philosophie usw. – aus allen Zeiten, deren Überlieferung ihm zugänglich war.

Wenn Goethe nun diesen weiten Bereich brauchte, dann hatte er seine Sammlungen. Sie vertraten ihm die Natur schlechthin, Gestein, Pflanzen, Tierwelt usw. Und er hatte seine Bibliothek: Da stand, was seit Homer und den Psalmen Großes geschrieben war. Und er hatte seine Kunstsammlung: Sie vertrat ihm alle Epochen und Völker in dem, was sie an Beispielen bot. Goethe war groß im Nehmen. Er hat das selbst gewußt und hat es ausgesprochen. Wie hat er Spinoza gedankt und Linné, wie dankbar nennt er Shakespeare, Hafis, Raffael und Mozart!

Goethe hat seine Sammlungen unter den Gesichtspunkt der Bildung gestellt. Eine Sammlung ist etwas Konkretes. Bildung ist das Sosein des Menschen als ein Gewordenes. Goethe selbst ist der Typ eines im besten Sinne durch Überlieferung geformten Menschen. Die Kräfte, welche ihn bildeten – das Wechselspiel von Welt und Ich – lassen sich weitgehend überblicken. Und das macht die Betrachtung dieses Lebensganges und seiner Lebensumwelt wiederum für uns bereichernd und bildend.

Goethes lyrische Kurzgedichte
1771–1832

In dem umfangreichen lyrischen Werke Goethes gibt es eine Anzahl von Gedichten, die durch besonders knappe Form gekennzeichnet sind. In den „Chinesisch-deutschen Tages- und Jahreszeiten" steht – ohne Überschrift – folgendes kleines Herbst-Gedicht:

> Nun weiß man erst, was Rosenknospe sei,
> Jetzt, da die Rosenzeit vorbei;
> Ein Spätling noch am Stocke glänzt
> Und ganz allein die Blumenwelt ergänzt.[1]

Vier Zeilen. Das Motiv ist die Rosenknospe im Herbst, durch die allein die „Blumenwelt" ganz ist, d. h. ein Beispiel ihrer höchsten Schönheit hat. Doch das Gedicht spricht nicht nur von der Rose. Goethe rückt sie zwar in den Mittelpunkt, aber einleitend heißt es „Nun weiß man erst, was Rosenknospe sei..." Leicht und knapp und doch bedeutsam wird hier gesagt, wie der Mensch zu dem Naturgegenstand in einem Verhältnis steht: betrachtend, vergeistigend, wissend.

Ein Naturbild und die Wirkung der Natur auf den Menschen – und das in einer knappen Strophe –, das gibt es auch sonst in Goethes Lyrik. Das Gedicht „Über allen Gipfeln" beginnt mit einem Bild der Natur. Es endet mit dem Menschen: „Warte nur, balde..." Auch dieses Gedicht ist Kurzlyrik, eine einzige kleine Strophe, ein Bild der Natur und ein Klang des Herzens.

Kurze Gedichtformen gibt es bei Goethe auch anderswo, in den Sprüchen und in den Epigrammen. Doch die sind anderer Art als die lyrischen Kurzgedichte. Sie sind betrachtend, gedanklich, lehrhaft.

---

[1] Da die im folgenden aufgeführten Gedichte Goethes in jeder neueren großen Ausgabe leicht zu finden sind, ist auf die Nennung von Band- und Seitenzahl einer bestimmten Edition verzichtet, ebenso auf die Datierung der Gedichte sowie kommentierende Bemerkungen. Verwiesen sei auf die Bände 1 und 2 der „Hamburger Ausgabe". Viele dieser Gedichte sind erstmalig in den Gedichtbänden der Weimarer Ausgabe erschienen, zumal in Bd. 5, 1. Abt., 1893.

Liegt dir Gestern klar und offen,
Wirkst du heute kräftig frei,
Kannst auch auf ein Morgen hoffen,
Das nicht minder glücklich sei.

Das ist Rückschau und Vorschau, Vergleich und Folgerung, Ermutigung und Mahnung; deswegen ist auch der Sprachklang sachlich-kräftig; ganz anders als in dem Rosengedicht und in „Wandrers Nachtlied"; denn da gibt es nur die reine Bildhaftigkeit und die Betroffenheit des Herzens. – Ich lasse im folgenden die Spruchdichtung außer Betracht und wende mich der lyrischen Kurzdichtung zu.[2]

Als Goethe zum ersten Mal seinen eigenen Ton fand und ihm zum ersten Mal bedeutende Gedichte gelangen, in der Straßburger Zeit, entstanden auch seine ersten lyrischen Kurzgedichte. Aus dieser Zeit stammen die Verse:

Ob ich dich liebe, weiß ich nicht.
Seh' ich nur einmal dein Gesicht,
Seh' dir ins Auge nur einmal,
Frei wird mein Herz von aller Qual.
Gott weiß, wie mir so wohl geschicht!
Ob ich dich liebe, weiß ich nicht.

Das ganze kleine Gedicht handelt von dem Zustand des Herzens. Es spricht einer, der sein Herz noch nicht kennt. Er spricht seine Beglückung aus. Und doch weiß er nicht, ob das, was ihm geschieht, Liebe sei. Ein Empfinden und Nicht-umgehen-Können mit dieser Empfindung. Ganz knapp wird das ausgesprochen in sechs Zeilen.

Das nächste kleine Gedicht ist etwas anderer Art:

Jetzt fühlt der Engel, wie ich fühle,
Ihr Herz gewann ich mir beim Spiele,
Und sie ist nun von Herzen mein.

---

[2] Es ist dabei keinerlei Vollständigkeit angestrebt. Es gibt bei Goethe mehr lyrische Kurzgedichte als die in diesem Vortrag angeführten. Auch wird auf die Grenzfälle zwischen Spruch und Kurzlyrik nicht eingegangen. Für die Sprüche sei verwiesen auf die Gruppen „Gott, Gemüt und Welt" und „Sprichwörtlich" in der Ausgabe letzter Hand sowie auf Hbg. Ausg., Bd. 1, S. 304–337 u. Anm. – Über das Stilprinzip der Kürze handelt: Horst Rüdiger, Pura et illustris brevitas. In: Konkrete Vernunft. Festschrift für E. Rothacker. Hrsg. von G. Funke. Bonn 1958, S. 345–372.

Du gabst mir, Schicksal, diese Freude,
Nun laß auch morgen sein wie heute
Und lehr' mich, ihrer würdig sein.

Ein kleines episches Motiv: „Ihr Herz gewann ich mir beim Spiele",
dann das Gefühl der Freude und Hoffnung im Bewußtsein gemeinsamen Empfindens.

Blicken wir von hier zu anderen Gedichten dieser Epoche. In dem
Gedicht „Kleine Blumen, kleine Blätter", gibt es vier Situationen: Die
Frühlingsgötter schmücken das gemalte Band; Zephir trägt es zu der
Geliebten; sie tritt damit vor den Spiegel; der Liebende tritt zu ihr und
spricht von seiner Liebe. Da sind mehrere Motive aneinandergereiht,
und jedem entspricht eine Strophe. Ähnlich ist es in dem Gedicht „Es
schlug mein Herz, geschwind zu Pferde". Die wechselnden inneren
Zustände sind verbunden mit wechselnden Situationen: der Aufbruch,
der Ritt durch die Nacht, das Wiedersehen, der Abschied. Die gleich-
zeitigen Kurzgedichte sprechen nur eine einzige Seelenlage aus; sie
sind sehr persönlich; Goethe hat keins von ihnen in seine Werke
aufgenommen.

Vier Jahre vergingen. „Wandrers Sturmlied" wurde gedichtet und
„Der Wandrer", „Mahomets Gesang", „Der König in Thule", „Prometheus", „Ganymed" und vieles andere. Die Gesänge vom Genie
brauchten breite Form. Es ist keine Kurzlyrik darunter.

Dann, 1775, ist diese Form wieder da; und die kleinen Gedichte
dieses Jahres gehören zum Schönsten des jungen Goethe. Es ist die Zeit
einer besonderen inneren Problematik, erzeugt durch die Liebe zu Lili
und durch das stürmische Vorschreiten als produktiver Dichter, womit die allgemeine menschliche Reifung nicht immer Schritt hielt. –
Die Kurzlyrik dieses Jahres beginnt mit den Versen:

Bleibe, bleibe bei mir,
Holder Fremdling, süße Liebe,
Holde süße Liebe,
Und verlasse die Seele nicht!
Ach, wie anders, wie schön
Lebt der Himmel, lebt die Erde,
Ach, wie fühl' ich, wie fühl' ich
Dieses Leben zum ersten Mal!

Die Welt offenbart sich dem Dichter neu; begeistert und zugleich
betroffen, zögernd, spricht er es aus: „Ach, wie anders, wie schön…

Ach, wie fühl' ich…" Der rhythmische Fluß versinnbildlicht den Weg des Gefühls. Die Verse haben keinen Reim, sie sind unregelmäßig gebaut. Bei Klopstock kamen Freie Rhythmen nur in großen Gedichten vor; Goethe hatte sie für große Formen wie „Mahomets Gesang" übernommen. Hier überträgt er den Freien Rhythmus in die kleine Form als Ausdruck seelischer Bewegung.

In sein Tagebuch der Schweizerreise von 1775 trug Goethe am Züricher See die Verse ein:

Wenn ich, liebe Lili, dich nicht liebte,
Welche Wonne gäb' mir dieser Blick!
Und doch, wenn ich, Lili, dich nicht liebte,
Wär', was wär' mein Glück?

Das Herz ist hin- und hergerissen. Diese Kurzgedichte sind oft wie ein Seufzer, ein Bekenntnis innerer Unruhe. Doch zugleich: wie glasklar gebaut! Vier Zeilen, genau in der Mitte das „Und doch"; aus einem Zustand der Qual wird ein Zustand der Ruhe ersehnt, und sogleich wird dieser erträumte Zustand als wesenlos wieder verneint. – Verwandt ist das kleine Gedicht:

Wonne der Wehmut

Trocknet nicht, trocknet nicht,
Tränen der heiligen Liebe!
Ach, den halbtrocknen Augen schon
Wie öde, tot ist die Welt!
Trocknet nicht, trocknet nicht,
Tränen der ewigen Liebe!

Auch hier sind die Liebe und der Schmerz ein Zustand, der die Welt erschließt. „Tränen der Liebe", doch es ist angedeutet, daß hier eine innere Erfülltheit ersehnt wird, die bis in religiöse Sphären reicht: Tränen der „heiligen Liebe", der „ewigen Liebe". Ein Goethesches Motiv, das später im „Divan" und im „Faust"-Schluß gewandelt wiederkehrt.[3]

Für die innere Lage des Dichters im Jahre 1775 scheint das lyrische Kurzgedicht geradezu die Form gewesen zu sein, die ihm am meisten

---

[3] Das dreistrophige Gedicht „Dies wird die letzte Trän' nicht sein", das wohl ebenfalls aus dem Jahre 1775 stammt, führt das Motiv näher aus und läßt das religiöse Element genauer erkennen.

entsprach. Es folgt ein Gedicht, mit welchem diese Form den höchsten Rang erreicht, das Gedicht „Im Herbst 1775". In den Gedichttitel wird die Jahreszahl hineingenommen, die Einmaligkeit der Situation andeutend.

Im Herbst 1775

Fetter grüne, du Laub,
Das Rebengeländer,
Hier mein Fenster herauf.
Gedrängter quillet,
Zwillingsbeeren, und reifet
Schneller und glänzend voller.
Euch brütet der Mutter Sonne
Scheideblick, euch umsäuselt
Des holden Himmels
Fruchtende Fülle.
Euch kühlet des Monds
Freundlicher Zauberhauch,
Und euch betauen, ach,
Aus diesen Augen
Der ewig belebenden Liebe
Voll schwellende Tränen.

Lebensfülle und Schmerz zugleich ist Wesen des Herbstes und der augenblicklichen Lage des Dichters; doch bei allem Liebesschmerz offenster Sinn für die Schönheit der Welt. Die Ich-Aussage ist knapp im Vergleich zur Welt-Aussage, die in das kleine Motiv der Trauben an der Hauswand zusammengezogen ist. Und dafür genügen zwei Wörter, „Rebengeländer" und „Zwillingsbeeren": genau beobachtet, denn bei der Traube sitzen immer je zwei Beeren nebeneinander. Auf die Trauben wirken Sonne und Mond – und die Tränen, gleichsam wie ein fruchtbarer Tau. Auch das Schmerzliche ist in einem großen Zusammenhang aufgehoben. Der Rhythmus ist voll und kräftig: „Fetter grüne, du Laub..." Und er ist zugleich stockend: „Und euch betauen, ach, Aus diesen Augen..." Dadurch ist er Ausdruck der kraftvoll empfindenden und zugleich hilflos schmerzzerissenen Seele. Es sind Freie Rhythmen ohne Reim. Ein Kurzgedicht in Freien Rhythmen – das hat es in den siebziger Jahren außer bei Goethe nicht gegeben, und auch später kommt diese Form kaum vor, erst mit dem Beginn des Expressionismus wird sie häufiger.

Diese Gedichtgruppe reicht in die erste Weimarer Zeit hinein. In einem Brief an Carl August vom Dezember 1775 schreibt Goethe: „Wie ich so in der Nacht gegen das Fichtelgebirg ritt, kam das Gefühl der Vergangenheit, meines Schicksals und meiner Liebe über mich, und sang so bei mir selber:

> Holde Lili, warst so lang
> All mein Lust und all mein Sang.
> Bist, ach, nun all mein Schmerz, und doch
> All mein Sang bist du noch."

Diese vier Verse sind in den Brief eingesetzt und sind anders nicht überliefert. Erst 14 Jahre nach Goethes Tod kamen sie ans Licht.

Auch ein anderes Gedicht ist nur in einer einzigen Handschrift erhalten und ist spät – 1868 – gedruckt; Widmungsverse für ein Exemplar der „Stella", das Goethe an Lili schickte:

> Im holden Tal, auf schneebedeckten Höhen
> War stets dein Bild mir nah;
> Ich sah's um mich in lichten Wolken wehen,
> Im Herzen war mir's da.
> Empfinde hier, wie mit allmächt'gem Triebe
> Ein Herz das andre zieht,
> Und daß vergebens Liebe
> Vor Liebe flieht.

Auch hier ein Zustand des Herzens, auf dem Hintergrund der Landschaft: „Im holden Tal, auf schneebedeckten Höhen..." Ähnlich war es in dem Gedicht „Fetter grüne, du Laub..." Jedesmal eine einzige Strophe und in ihr: das Herz und die Welt.

In den Weimarer Jahren bis zur Italienischen Reise entstehen viele große Gedichte: „Hans Sachsens poetische Sendung", die „Harzreise im Winter", Balladen wie „Der Fischer", weltanschauliche Gedichte wie „Grenzen der Menschheit" und „Das Göttliche", dazu umfangreiche Gelegenheitsgedichte wie „Ilmenau", und dann die Gedichte für die „Theatralische Sendung".

Neben diesen großen lyrischen Formen behält die einstrophige kleine Form ihre Bedeutung und erhält immer deutlicher ihre besondere Funktion. Sie spricht das Lebensgefühl eines Augenblicks aus. Ein solches Augenblicksbild ist das „Eislebenslied", also ein Gedicht von dem Leben auf dem Eise, dem Schlittschuhlauf:

Sorglos über die Fläche weg,
Wo vom kühnsten Wager die Bahn
Dir nicht vorgegraben du siehst,
Mache dir selber Bahn!
Stille, Liebchen, mein Herz,
Kracht's gleich, bricht's doch nicht!
Bricht's gleich, bricht's nicht mit dir!

Das Gedicht in seinem beschwingten Rhythmus ist ganz gegenständlich: der Eislauf da, wo noch niemand gelaufen ist; wieweit das symbolisch ist, bleibt ungesagt. Und dann die Anrede an das eigene Herz: kühner Vorstoß, Zuversicht und Mut.

Zu diesen Bildern eines Lebensgefühls in knappster Form gehört auch das Gedicht „Hoffnung":

Schaff', das Tagwerk meiner Hände,
Hohes Glück, daß ich's vollende!
Laß, o laß mich nicht ermatten!
Nein, es sind nicht leere Träume:
Jetzt nur Stangen, diese Bäume
Geben einst noch Frucht und Schatten.

Das ist eine Bitte an das Schicksal. Die jungen Bäume, die in dem Garten an der Ilm eingesetzt sind, werden zum Sinnbild; wie so oft also ist ein Gegenstand der Natur mit der Gestimmtheit des Geistes verbunden.

Da das lyrische Kurzgedicht eine zarte Form ist, wird es zur intimsten Äußerung des Lebensgefühls. Nicht nur Hoffnung und Zuversicht, auch Schmerz und Sehnsucht sprechen sich in dieser Form aus. In einem Brief an Auguste Stolberg vom Juli 1777 stehen die Verse:

Alles gaben Götter, die unendlichen,
Ihren Lieblingen ganz,
Alle Freuden, die unendlichen,
Alle Schmerzen, die unendlichen, ganz.

In vier Zeilen die ganze Erlebnisfähigkeit des Herzens und die Gewißheit, sie aus höchster Hand zu haben. Goethe schreibt dazu: „So sang ich neulich, als ich tief in einer herrlichen Mondnacht aus dem Flusse stieg, der vor meinem Garten durch die Wiesen fließt." Wie erstaunlich sind diese Zeilen gebaut, in denen dreimal das Wort „unendlichen" vorkommt, bei „Götter", bei „Freuden" und „Schmerzen", die beiden letzten Zeilen parallel angelegt sind und doch sich unterscheiden. Ein Meisterstück der Entsprechungen auf kleinstem Raum. Und das ganz nebenher in einen Brief eingestreut, keineswegs als Gedicht gedacht, nicht einmal abgeschrieben und aufgehoben.

Eins der kleinen Gedichte aus dieser Zeit, mit dem Titel „Wandrers Nachtlied", – was in diesem Falle Abendlied bedeutet –, spricht die Sehnsucht nach innerem Frieden aus: „Der du von dem Himmel bist..." Es ist fast ein Aufschrei, dessen Wortfolge das nachzeichnet, was im Innern vorgeht. Das Wort „Friede" fällt erst gegen Ende der Verse, das Ganze ist ein einziger Satz, in welchen der Ausruf

> Ach, ich bin des Treibens müde,
> Was soll all der Schmerz und Lust?

einfach eingeschoben ist. So lebt die drängende Sehnsucht in Versklang und Satzbau ebenso wie in der wörtlichen Aussage.

> Der du von dem Himmel bist,
> Alles Leid und Schmerzen stillest,
> Den, der doppelt elend ist,
> Doppelt mit Erquickung füllest,
> – Ach, ich bin des Treibens müde,
> Was soll all der Schmerz und Lust? –
> Süßer Friede,
> Komm, ach komm in meine Brust!

Dieses Gedicht bittet um inneren Frieden, denn es ist dem Menschen unmöglich, immer in der Spannung höchsten Glücks und tiefsten Schmerzes zu leben, so wie es das Gedicht „Alles gaben Götter" aussagte. Wie aber kann es Frieden geben? Goethe hatte in diesen ersten Weimarer Jahren zwei Wege dazu. Der eine bestand darin, sich mit der sittlichen Weltordnung in Übereinstimmung zu bringen. Davon spricht etwa das große Gedicht „Edel sei der Mensch, hilfreich und gut" und das Drama „Iphigenie". Der andere Weg bestand darin, sich der Natur auszusetzen. Ihre Wirkung auf das Herz war ein Thema für die kurze Lyrik.

Dem Nachtlied des Wandrers, das die Sehnsucht nach Frieden ausspricht, antwortet ein zweites Nachtlied, das davon spricht, wie dieser Friede in die Seele einzieht. Er kommt aus der Natur, die still und rein angeschaut wird.

Über allen Gipfeln
Ist Ruh,
In allen Wipfeln
Spürest du
Kaum einen Hauch;
Die Vögelein schweigen im Walde.
Warte nur, balde
Ruhest du auch.

In diesem Gedicht ist alles sinnenhaft wahrnehmbar. Es gibt kein abstraktes Wort, denn das Wort „Ruh" bedeutet Stille. Dadurch ist es so sehr ein Gedicht der Natur und ihrer Wirkung auf den Menschen. Es beginnt mit Berglandschaft und Baumkronen. Der Reim „Gipfeln – Wipfeln" ist fast bewegungslos, insofern sinnbildlich. Nach dem Worte „ist Ruh" folgt eine Pause, also Stille da, wo sie inhaltlich ausgesagt wird. Mit der Wendung „Spürest du" kommt der Mensch in das Bild, als ein „spürender", d. h. die Natur wahrnehmender. „Kaum einen Hauch" – die Stimme schwingt aus. Nach den großen Linien der Berge und Bäume folgt das Kleine: „Die Vögelein schweigen im Walde"; nach dem Frieden für das Auge die Ruhe für das Ohr. Der Schluß ist eine Wendung zum eigenen Innern, das in Du-Form angesprochen wird. Auch hier ein gelassener Klang, eine Haltung, die sich hinzugeben vermag. Die Ruhe der Landschaft geht ein in den Wanderer, er wird selbst ein Teil von ihr, das sinnenhaft Gespürte senkt sich in seine Seele. Die kurze Strophe birgt viel: Berg, Luft, Pflanze und Tier, so daß wir das Gefühl haben, daß es die ganze Natur ist, mit welcher der Wanderer eins wird. Dieses viele erscheint in äußerster Kürze, und dennoch nicht gedrängt, sondern in stiller Gelassenheit. Das ist die Kunst dieser Sprache. Sie macht Pausen. Und sie bildet die Sätze einfach. Jeder dieser vier kleinen Sätze wäre in Prosa ebenso gebaut. Dadurch klingt dieses Gedicht so mühelos, so selbstverständlich, so schlicht. Der Rhythmus ist frei, doch es gibt den Reim, dieser verbindet die Zeilen, die von der Natur sprechen, mit denen, die vom Menschen sprechen.

In dem Gedicht „Der du von dem Himmel bist..." war der Friede ersehnt, in diesem Gedicht ist er da. Doch das Wort „Friede" kommt nicht vor – er lebt im Klang. Alle Formelemente sind hier Symbol. Und weil die freieste Form hier die strengste Notwendigkeit hat, ist dieses Gedicht ein Höhepunkt von Goethes lyrischen Kurzgedichten, vielleicht der Höhepunkt überhaupt. Goethe hat das Gedicht mit 31

Jahren geschrieben. Als er seine Gedichte für den Druck zusammenstellte, 1789, 1800 und 1806, nahm er es nicht auf. Erst 1815, als Fünfundsechzigjähriger, gab er es zum Druck. Über die Ursache kann man nur Vermutungen anstellen, denn gesagt hat er darüber nichts. Für uns ist „Wandrers Nachtlied" ein vollendet gestaltetes sprachliches Gebilde, das ein Naturbild und einen Seelenzustand in stiller Symbolik vereinigt. Für ihn war es – vermutlich – ein Stück seiner selbst, ein Augenblick seines Lebens der ersten Weimarer Jahre, der in ihm noch weiterwirkte, eine Aufzeichnung, die ganz nahe bei den Tagebüchern aus jener Zeit stand und bei den Briefen von Frau v. Stein, die zum privatesten, streng gehüteten Bereich gehörten.

Die übrigen lyrischen Kurzgedichte bis zur Italienreise sind Verse an Frau v. Stein. Das Besondere ist, daß sie alle nicht als Gedichte in dem Sinne,' wie wir ein Gedicht auffassen, gemeint sind. Sie sind private Mitteilungen, Briefe in Versform oder Verse, die in Prosa-Briefe eingestreut sind. Sie entstanden im Augenblick des Brief-Schreibens. Goethe nahm von keinem dieser Verse Abschriften. Nur dadurch, daß Charlotte v. Stein die Briefe aufhob und daß ihre Erben sie später zum Abdruck freigaben, wurden sie bekannt. Heute stehen sie in jeder Goethe-Ausgabe. Goethe selbst hat keins dieser Gedichte veröffentlicht. Sie waren lediglich Grüße an Frau v. Stein.

Im Juni 1776, als er an der Ilm eine Zeichnung machte, die er ihr schenken wollte, schreibt er:

Hier bildend nach der reinen stillen
Natur, ist ach mein Herz der alten Schmerzen voll,
Leb' ich doch stets um derentwillen,
Um derentwillen ich nicht leben soll.

Natur und Liebe sind die Bereiche, aus denen der Dichter lebt, doch die Liebe ist schmerzbringend, verwirrend; dagegen erhält die Natur die Wörter „rein" und „still" – Kernwörter Goethes in den ersten Weimarer Jahren.

Aus Ilmenau schreibt er im Juli 1776 einen Zettel mit den Versen:

Zwischen Felsen wuchsen hier
Diese Blumen, die wir treu dir reichen,
Verwelkliche Zeichen
Der ewigen Liebe zu dir.

Vier Zeilen – leicht wie ein Hauch. Begleitverse zu einem Blumenstrauß, ein Gruß der Liebe, dessen Zauber im Klang liegt, diesen schmiegsamen Freien Rhythmen mit Reim.

Aus der gleichen Zeit stammen die Verse:

Ach, so drückt mein Schicksal mich,
Daß ich nach dem Unmöglichen strebe.
Lieber Engel, für den ich nicht lebe,
Zwischen den Gebürgen leb' ich für dich.

Diese Zeilen sind ein Seufzer des Gedrückten, der wiederum so viel
Klarheit hat, daß er die Ursache seines Schmerzes erkennt, und soviel
Liebe und Ritterlichkeit, daß er auch daraus noch eine Huldigung
macht. Diese Verse beginnen mit „Ach!", wie so manche der kleinen
Gedichte.

Das Hin- und Hergerissensein dessen, der liebt und weiß, daß er
nicht oder nicht so lieben sollte, zieht sich durch mehrere dieser
Gedichte:

Ach, wie bist du mir,
Wie bin ich dir geblieben!
Nein, an der Wahrheit
Verzweifl' ich nicht mehr.
Ach, wenn du da bist,
Fühl' ich, ich soll dich nicht lieben,
Ach, wenn du fern bist,
Fühl' ich, ich lieb' dich so sehr.

Als der Herzog einmal einen Brief an Frau v. Stein schrieb,[4] fügte
Goethe ein paar Zeilen in Versen hinzu. Der Anfang bezieht sich
darauf, daß vorher der Herzog über sich berichtet hatte.

Und ich geh' meinen alten Gang
Meine liebe Wiese lang;
Tauche mich in die Sonne früh,
Bad' ab im Monde des Tages Müh,
Leb' in Liebes-Klarheit und -Kraft,
Tut mir wohl des Herren Nachbarschaft,
Der in Liebes-Dumpfheit und -Kraft hinlebt
Und sich durch seltnes Wesen webt.

Ein Selbstbildnis mit Carl August, vergleichend, zusammenschauend;
in wenigen Worten zwei Gestalten. Der Gang vom und zum Garten-

---

4 Auch der Herzog hatte sich von der allgemeinen Neigung, Verse zu machen,
anstecken lassen, und schrieb in Versen. Sie sind abgedruckt in: Goethes Briefe an
Charlotte von Stein. Hrsg. von J. Petersen. I. Bd., 1. Teil, Lpz. 1923, S. 76 f.

haus wird symbolisch für das „seinen alten Gang-Gehen" überhaupt, dem Licht der Sonne und dem des Mondes verbunden.

Noch einmal folgt ein Briefgedicht, das Blumen beigegeben ist:

Zum Tanze schick' ich dir den Strauß
Mit himmelfarbnem Band,
Und siehst du andern freundlich aus,
Reichst andern deine Hand,
So denk' auch an ein einsam Haus
Und an ein schöner Band.

Alle diese Verse sind an ein Du gerichtet, sind vertraute Briefgedichte. Sie sind aus einem Augenblick, aus einer Stimmung heraus hingeschrieben. Als Carl August sein Briefgedicht an Frau v. Stein fertig hatte und Goethe ein paar Zeilen hinzufügte, da geschah das wohl rasch und ohne daran zu feilen. Daß das, was ohne viel Bedenken auf den ersten Wurf entstand, so vollendet war, bleibt das Geheimnis der Genialität. Die Formen: Freie Rhythmen oder Knittelverse oder Madrigalverse, jedenfalls immer bewegliche, wechselreiche Klänge, locker gefügt und eben darum so ausdrucksvoll, vier oder sechs, höchstens acht Zeilen. Die Sprache ist von besonderer Zartheit, der Klang bleibt leicht, auch wo Schweres, Schicksalhaftes, Schmerzliches zu sagen ist, auch wo innerer Zwist, Widerstreit von Kopf und Herzen, Sollen und Wollen den Inhalt bildet. Es ist, als solle die Empfängerin keine zu düsteren Klänge vernehmen.

Diese kleinen Briefgedichte hören im Laufe der Jahre auf. Die Briefe gehn weiter, die Beschwingtheit zum Verse verliert sich. Dann folgt der Aufbruch nach Italien. Goethe arbeitet an „Iphigenie", „Tasso" und „Faust". Die Lyrik tritt eine Zeitlang ganz zurück, und als sie wieder hervortritt, zeigt sie Formen, welche an die Antike anschließen. Die „Römischen Elegien" entstehen, und andere Elegien wie „Alexis und Dora" folgen. Sie sind lyrische Großform. In den neunziger Jahren beginnt ein neues Balladen-Schaffen, es folgen allerlei „Gesellige Lieder" und umfangreiche Gedichte wie „Dauer im Wechsel", „Epilog zu Schillers Glocke" und andere. 30 Jahre lang kommt das Kurzgedicht kaum noch vor.

Diese Periode, die auf anderen Gebieten Großes hervorgebracht hat, war also dem lyrischen Kurzgedicht nicht günstig.[5] Man darf das

---

[5] Die in dieser Zeit entstandenen Gedichte „Meeresstille" und „Glückliche Fahrt" sind anders als die Kurzlyrik. Sie reihen knapp und beschreiben viele

wohl mit der inneren Haltung des Dichters in diesen Jahren in Zusammenhang bringen.

Eine Sonderstellung nimmt der Vierzeiler auf den Tod Christianens ein. Hier hat die kurze Form wieder ihre besondere Aufgabe, Ausdruck des Augenblicks, der Stimmung, des Schmerzes zu sein, hier ist sie wieder eine poetische Tagebuchnotiz, und jede Zeile hat Tiefe. Goethe hat nur das Datum des Todestags über die Verse gesetzt.

Den 6. Juni 1816
Du versuchst, o Sonne, vergebens,
Durch die düstren Wolken zu scheinen!
Der ganze Gewinn meines Lebens
Ist, ihren Verlust zu beweinen.

Die Bildlichkeit der beiden ersten Zeilen ist aus Goethes eigenster Welt, der des Lichts, genommen. Ein schlicht klagender Satz schließt in den beiden folgenden Zeilen an. Hier hat das Kurzgedicht wieder den Charakter der Intimität. Im persönlichsten Bereich, in solcher

Motive. In dem einen fehlt das Ich ganz; auch das andere ist durchaus objektiv und schaltet das Ich nur ganz kurz ein. – Dagegen könnte man zwei kleine Blumengedichte aus dieser Zeit vielleicht der lyrischen Kurzdichtung zurechnen. Das erste lautet:

Blumengruß
Der Strauß, den ich gepflücket,
Grüße dich viel tausendmal!
Ich habe mich oft gebücket,
Ach wohl ein tausendmal,
Und ihn ans Herz gedrücket
Wie hunderttausendmal!

Das Gedicht drückt ohne ein direktes Wort des Gefühls eine Regung des Herzens aus durch die Geste der Bewegung und die übertreibende Geste der Sprache, deren Formelhaftigkeit an Volkslieder erinnert. – Und das zweite Blumengedicht:

Gleich und gleich
Ein Blumenglöckchen
Vom Boden hervor
War früh gesprosset
In lieblichem Flor;
Da kam ein Bienchen
Und naschte fein –
Die müssen wohl beide
Für einander sein.

Die Verbindung von sachlicher Beobachtung und anakreontischer Ausgestaltung kommt in Goethes mittlerer Periode auch sonst gelegentlich vor.

Situation, war auch dem Sprachgeübten das Wort nur stockend verfügbar, und so entstand dieser Vierzeiler, Bruchstück eines Monologs. Während Goethe den Tod Schillers in einem großen feierlichen Stanzen-Gedicht beklagt hatte und auf den Tod Christiane Neumanns eine lange Elegie in Distichen geschrieben hatte – das waren repräsentative Formen für Freunde und Leser –, schrieb er die schlichten Verse auf Christiane nur für sich selbst; er druckte sie erst in der Ausgabe letzter Hand.[6]

Es folgt die Epoche von Goethes Alter. Sie bringt den Altersstil, der die festen Fügungen der mittleren Periode ablöst. Die Motive der Gedichte werden lockerer gereiht, die Symbolik nimmt zu. Das Einzelne wird noch mehr als bisher Vertreter des Allgemeinen, und das bedeutet für die Lyrik, daß sie oft nur ein einziges Motiv darstellt; ein Motiv in wenigen Zeilen – das Kurzgedicht, das mehr als 30 Jahre lang fast verschwunden war, wird jetzt im Alter zur Lieblingsform.

Den Übergang zum Altersstil haben wir im „West-östlichen Divan", zwischen dessen großen Gedichten eine Reihe von Kurzgedichten steht, klangleicht und tiefsinnig.

Laßt mich nur auf meinem Sattel gelten!
Bleibt in euren Hütten, euren Zelten!
Und ich reite froh in alle Ferne,
Über meiner Mütze nur die Sterne.

Es ist Aufbruchstimmung darin, zugleich das Wissen, unmittelbar unter einem höchsten Licht zu stehen (das Sternen-Motiv). Gegen die Geborgenheit der anderen (das Hütten-Motiv) steht das Ausgesetzt-Sein des Dichters (das Reiter-Motiv), nicht bedrückend, sondern seine Kraft fordernd und erweisend.

Da der „Divan" westliche Gegengabe zu dem östlichen Werk des Hafis ist, kommen die bei diesem so häufigen Motive des Weins und des Schenken auch hier vor:

Sitz' ich allein,
Wo kann ich besser sein?
Meinen Wein
Trink' ich allein,

---

[6] Bisher habe ich 20 Beispiele von Goetheschen Kurzgedichten gebracht. Von diesen hat Goethe 11 niemals veröffentlicht, und von den übrigen 9 mehrere erst viele Jahre nach dem Entstehen.

Niemand setzt mir Schranken,
Ich hab' so meine eignen Gedanken.

Ein Augenblicksbild wie eine Pastellskizze, wenige Striche, gedämpfte Töne.

Sodann gibt es kleine Vierzeiler von dem Glück der Liebe, die östliche Rhetorik in westlicher Sprachübertreibung nachspielen:

Laß deinen süßen Rubinenmund
Zudringlichkeiten nicht verfluchen;
Was hat Liebesschmerz andern Grund,
Als seine Heilung zu suchen?

Ihre ganze Weite erhalten diese knappen Verse aber erst da, wo in dem Glück der Sinne der Schauer vor dem Unendlichen aufsteigt. Im Augenblick des höchsten Glücks gibt es das Staunen, ja fast Erschrecken vor dem Vollkommenen:

Ist's möglich, daß ich Liebchen dich kose,
Vernehme der göttlichen Stimme Schall!
Unmöglich scheint immer die Rose,
Unbegreiflich die Nachtigall.

Die Rose ist die höchste Schönheit fürs Auge, die Nachtigall Vollkommenheit des Klanges fürs Ohr. Die Frage der Liebe in den zwei Sätzen der ersten Gedichthälfte wird durch zwei Sätze über Naturschönheit in der zweiten Gedichthälfte beantwortet, das Beziehungsgeflecht ist äußerst fein. Das Vollkommene führt an die Grenze einer höheren Region, die das Begreifliche übersteigt.[7]
In den Themenkreis der Liebe gehört auch die Trennung. Sie ist innere Nähe bei äußerer Entfernung:

---

[7] Die Art, wie die wenigen Zeilen ein Gefüge von Beziehungen enthalten, ist für Goethes Kurzgedicht typisch. Der Zeilenbeginn „Ist's möglich" wird durch den Zeilenbeginn „Unmöglich" aufgenommen. In Beziehung zu „Unmöglich" steht das gleichgebaute, ebenfalls am Versbeginn stehende „Unbegreiflich". „Unmöglich" und „Unbegreiflich" gehören zu den Versen 3 (Rose) und 4 (Nachtigall), passen aber auch zu 1 und 2. Die Frage „Ist's möglich" aus Vers 1 paßt auch zu den Versen 3 und 4, und das Adjektiv „göttlich" paßt zur ersten wie zur zweiten Gedichthälfte. Die zwei Zeilen, die vom Menschen sprechen, und die zwei Zeilen, die der Natur gehören, sind durch Kreuzreim untereinander verspannt. Mit einer anrufenden Frage beginnt es, mit einer preisenden Aussage endet es; der Viertakter wandelt dabei seinen Charakter, wird ruhiger und schließt mit stiller Eindringlichkeit.

Auch in der Ferne dir so nah!
Und unerwartet kommt die Qual.
Da hör' ich wieder dich einmal,
Auf einmal bist du wieder da!

So kurz das Gedicht ist: es durchläuft drei Stufen; die innere Nähe als beruhigtes Wissen; dann die Qual des Entbehrens; dann ein Brief, eine Botschaft – so jedenfalls deute ich die Zeile „Da hör' ich wieder dich einmal" – und wieder das lebendige Bild von ihr im Innern. Dieses innere Schwanken im Zustand der Trennung und dieses Zurücknehmen des Erlebens ins eigene Herz hat Goethe auch in großen Gedichten ausgesprochen. Hier genügen vier Zeilen dafür.

Der Motivkreis der Trennung kennt auch die schmerzliche Einsamkeit:

Eine Stelle suchte der Liebe Schmerz,
Wo es recht wüst und einsam wäre;
Da fand er denn mein ödes Herz
Und nistete sich in das leere.

Der erste Satz klingt ganz unpersönlich, der zweite ist dann desto persönlicher; in dem Versuch, das Innerlichste von außen zu sehen, liegt die Selbstironie der Verzweiflung.

Doch das Thema der Liebe erfährt letztlich eine Vergeistigung, die über alle anderen Motive hinausführt. Die Schönheit Suleikas ist Beispiel von Schönheit schlechthin. Das ist eine Goethe tief innewohnende Vorstellung, aus der heraus er den Bereich der Mütter in „Faust II" erfand, in welchem alle Urbilder des Lebens zeitlos vorhanden sind. Damit verbindet sich seine Vorstellung von dem Vergänglichen als Gleichnis des Unvergänglichen. Suleika sagt hier: In meiner Schönheit ist etwas Ewiges, insofern sie Idee Gottes ist.

Suleika spricht
Der Spiegel sagt mir, ich bin schön!
Ihr sagt: zu altern sei auch mein Geschick.
Vor Gott muß alles ewig stehn,
In mir liebt Ihn, für diesen Augenblick.

Lyrische Kurzgedichte sind Darstellung des Augenblicks. Hier nun wird der erfüllte Augenblick selbst zum Thema, bezeichnend für die Mischung von Gegenständlichkeit und Bewußtheit in diesen Gedichten.

Blicken wir von hier auf die Kurzgedichte des „Divan" zurück, so sehen wir: ihre Themen sind das Selbstgefühl des Dichters, Wein, Liebe, Trennung, die Schönheit des Irdischen und ihr religiöser Sinn. Und die Situationen, äußere und innere, werden gedeutet, werden Geist. In den anderen „Divan"-Gedichten spielt das Orientalische eine bedeutende Rolle. Die dichterische Gestalt des Hatem, der arm ist und in der Schenke sitzt, ist nicht Goethe, ebenso wie die leidenschaftliche, frei über sich verfügende Suleika nicht Marianne ist. In den Kurzgedichten aber wird die Rolle Hatems aufgegeben. Hier spricht Goethe unmittelbar. Wieder zeigt sich, daß diese Form in besonderem Maße Ausdruck des Spontanen, Bekenntnishaften ist. Vergleicht man mit der Zeit der Klassik, so sieht man: Dort gibt es das große, sorgfältig komponierte Gedicht, nicht aber dieses aus gelöster Stimmung entstandene Wort des Augenblicks. In der Zeit des „Divan" ist es plötzlich, als sei eine Hemmung geschwunden. Die einstigen Möglichkeiten sind in neuer Form da. Es gehört zu den Geheimnissen des dichterischen Schaffens, wie solche Formen mit des Künstlers Lebensgefühl, Weltschau und Selbstbewußtsein zusammenhängen.

Die Lyrik, die auf den „Divan" folgte, ist die späte Lyrik; in ihr ist der Altersstil voll ausgeprägt. Hier wird nun das Kurzgedicht die bevorzugte Form, und das war zu jener Zeit ganz ungewöhnlich.

Auf seinen Reisen wurde Goethe vielfach von Freunden gebeten, ihnen ein paar Zeilen als Andenken zu hinterlassen. Was entstand, sind bloße Gelegenheitsverse, doch manche davon haben den Charakter des lyrischen Kurzgedichts.

Wohlerleuchtet, glühend-milde
Zog der Fluß im Abendschein,
Über Brück' und Stadtgebilde
Finsternisse sanken ein.

Nur ein Bild, ohne das Ich. Gegen das Helle des Flusses, der den Abendhimmel reflektiert, wird das Dunkel der Brücke und der Stadt gesetzt, deren Gebäude in eins verschwimmen, der Altersstil findet dafür das Wort „Stadtgebilde". Altersstil ist auch das Wort „wohlerleuchtet", d. h. in schöner Beleuchtung.

Im Alter werden zum ersten Mal Kurzgedichte zu Zyklen zusammengestellt. 1821 entsteht der Gedichtkreis „Wilhelm Tischbeins Idyllen". Tischbein, damals Hofmaler in Eutin, sandte Goethe Entwürfe für einen Zyklus von Gemälden, welche Landschaften, Menschen in idyllischer Umwelt, Kentauren, ferner Wasser- und Luftgeister darstellen. Goethe machte dazu Gedichte. Es würde zu weit führen, sie alle zu besprechen. Einige Beispiele mögen genügen.

Zu dem Bilde eines Sonnenuntergangs enthält dieser Zyklus folgende Verse:

> Schön und menschlich ist der Geist,
> Der uns in das Freie weist,
> Wo in Wäldern, auf der Flur,
> Wie im steilen Berggehänge,
> Sonnenauf- und -untergänge
> Preisen Gott und die Natur.

Die Sonnenaufgänge und die Sonnenuntergänge preisen Gott und seine Natur. Ein Geist, der uns hilft, das zu erkennen – wie hier der des Malers – ist „schön und menschlich". In diesen Zeilen steckt Goethes Auffassung von der Aufgabe des Künstlers und seine Auffassung von der Natur als Hinweis auf den religiösen Bereich. Der Altersstil in seiner Knappheit bringt prägnante Wortbildungen wie „Berggehänge" und die im 20. Jahrhundert befremdlich klingenden Zusammenziehungen wie „Sonnenauf- und -untergänge". In sechs Zeilen Künstlerregel, Waldlandschaft, Sonnenbahn und Gotteslob.

Ein anderes Bild Tischbeins zeigt einen Waldsee, in ihm eine kleine Insel, und auf dieser einen einzigen Baum, eine große Eiche, die nun entsprechend dieser Stellung nach allen Seiten hin voll entwickelt ist. Für Goethe das Symbol eines allseitig entwickelten großen Individuums. Doch dergleichen läßt der Altersstil gern zwischen den Zeilen. Das Gedicht bleibt gegenständlich, ein Dinggedicht.

> Mitten in dem Wasserspiegel
> Hob die Eiche sich empor,
> Majestätisch Fürstensiegel
> Solchem grünen Waldesflor;
> Sieht sich selbst zu ihren Füßen,
> Schaut den Himmel in der Flut:
> So des Lebens zu genießen
> Einsamkeit ist höchstes Gut.

Das Gedicht setzt Beziehungen. Die Eiche gehört zu dem umgebenden Wald, sie ist für ihn „Fürstensiegel". Sie spiegelt sich selbst – das Motiv der Selbsterkenntnis – und sie sieht den „Himmel in der Flut" – das Motiv der Erkenntnis einer höheren Welt im irdischen Abglanz. Wenn das alles da ist, dann hat die schicksalhafte Sonderstellung des Großen ihren hohen Sinn.

Alle Gedichte dieses Zyklus haben etwas Objektives. Sie bringen den Gegenstand – Pflanzen über Trümmern, die Eiche auf der Insel, den Kentauren –, nur der Schluß geht gelegentlich darüber hinaus. Anderen Charakter hat eine Gruppe von Kurzgedichten, die zwei Jahre später entstand. Sie stehen im Zusammenhang mit Goethes letzter Liebesleidenschaft und entstanden ungefähr zur gleichen Zeit wie die Marienbader „Elegie".

Einige dieser Verse schenkte Goethe handschriftlich an Ulrike. Hier bleibt die Tiefe verdeckt, äußerlich ist alles so, daß man es als literarisches Spiel einer Zuneigung nehmen konnte.

> Tadelt man, daß wir uns lieben,
> Dürfen wir uns nicht betrüben,
> Tadel ist von keiner Kraft.
> Andern Dingen mag das gelten,
> Kein Mißbilligen, kein Schelten
> Macht die Liebe tadelhaft.

Hier wird eine gefahrlose Neigung von beiden Seiten vorausgesetzt. Die folgenden Gedichte sagen mehr, und je mehr sie von Leidenschaft sprechen, desto einsamer wird der Sprechende.

Es folgt das Gedicht vom Barometer, anknüpfend an Goethes damalige tägliche Beobachtungen. Es handelt sich um ein Quecksilber-Barometer, er sagt „lebendig Silber". Das Barometer folgt zwangsläufig-unaufhörlich den Bewegungen der Atmosphäre. Und das Gedicht gleitet ganz leicht, als sei es ein ähnliches Naturphänomen, über zu dem eigenen liebenden Herzen; auch das zeigt Wandlungen; warum, inwiefern – das bedarf ja keiner Worte.

> Wenn sich lebendig Silber neigt,
> So gibt es Schnee und Regen,
> Und wie es wieder aufwärts steigt,
> Ist blaues Zelt zugegen.
> Auch sinke viel, es steige kaum
> Der Freude Wink, des Schmerzens,
> Man fühlt ihn gleich im engen Raum
> Des lieb-lebend'gen Herzens.

Das ist Goethescher Spätstil, diese Leichtigkeit und Süße, diese zarte Sprache, die fast vergessen macht, wie ernst, fast erschreckend ist, was dahinter steht, diese schicksalhafte völlige Abhängigkeit. Hier ist die Grenze dessen, was er als Gedicht anderen vorzeigen konnte, erreicht. Es schließen weitere kleine Gedichte an, doch diese hat der Dichter niemandem gezeigt.[8] Sie sprechen Leidenschaft und Not unmittelbar aus.

Könnt' ich vor mir selber fliehn,
Das Maß ist voll.
Ach, warum streb' ich immer dahin,
Wohin ich nicht soll.

Diese Zeilen sind ein Seufzer der Qual. Die innere Situation ist Zerrissenheit, Neigung hier und Pflicht dort. Da diese Gespaltenheit im Augenblick das Ich beherrscht, ist, indem sie ausgesprochen wird, alles gesagt. Darum muß dieses Gedicht so kurz sein. Ein zweites ähnliches Gedicht lautet:

Ach! wer doch wieder gesundete!
Welch unerträgliche Schmerzen!
Wie die Schlange, die verwundete,
Krümmt sich's im eignen Herzen.

Wie so oft ein Anfang mit „Ach!", und wie auch in anderen Kurzgedichten gibt es hier kein abstraktes Wort. Ein Zustand und ein Bild, ein furchtbares Bild, Wirrnis sinnloser Bewegung aus Schmerz. Goethe hat die flüchtige Niederschrift nicht abgeschrieben, er hat sie weggelegt. Ob er selbst dergleichen überhaupt als Gedicht empfand, ist schwer zu sagen. Daß er selbst seine Verse anders wertete als wir, dürfte sicher sein.

Während die Kurzgedichte zu Tischbeins Idyllen sachgebunden waren, sind die Gedichte des letzten Liebeserlebnisses nur Bilder des eigenen Innern. Auch da, wo die Geliebte angesprochen ist, wird sie eigentlich nicht erreicht und das Tiefste ihr verborgen. Es sind Verse der Einsamkeit.

Aus diesem Zustand der Einsamkeit stammt auch ein Vierzeiler der Spätzeit, ein flüchtig hingeschriebener Entwurf, der erst 1893 ans Licht kam:

---

[8] Als man sie 1893 in der Weimarer Ausgabe erstmalig druckte, wurden sie von den Herausgebern unter die Sprüche gesetzt, wo sie dann auch in anderen Ausgaben blieben. Anders eingeordnet und datiert wurden sie erst in der Hamburger Ausgabe, Bd. 1.

Es spricht sich aus der stumme Schmerz,
Der Äther klärt sich blau und bläuer,
Da schwebt sie ja, die goldne Leier,
Komm, alte Freundin, komm ans Herz.

Der Zustand des Schmerzes und der Aufblick zur Natur, zum Himmel. Das Licht, das Geistige bricht durch; und nun entsteht Dichtung, beschwichtigend und sinngebend. Das Herz gewinnt seine Klarheit wieder, und das heißt: sein Verhältnis zur Welt, um diese rein zu erfassen.

Und aus dieser wiedergewonnenen Haltung heraus entstand nun Goethes letzter Zyklus von Kurzgedichten, die „Chinesisch-deutschen Jahres- und Tageszeiten", 1827. Goethe hatte sich mit chinesischer Literatur beschäftigt – es war nicht eben viel, was man damals durch Übersetzungen kennenlernen konnte –, und nun schrieb er diesen Zyklus, dessen Beziehungen zum Osten im Stoff und in der Form liegen. Frühling und Herbst, Morgen und Abend gibt es als lyrische Motive im Osten wie im Westen, und es gibt hier wie dort einen Mann der Literatur, der eine Zeitlang Hofbeamter war und nun im Alter am liebsten seine Pflanzen im Garten betrachtet und Gedichte schreibt. Die chinesische Lyrik hat als eine ihrer Hauptformen das lyrische Kurzgedicht entwickelt; und Goethe gibt nun hier einen Zyklus von 14 Kurzgedichten. Sie formen wie chinesische Gedichte kleine Motive aus der Natur und sprechen die Harmonie zwischen Natur und Mensch aus.

Ein Frühlingsgedicht. Es hat nur ein einziges Motiv, die Narzissen im Garten. Wie auf einer chinesischen Tuschzeichnung ein paar Farbflecke eine Blume zeigen, so genügen hier wenige anschauliche Wörter, ja sie werden nicht einmal durch einen festen Satz zusammengehalten.

Weiß wie Lilien, reine Kerzen,
Sternen gleich, bescheidner Beugung,
Leuchtet aus dem Mittelherzen
Rot gesäumt die Glut der Neigung.

So frühzeitige Narzissen
Blühen reihenweis im Garten.
Mögen wohl die guten wissen,
Wen sie so spaliert erwarten.

Wie genau ist das gesehen, was die ersten vier Zeilen aneinanderreihen! Je älter Goethe wird, desto genauer wird er. Und solche Exaktheit

verbindet sich mit der größten lyrischen Leichtigkeit. Das Thema:
allein die Blumen. Nur der Schluß bringt andeutungsweise den Gedanken an eine menschliche Gestalt. Wo hat es im ganzen 19. Jahrhundert
in Deutschland ein vergleichbares Gedicht gegeben? Goethe hat hier
etwas durchaus Eigenes entwickelt, in aller Stille, unbeachtet, und man
muß schon bis zur Zeit des Impressionismus gehen, um Vergleichbares
– der Art, nicht dem Range nach – zu finden.

Und ein zweites Frühlingsgedicht:

> Ziehn die Schafe von der Wiese,
> Liegt sie da, ein reines Grün,
> Aber bald zum Paradiese
> Wird sie bunt geblümt erblühn.
> Hoffnung breitet lichte Schleier
> Nebelhaft vor unsern Blick:
> Wunscherfüllung, Sonnenfeier,
> Wolkenteilung bring' uns Glück!

Auch hier zunächst genaue Beobachtung: der von den Schafen kurzge-
fressene Wiesenteppich; über seinem Grün liegt ein Nebelschleier,
schon im Begriff, der Sonne zu weichen. Mit diesem Zustand verbindet
sich dem Dichter in diesem Augenblicke die Hoffnung auf bunte
Blumen und durchbrechende Sonne. Die Sprache läßt den Gegenstand
in seiner Wirklichkeit bestehn, macht ihn zum Sinnbild durch Farb-
und Lichtsymbolik und gelangt so zur Hoffnung im allgemeinsten
Sinne: Möge es diese „Wunscherfüllung" in Zukunft geben, nicht nur
„Wolkenteilung", sondern auch den Anteil des Herzens, „Sonnenfeier".[9]

Die Landschaft ist hier die Wiese, meist ist es in diesem Zyklus der
Garten. Dem Narzissen-Gedicht vergleichbar durch seine Gegenständlichkeit ist das Gedicht von dem Pfauen, der im Garten sein Rad
schlägt.

> Entwickle deiner Lüste Glanz
> Der Abendsonne goldnen Strahlen,
> Laß deines Schweifes Rad und Kranz
> Kühn-äugelnd ihr entgegen prahlen.
> Sie forscht, wo es im Grünen blüht,
> Im Garten, überwölbt vom Blauen;

---

[9] Dem „Grün" in der zweiten Zeile entspricht als Steigerung „bunt" in der
vierten Zeile, den „lichten Schleiern" das Motiv „Wolkenteilung, Sonnenfeier".

Ein Liebespaar, wo sie's ersieht,
Glaubt sie das Herrlichste zu schauen.

Die Gegenbewegung von schrägscheinender Sonne und radschlagendem Pfauen ergibt die sprachschwelgerische Zeile „Kühn-äugelnd ihr entgegen prahlen"; Pflanzen und Himmel werden als „das Grüne" und „das Blaue" gegeneinander gesetzt, und die Wachstumswelt gipfelte in Liebessymbolik.

Doch nicht immer ist die Sprache so glanzvoll wie hier; in dem nächsten Gedicht ist sie von schlichter Einfachheit. Freilich ist auch das Thema ein anderes: Erinnerung der Liebe.

War schöner als der schönste Tag,
Drum muß man mir verzeihen,
Daß ich sie nicht vergessen mag,
Am wenigsten im Freien.
Im Garten war's, sie kam heran,
Mir ihre Gunst zu zeigen;
Das fühl' ich noch und denke dran
Und bleib' ihr ganz zu eigen.

Die Gegenwart ist ein Zustand des Herzens, der eine Vergangenheit festhält und bildhaft erneuert; gleichbleibend als Hintergrund: der Garten.

Der Zyklus führt bis zum Herbst, und da steht dann das kleine Gedicht von der Rosenknospe:

Nun weiß man erst, was Rosenknospe sei,
Jetzt, da die Rosenzeit vorbei;
Ein Spätling noch am Stocke glänzt
Und ganz allein die Blumenwelt ergänzt.

Bezeichnend für diesen Zyklus und verwandt chinesischer Kurzlyrik ist, daß das Motiv nur eine einzige Pflanze ist. Den Hintergrund bildet die zusammenfassend genannte „Blumenwelt", welche durch die Rose ihre Krone, ihre notwendige Ergänzung erhält. Das Gedicht gibt ein Anschauen, das zum Wissen wird; und – zwischen den Zeilen – die Symbolik der Blüte im Herbst.[10]

Der ganze Zyklus zeigt Kurzgedichte in reinem Altersstil. Einige

---

[10] Die Versform ist folgende: zwei Fünftakter umschließen zwei Viertakter, eine lange Zeile reimt jeweils mit einer kurzen, spiegelbildlich ordnen sie sich um die metrische wie inhaltliche Gedichtmitte.

sind sachlich-dinglich wie das Narzissen-Gedicht oder die Verse vom radschlagenden Pfauen. Andere sind Erinnerung oder Meditation: das Gedicht „War schöner als der schönste Tag" und das Rosenknospe-Gedicht. Um das Irdische in seiner Schönheit zu erkennen, genügt ein Ausschnitt, der Garten öder die Wiese. Das Natur-Motiv wird genau gegeben, zugleich in kühner Beschränkung auf wenige Worte. Doch nun erfolgt eine Steigerung vom Sinnenhaften zum Geistigen, das was Goethe im Alter als „Heiterkeit" bezeichnet.

Das Kurzgedicht erreicht hier noch einmal einen Höhepunkt wie einst in der frühen Weimarer Zeit. Es ist die Gnade, die Goethes Leben widerfuhr: seine dichterische Produktivität bleibt bis ans Ende bestehen; und: seine späteste Dichtung ist nicht Dichtung des Schmerzes, sondern der „Heiterkeit", stille liebende Betrachtung, Freiheit des Geistes. Das Herz wird von keiner Leidenschaft mehr zerrissen, doch es empfindet lebendig alles Schöne der Welt. Die Marienbader Kurzgedichte hatten noch einmal von Schmerzen gesprochen: „Ach, wer doch wieder gesundete..." In den „Chinesisch-deutschen Jahreszeiten" sind das Herz und die Welt in Harmonie.

Dieses Lebensgefühl der Spätzeit hat sich dann noch einmal in einem Kurzgedicht aus Goethes letztem Lebensjahr ausgesprochen. Goethe hat es selbst datiert: „Den 18. Januar 1832". Das Thema dieses Gedichts ist etwas Außerordentliches: ein Selbstbildnis des spätesten Goethe; aber nicht nur das – ein Selbstbildnis mit Faust. Die dichterische Gestalt und der greise Dichter werden zusammengestellt, verglichen – und das in vier Zeilen. Dazu bedarf es höchsten Könnens.

Den 18. Januar 1832
Der Zaubrer fordert leidenschaftlich wild
Von Höll' und Himmel sich Helenens Bild;
Trät' er zu mir in heitern Morgenstunden,
Das Liebenswürdigste wär' friedlich ihm gefunden.

Zwei Zeilen gelten Faust, zwei Zeilen Goethe. Jener „leidenschaftlich" und „wild" in fernsten Bereichen fordernd; dieser „heiter" und „friedlich" im engsten Bereiche schöpferisch. Denn die „Morgenstunden" sind die Stunden im Arbeitszimmer mit dem Blick auf den Garten, und das „Liebenswürdigste", das da gefunden wird, ist das Bild der Schönheit, das sich dem schöpferischen Dichter, dem Dichter der Helena, ergibt – ein geistiges Werden, und das zu Geist Werdende nennt Goethe „heiter". Skizzenhaft gezeichnet, mit wenigen Strichen, sein

Verhältnis zur Welt, neben der dunklen Gestalt des Maßlosen. Dieser Vierzeiler vom Januar 1832 ist Goethes letztes lyrisches Kurzgedicht und ist zugleich eins der schönsten durch Tiefe des Gehalts, Knappheit der Worte, Leichtigkeit der Fügung. Es ist ein weiter Weg von den Gedichten aus der Straßburger Zeit bis zu den „Chinesisch-deutschen Jahreszeiten" und den Zaubrer-Versen. Goethe hat diese Form ganz selbständig entwickelt. Sie kommt bei den anderen deutschen Dichtern der Zeit nicht vor, nicht bei Klopstock, nicht bei Schiller, auch nicht bei Hölderlin. Wie kam er zu dieser Form? Wo hat er sie her? In seiner Jugend, als er sie ergriff, kannte er nichts von der Kurzlyrik der Weltliteratur. Was er kannte, war die zeitgenössische anakreontische Dichtung in Frankreich und in Deutschland.[11] Da gab es kurze Formen, ja das Rokoko hatte eine besondere Freude an dem Kleinen, Zierlichen; doch es war zugleich das Pointierte, das Witzige. Ein Beispiel aus der Dichtung des damals bekannten Leipziger Dichters Christian Felix Weiße:

Philomele

Ach, Thyrsis! welchen süßen Schmerz
Singt Philomele mir ins Herz!
Es schmilzt von ihren Klagen.
Ach, Thyrsis, wenn du jetzo kämst,
Mich küssend in die Arme nähmst,
Was könntest du nicht wagen![12]

Das ist Rollenlyrik; der Schluß ist eine unerwartete erotische Pointe. Diese witzige, spielerische Behandlung der Kurzform hat Goethe als Student in Leipzig gesehen und übernommen. Ein Beispiel dafür, wie gut er sie beherrschte:

Annette an ihren Geliebten

Ich sah, wie Doris bei Damöten stand,
Er nahm sie zärtlich bei der Hand;
Lang sahen sie einander an,
Und sahn sich um, ob nicht die Eltern wachen,

---

[11] Beispiele findet man in: Dichtung des Rokoko. Hrsg. von Alfred Anger. Tübingen 1958. (Dt. Texte, 7.) – Dazu auch: A. Anger, Literarisches Rokoko. Stuttg. 1964. (Sammlung Metzler.) – Christian Felix Weiße, Scherzhafte Lieder. Lpz. 1758. – Karl Wilhelm Ramler, Lieder der Deutschen. Bln. 1766. Beide Bände faksimiliert hrsg. von A. Anger in „Dt. Neudrucke, 18. Jahrhundert", Stuttg. 1965.
[12] Chr. F. Weiße, Kleine lyrische Gedichte. Lpz. 1772. Bd. 1, S. 141.

Und da sie niemand sahn,
Geschwind – genug, sie machten's, wie wir's machen.

Diese kleine Strophe von sechs Zeilen sieht äußerlich ähnlich aus wie
Goethes spätere Kurzlyrik; doch innerlich ist sie mit ihrer Szene zu
zweit und ihrer witzigen Äußerung dazu etwas ganz anderes.[13] Einstrophige Rokokogedichte haben die Kürze eines Witzes, Goethes
lyrische Kurzgedichte die Kürze eines Meditationstextes.
Die Form war also da, das einstrophige kleine Gedicht. Goethes
schöpferische Leistung bestand darin, daß aus dem distanzierten witzigen Gedicht des Rokoko sein Ausdrucksgedicht wurde, das einen
erlebten Augenblick wiedergibt. Nachdem er es in der Friederikenly-
rik und in den Gedichten an Lili geschaffen hatte, behielt er es bei.
Diese Form bedurfte nun keines Einflusses von außen mehr. Sie ergab
sich ihm von Zeit zu Zeit immer wieder.
Als 1779 der zweite Teil von Herders „Volksliedern" erschien,
konnte Goethe darin zwischen den vielen langen Liedertexten auch
einige wenige einstrophige finden; Herder bezeichnet sie als „Fragmente griechischer Lieder" und „Fragmente lettischer Lieder", denn er
glaubte, daß die Einstrophigkeit nur bruchstückhafte Überlieferung
sei.[14] Goethe hatte damals seine Kurzlyrik schon so weit entwickelt,
daß diese Strophen ihm nichts Richtungsweisendes bieten konnten.
Er begegnete lyrischen Kurzgedichten dann später bei seiner Beschäftigung mit verschiedenen Bereichen der Weltliteratur. Als er in
den Jahren 1814–1818 an seinem „West-östlichen Divan" arbeitete, las
er viele Übersetzungen von arabischer, persischer und türkischer

---

[13] Daß Goethe von der Rokoko-Dichtung ausgeht, zeigt die Form der ersten
Kurzgedichte. „Ob ich dich liebe" wiederholt die erste Zeile am Schluß; „Ach, wie
sehn' ich mich nach dir" wiederholt die erste Zeile als siebente. Das ist eine
Fortführung der in der Anakreontik beliebten Rondo-Form.
[14] Herder, Werke. Hrsg. von B. Suphan. Bd. 25, 1885, S. 407–411. Unter den
von Herder gebrachten Gedichten ist auch das der Sappho zugeschriebene „Der
Mond ist schon hinunter..." Dieses Gedicht war schon 1774 im Göttinger
„Musenalmanach" erschienen, in Übersetzung von Johann Heinrich Voß:

Der Mond und die Siebensterne
Sind unter, und Mitternacht ist's.
Vorbei ist die Stund'! Ich Arme
Muß aber alleine liegen.

Voß oder der Herausgeber Boie haben die Überschrift „Nachtgedanken eines
Mädchens" hinzugesetzt (weil alle Gedichte in dem Band Überschriften haben),
sonst aber nichts verändert. Da in diesem Musenalmanach vier Gedichte Goethes
abgedruckt sind, ist es gut möglich, daß Goethe diese Verse gesehen hat.

Lyrik. Vor sein „Buch Suleika" setzte er ein Motto; es ist wörtlich übernommen: die Übersetzung des Berliner Orientalisten v. Diez von einem Gedicht des türkischen Sultans Selim I. Die Verse lauten:

Ich gedachte in der Nacht,
Daß ich den Mond sähe im Schlaf;
Als ich aber erwachte,
Ging unvermutet die Sonne auf.[15]

Das ist Kurzlyrik von makelloser Schönheit. Zwei Bilder, eins das andre überglänzend, zwei Zustände des Innern, und aus ihnen heraus das begeisterte Wort; nichts Gedankliches, alles anschaulich-sinnenhaft. – In der persischen Dichtung, mit der sich Goethe beschäftigte, kommt die kurze Form oft vor; meist als eine Art Epigramm oder Spruchgedicht; gelegentlich aber auch – wie in dem eben genannten Beispiel – im engeren Sinne lyrisch. In dem Werk des Hafis, das er in der Gesamtübersetzung des Joseph v. Hammer las, stehen am Ende 72 Vierzeiler (persisch: Rubajat), darunter einige, die bildkräftig-leidenschaftliche Liebeslyrik sind. Goethe brauchte sie als Anregung nicht, seine lyrischen Formen waren schon da. Doch sie konnten ihm Bestätigung, Spiegelung des eigenen Schaffens sein.

In den Jahren, als die Kurzlyrik zu einer Hauptform des Spätstils wurde, hat Goethe ihr gelegentlich Aufmerksamkeit zugewandt, wenn er sie in der Volksdichtung fand, der er stets mit besonderer Vorliebe nachging. In den Jahren 1824 und 1825 waren es neugriechische Volkslieder, die ihm vorlagen, eine zweisprachige Ausgabe, links der griechische Text, rechts die französische Übersetzung. Er hat eine Reihe von Gedichten daraus übersetzt, darunter folgendes:

Die Nachtigall, sie war entfernt,
Der Frühling lockt sie wieder;
Was Neues hat sie nicht gelernt,
Singt alte liebe Lieder.

Das ist eine genaue Übersetzung.[16] Goethe hat sie an zwei Stellen in seinen Gedichten gedruckt: unter den Übersetzungen („Neugriechi-

---

[15] Heinrich Friedrich v. Diez, Denkwürdigkeiten von Asien. 1. Teil, Berlin 1811, S. 254.

[16] Die französische Übertragung, die Goethe leichter verständlich war als der neugriechische Text, lautet: „Le rossignol, qui était absent, qui était en pays étranger, – est revenu chanter son air accoutumé." C. Fauriel, Chants populaires de la Grèce moderne. Paris 1825. Bd. 2, S. 287.

sche Liebe-Skolien") und sodann auch unter den eigenen Gedichten, hier mit der Überschrift „Ländlich". Sie gehörte zu dem, was er mitunter „Angeeignetes" nannte. Er hatte das Gefühl, dieses Lied hätte er auch selbst machen können. Es entsprach ihm vollkommen. Für das Stilprinzip der Kürze benutzte er das zu seiner Zeit übliche Wort „Lakonismus". Als er 1806 „Des Knaben Wunderhorn" rezensierte, hob er mehrfach die Knappheit hervor: „Der Drang einer tiefen Anschauung fordert Lakonismus";[17] und als er 1825 serbische Lieder besprach, schrieb er: „Alles ist kurz, aber zur Genüge dargestellt."[18] In seinen Sprüchen aus dem Alter stehen die Sätze: „Eigentlichster Wert der sogenannten Volkslieder ist der, daß ihre Motive unmittelbar von der Natur genommen sind. Dieses Vorteils aber könnte der gebildete Dichter sich auch bedienen, wenn er es verstünde. Hierbei aber haben jene immer das voraus, daß natürliche Menschen sich besser auf den Lakonismus verstehen als eigentlich Gebildete."[19] Die hier gegebene Kennzeichnung – „Lakonismus" und dazu „Motive unmittelbar von der Natur" – paßt zu Werken wie den neugriechischen Volksliedern. Doch bediente er selbst, der „gebildete Dichter" sich nicht auch dieser Stilmittel? Und gab es nicht in ihm eine Seite, die dieser Volksdichtung nahe stand?

1827 lernte er dann chinesische Lyrik kennen. In ihr ist das Kurzgedicht eine altüberlieferte und sehr kunstvolle Form. Meist wird darin ein Landschaftsbild und eine Lebenssituation angedeutet, das Herz spricht mit wenigen Worten Schmerz oder Freude, Erwartung oder Enttäuschung aus. Goethe lernte nicht die Meisterwerke chinesischer Lyrik kennen, sondern mittelmäßige Gedichte. Doch mit seiner Fähigkeit, das Wesentliche zu erfassen, erkannte er hier die Besonderheit der kurzen Form, die mit Sicherheit ein Motiv auffaßt und es mit sparsamsten Mitteln gestaltet, wie es auf andere Weise auch die chinesischen Tuschzeichnungen tun.[20]

---

[17] Hbg. Ausg., Bd. 12, S. 282,30f.
[18] In dem Aufsatz „Serbische Lieder" (Hbg. Ausg. 12, S. 332). – Im Zusammenhang mit der Volksdichtung spricht der Brief an Iken vom 23. Februar 1826 von dem „Einfach-Wahren".
[19] Maximen und Reflexionen. In der Ausg. von M. Hecker (Schr. d. Goethe-Ges., 21, 1907) Nr. 514. In der Hbg. Ausg., Bd. 12, Nr. 942f.
[20] Goethe las 1827 in der Übersetzung des Pariser Sinologen Abel Rémusat den Roman „Les deux cousines", in den Lyrik eingestreut ist, dann chinesische Novellen, „Contes chinoises", die ebenfalls Verseinlagen enthalten. Besonders beschäftigte er sich mit dem in englischer Übersetzung von P. P. Thoms 1824 in

Vergleicht man Goethes chinesische Lektüre von 1827 mit seinen Gedichten dieses Jahres, den „Chinesisch-deutschen Jahres- und Tageszeiten", so sieht man: Goethe hat seine eigene Form behalten, das gegenständliche Gedicht und das Stimmungsgedicht in der Sprachform seines Altersstils. Die Beziehungen zu den chinesischen Gedichten sind nur allgemeiner Art. Hier wie dort Kurzlyrik, ein Minimum an Mitteln, ein Maximum an Ausdruck; leicht und kräftig wenige Farbtöne nebeneinander gesetzt; kleine Einzelmotive, zurückgeführt auf ein letztes Wesentliches, die Sprache verkürzt bis zur Formel, der Mensch in Harmonie mit der Natur.

Die Beschäftigung mit chinesischer Dichtung 1827 ist Goethes letzte Begegnung mit lyrischen Kurzgedichten der Weltliteratur. Von den japanischen Haiku hat er nie etwas gehört; sie waren damals in Europa noch unbekannt.

Die Frage, wie Goethe zu dem lyrischen Kurzgedicht kam und was dieser Art er kennenlernte, läßt sich also klären. Er nahm Anregungen auf von den kleinen lyrischen Formen der Rokokodichtung und machte aus dem pointierten, abstandhaltenden Gedicht, das er dort fand, sein ausdruckhaftes Gedicht des erlebten Augenblicks. Als er später lyrische Kurzgedichte der Weltliteratur kennenlernte, konnte sie ihm nur noch Bestätigung seines Weges sein.

Hier ergibt sich nun aber eine andere Frage. Wie steht Goethes Kurzlyrik innerhalb verwandter Formen in der Weltliteratur? Diese Frage ist schwerer zu lösen. Ich deute durch einige Beispiele an, wie ich sie verstehe.

Etwa aus der Zeit 1500 Jahre vor unserer Zeitrechnung stammt ein ägyptischer Papyrus mit der Strophe eines Mädchens:

Wenn der Wind kommt, will er zur Sykomore,
Wenn du kommst, willst du zu mir.[21]

Ein Bild aus der Natur, eine Gewißheit des Herzens – ganz wenige Zeilen.

London erschienenen Versroman „Chinese courtship", dem in diesem Bande ein Zyklus von Gedichten angehängt ist. Goethe hat einige von diesen übersetzt und diese seine Übertragungen in seinem Aufsatz „Chinesisches" veröffentlicht. – Ausführlicher darüber: Hbg. Ausg. Bd. 1, Anm. zu S. 387–390. Und: Christine Wagner-Dittmar in: Studien zu Goethes Alterswerken. Hrsg. von E. Trunz. Frankfurt 1971, S. 122–228.
[21] Adolf Erman, Die Literatur der Ägypter. Lpz. 1923, S. 304. – Altägyptische Liebeslieder. Übertr. von Siegfried Schott. Zürich 1950, S. 7.

Etwa 600 vor Christo wurde ein altgriechisches Kurzgedicht aufgezeichnet, das man später der Sappho zuschrieb:

Nun ist schon der Mond versunken
und auch die Plejaden. Mitte
der Nacht, und die Zeit des Wartens
vorüber. Alleine schlaf ich.[22]

Etwa zur Zeit von Christi Geburt wurde das lyrische Kurzgedicht in
Indien eine gepflegte Kunstform. Ein Beispiel aus der Sammlung, die
den Namen des Dichters oder Gedichtsammlers Hala trägt, in schlichter Prosaübersetzung:

Nach welcher Himmelsrichtung ich blicke,
Da sehe ich dich vor mir wie gemalt;
Das ganze Himmelsrund führt mir
Gleichsam eine Reihe Bilder von dir vor.[23]

Auch hier ist das gefühlsbewegte Ich in einer inneren Beziehung zu der
Natur, in die es ausblickt.

Bald danach wird das lyrische Kurzgedicht zur bevorzugten Form
in China. Der literarisch geschulte Lyriker dort wußte, daß Kürze
mitunter besonderen Kunstwert hat, er begrenzte das Gedicht auf
wesentliche und wenige Motive. Ein Höhepunkt dieser Kunst ist die
Dichtung des Li Tai-bo im 8. Jahrhundert:

Vor dem Bett   seh ich Mondglanz.
Liegt so   auf dem Boden Reif?
Ich hebe den Kopf   erblick über Bergen den Mond.
Ich neige den Kopf   denke der alten Heimat.[24]

---

[22] Sappho. Griechisch und deutsch. Hrsg. von Max Treu. München 1963,
S. 72 f. Dazu S. 211: „Tatsache ist, daß dieser Vierzeiler ein vollständiges Lied ist,
dem nichts voraufging und nichts folgte."
[23] Das Saptaçatakam des Hâla, hrsg. von Albrecht Weber. Lpz. 1881. =
Abhandl. für die Kunde des Morgenlandes, hrsg. von der Dt. Morgenländischen
Gesellschaft, 7. Bd., Nr. 4, S. 244 f.
[24] Das oft übersetzte Gedicht ist hier zitiert in der Übertragung von Joachim
Schickel aus seinem Büchlein „Sieben Tage chinesisch", München 1963, S. 28. –
Einen allgemeinen Überblick über die chinesische Lyrik gibt die Zusammenstellung von W. Gundert in dem Band „Lyrik des Ostens", 1952. – Übertragungen
chinesischer Kurzgedichte bringt auch: Der Wind brach einen Blütenzweig. Chinesische Gedichte, übertr. von Jan Uhlenbrook. Baden-Baden 1959.

In dieser Zeit erreicht auch in Japan das Kurzgedicht seine erste Blüte. Auch dafür ein Beispiel:

Herbstliche Felder.
Die Ähren des Reises hüllt
Morgennebeldunst.
Irgendwohin vergeht er –
Wohin meine Sehnsucht?[25]

Ein Bild der Natur mit stiller Symbolik, eine Gestimmtheit des Herzens – in fünf Zeilen.

Am Ende des 12. Jahrhunderts kommen in Deutschland einstrophige Gedichte bei den frühen Minnesängern vor. So schreibt z. B. der Herr v. Kürenberg folgendes vierzeiliges Lied, Verse eines Mädchens:

Swenne ich stân aleine   in mînem hemede,
unde ich gedenke an dich,   ritter edele,
so erbluot sich mîn varwe   als der rôse an dorne tuot,
und gewinnet daz herze   vil manigen trûrigen muot.[26]

Doch es bildete sich in Deutschland keine Tradition dieser Form. Das geschah nur in Spanien, wo sich eine Kunst der einstrophigen Dichtung entwickelte.[27]

Auch die große persische Dichtung des 12.–14. Jahrhunderts kannte kurze lyrische Strophen. Meist freilich sind ihre kurzen Formen moralisierend, betrachtend, belehrend, also spruchhafte Dichtung. Doch daneben gibt es – seltener – auch das rein lyrische Kurzgedicht, bei Omar Chajjam, bei Hafiz und anderen,[28] und von da strahlt es aus in die folgenden Jahrhunderte und bis in die Türkei, wo dann um 1500 Sultan Selim I. die Verse schreibt, die Goethe vor sein „Buch Suleika" setzte:

---

[25] Übertragen von Wilhelm Gundert. Aus: Lyrik des Ostens. München 1952, S. 374.
[26] Des Minnesangs Frühling, neue Bearb. von Fr. Vogt. 4. Ausgabe. Lpz. 1923, S. 6.
[27] Rafael de Balbin, Sistema de rítmica Castellana. Madrid 1962, S. 283–288: El poema monoestrófico.
[28] Lyrik des Ostens. München 1952, S. 80–106 und dazu das knapp das Wesentliche mitteilende Nachwort von Annemarie Schimmel S. 468–481. – Omar Chajjam, Durchblättert ist des Lebens Buch. Nachdichtung von M. Remané. Bln. 1962. – Orientalische Dichtung in der Übersetzung Fr. Rückerts. Hrsg. von A. Schimmel. Bremen 1963.

Ich gedachte in der Nacht,
Daß ich den Mond sähe im Schlaf,
Als ich aber erwachte,
Ging unvermutet die Sonne auf.[29]

Am Ende des 18. Jahrhunderts beginnt dann in Deutschland Goethe mit seinen lyrischen Kurzgedichten. Er entwickelt die Form sein Leben lang weiter, und von ihm angeregt kommt sie vereinzelt bei deutschen Lyrikern des 19. Jahrhunderts vor.[30] Erst in der Zeit des Expressionismus wird sie häufiger, gleichzeitig in der deutschen und in der italienischen Dichtung.[31]

Das lyrische Kurzgedicht ist also eine Form, die mehrfach neu entstand, weil es eine Urform des Lyrischen ist; denn den Seufzer des Leids oder die Sehnsucht der Liebe auszusprechen, ist eine Ursituation des Dichters. Wo es eine fest tradierte Form wurde wie in China und Japan, weiß der Dichter, daß Kürze ihre eigene Ausdruckskraft hat. Wo es auftaucht und wieder verschwindet, steht es oft dem Volkslied nahe, in welchem es ebenfalls einstrophige Kurzformen gibt.[32] Das neugriechische Lied

Die Nachtigall, sie war entfernt,
Der Frühling lockt sie wieder;
Was Neues hat sie nicht gelernt,
Singt alte liebe Lieder.

ist nichts Vereinzeltes. Vergleichbares gibt es in der Volksdichtung in Spanien, Italien, Ungarn und anderswo.[33] In der Sammlung der „Car-

---

[29] Heinrich Friedrich v. Diez, Denkwürdigkeiten von Asien. 1. Teil. Berlin 1811, S. 254.

[30] Z. B. Eichendorff, Herbst (So still in den Feldern allen); Nacht (Die Vöglein, die so fröhlich sangen); Uhland, Ruhetal (Wann im letzten Abendstrahl); Mörike, Septembermorgen (Im Nebel ruhet noch die Welt).

[31] Beispiele findet man zahlreich in den vielen Anthologien von Gedichten aus dieser Zeit.

[32] Auf die Beziehungen der Kunstdichtung zur Volksdichtung hat besonders Theodor Frings hingewiesen. Genannt seien vor allem: Minnesinger und Troubadours. Bln. 1949. (Dt. Akad. d. Wiss. zu Berlin, Vorträge u. Schriften, Heft 34.) Und: Die Anfänge der europäischen Liebesdichtung im 11. und 12. Jahrhundert. München 1960. (Bayerische Akad. d. Wiss., Phil.-hist. Kl., Sitzungsberichte, Jg. 1960, Heft 2.)

[33] Cancionero popular de Extremadura. Tom. I. Badajoz 1961. – Bianca Maria Galanti, Le villanella alla Napolitana. Firenze 1954. – Alberto Favara, Corpus di musiche popolari Siciliane. A cura di Ottavio Tiby. 2 Bde. Palermo 1957. –

mina Burana" sind mancherlei einstrophige Gedichte überliefert, darunter folgende volkstümliche Strophe:

Gruonet der walt allenthalben.
wa ist mîn geselle alsô lange?
der ist geriten hinnen.
owî! wer sol mich minnen?[34]

Das lyrische Kurzgedicht in der Kunstdichtung ist also ähnlichen Formen der Volksdichtung benachbart; doch nur der Kunstdichter macht sich den Wert der Beschränkung bewußt. Es ist eine Form, die in der Weltliteratur immer wieder auftaucht, vor allem als Ausdruck einer individuellen Augenblickssituation, der Liebe, des Schmerzes, im Zusammenhang einer Umwelt, zumal der Natur. Und wie steht Goethe in der Reihe dieser Erscheinungen? Er hat, weil er aus Begabung und innerem Drang dem erfüllten Augenblick Gestalt geben mußte und dabei das Schlichte, Unscheinbare nicht verschmähte, diese Form neu geschaffen und sie damit der neuzeitlichen abendländischen Dichtung eigentlich erst geschenkt. Obgleich er sie selbständig fand, ist sie doch etwas, was weithin Beziehungen hat. Der Gedichttyp „Über allen Gipfeln" – ein Bild der Natur und die innere Übereinstimmung des Herzens mit ihr – kommt auch im Chinesischen und Japanischen vor. Das ist auch der Grund, warum östliche Kenner deutscher Dichtung gerade diese Gedichte Goethes lieben und von ihnen aus in seine Dichtung eindringen.[35]
Ein kurzes Gedicht enthält wenige Wörter. Auf die Art, wie sie gefügt sind, kommt es an. Ein Beispiel aus dem Barometer-Gedicht:

Rumänische Volkslieder aus der Bukowina. 1. Bd.: Liebeslieder. Hrsg. von Matthias Friedwagner. Würzburg 1940. – Academia scientiarum Hungarica, Corpus Musicae populi Hungaricae. A Magyar Népzene tára ... szerkeszette Bartók Béla és Kodály Zoltán. 4 Teile in 5 Bänden. Budapest 1951–1959. – Bartók, Béla: Das ungarische Volkslied. Bln. u. Lpz. 1925. = Ungar. Bibliothek, 1. Reihe, Bd. 11.

[34] Carmina Burana. Hrsg. von Alfons Hilka und Otto Schumann. Bd. 1, 2. Teil. Die Liebeslieder. Heidelberg 1941, S. 253. Der Vierzeiler ist in der Handschrift ein Gedicht für sich und so auch in dieser kritischen Ausgabe. Daß mehrere Herausgeber die vorangehenden Zeilen „Floret silva undique; / nach mîme gesellen ist mir wê" mit ihm vereinigen, ist zumindest problematisch. Vgl. auch Frings, Minnesinger und Troubadours, 1949.

[35] Dieser Eindruck, der sich mir aus Gesprächen mit ostasiatischen Gelehrten ergeben hat, wird bestätigt durch: Chuan Chen, Die chinesische schöne Literatur im dt. Schrifttum. Diss. Kiel 1933. Und: Junyu Kitayama, West-östliche Begegnung. 3. Aufl. Bln. 1942.

Es sinke viel, es steige kaum
Der Freude Wink, des Schmerzens ...

Sowohl „sinken" wie „steigen" gehören zu beiden Wörtern der folgenden Zeile, zu „Freude" und zu „Schmerz", doch die Beziehung ist feiner; „sinken" gehört mehr zu „Freude", „steigen" mehr zu „Schmerz" wegen der entsprechenden Anordnung; und: der Zeiger „sinkt viel" und „steigt kaum" – das Schmerzliche überwiegt.[36] Die wenigen Wörter bedingen wenige Aussagen. Was wird in dem Selbstbildnis mit Faust von dem Ich gesagt? Die „heiteren Morgenstunden" und das „friedliche" Finden des Bildes der Schönheit – mehr nicht. So ist dieses Altersselbstbildnis auf wenige Wesenszüge reduziert.

Die äußere Form ist fast immer eine einzige Strophe, ausnahmsweise sind es zwei Strophen zu je vier Zeilen. Die meisten dieser kleinen Gedichte haben vier oder sechs Zeilen. Wichtiger ist die innere Einheit. Manche sprechen nur von dem Zustand des Herzens, z. B. „Ach, wer doch wieder gesundete". Meist aber sind die Seele und die Natur im Gedicht verbunden:

Hier bildend nach der reinen stillen
Natur, ist ach mein Herz der alten Schmerzen voll,
Leb' ich doch stets um derentwillen,
Um derentwillen ich nicht leben soll.

Das eine Motiv ist hier das schmerzbewegte Herz, Liebe da, wo sie nicht sein sollte. Das andere Motiv ist die Natur: „Hier bildend nach der reinen stillen Natur..." Beides ist im Zusammenhang. Der Dichter zeichnet nach der Natur, damit nimmt er etwas von ihr in sich hinein. Er spricht sein Herz angesichts der Natur aus. Die zwei Motive sind verknüpft zur Einheit: es ist *eine* Situation. Die Situation des zerrissenen Herzens vor der beruhigenden, stillen Natur. Ähnlich ist es in dem Gedicht „Über allen Gipfeln". Zunächst die friedliche Abendnatur, dann das Innere des Menschen, in das dieser Friede

---

[36] Hinter diesem kleinen Satz steht die alte rhetorische Figur der „versus applicati", der „vers rapportés", ähnlich wie in den „Chinesisch-deutschen Jahreszeiten" I:

Fröhlich trinken, geistig schreiben,
Schal' auf Schale, Zug in Zügen.

Und wie in der Marienbader „Elegie" Vers 99/100.

eingeht; wiederum *eine* Situation, und sie besteht darin, daß zwei Bereiche in Beziehung stehen: das Herz und die Welt. Sehr viele dieser Gedichte enthalten eine seelische Regung, Wunsch, Klage, Freude. Immer ist es ein Zustand, keine Wandlung, keine Reihung von Momenten. Manche beginnen mit „Ach": „Ach, so drückt das Schicksal mich..." Sie sind gleichsam Seufzer, unmittelbarer Ausdruck des Schmerzes in einem Augenblick. Bei Goethe ist das lyrische Kurzgedicht immer Gegenwart, im Gegensatz zu anderen längeren Gedichten, die mehrere Zeitstufen zeigen. Es spricht ein Erlebnis aus, es wird aber nicht über dieses reflektiert, wie z. B. in der Marienbader „Elegie". Fast immer sind diese Kurzgedichte monologisch, manche nur leise vor sich hingesprochen. Nur wenige sind an ein vertrautes Du gerichtet, die Briefgedichte an Frau v. Stein. Doch auch das ist Zeichen der Intimität. Aus diesem Grunde haben die meisten der Kurzgedichte keine Überschrift. Während in den – äußerlich ähnlichen – Sprüchen in Versen die Welt und die individuelle Vernunft in Beziehung treten, ist es in der Kurzlyrik die Welt und das individuelle Gefühl. – Als gemeinsame Wesenszüge zeigen die Kurzgedichte also: *eine* Situation, *eine* Stimmung, *ein* Bild und deswegen auch nur *eine* Strophe.

Da nun Goethe in seiner Lyrik überhaupt der Dichter des erfüllten Augenblicks ist, entspricht diese zarteste lyrische Form ihm besonders – freilich nicht zu allen Zeiten. Es gehört eine besondere innere Gelöstheit dazu; in der letzten Frankfurter Zeit und in den ersten Weimarer Jahren hatte er sie; und im Alter, seit dem „Divan". Dagegen konnte aus der inneren Haltung, in der er die „Römischen Elegien" oder die „Sonette" schrieb, keine Kurzlyrik entstehen. Sie kommt bei Goethe besonders in innerlich bewegten Zeiten vor, und zwar in solchen, in denen er ganz auf sich allein gestellt ist. Die Kurzgedichte der vorweimarischen Zeit sind Liebeslyrik; in Weimar wird daraus das Gedicht von Natur und Ich, das alsbald seinen Höhepunkt erreicht: „Über allen Gipfeln". Im Alter entstehen Naturgedichte und Gedichte des Gefühls, vor allem aber solche mit dem Zusammenklang beider Bereiche. Die Kurzlyrik macht also die Entwicklung Goethes mit vom Sturm und Drang bis zum Altersstil, während andere Gedichttypen wie die großen Hymnen und die Elegien auf gewisse Zeiten beschränkt blieben.

In allen Kurzgedichten ist das Ich nicht stilisiert. Das lyrische Ich ist hier Goethes persönliches Ich. Nicht so in der übrigen Lyrik (z. B. in „Künstlers Morgenlied", den Mignon-Liedern, „Der Musensohn", den Hatem-Gedichten im „Divan", „Um Mitternacht" usw.). In den Kurzgedichten spricht Goethe unmittelbar. Sie sind Ausdruck persönlicher Erfahrungen des Augenblicks. Sie sind der intimste Goethe. Wegen ihrer Intimität hat Goethe viele Kurzgedichte nicht veröffentlicht. Von den Lili-Gedichten haben seine Zeitgenossen nur wenige kennengelernt, von den Versen an Frau v. Stein nichts. Im Alter hat er Ausrufe innerer Not wie „Könnt' ich vor mir selber fliehn..." für sich behalten. Während er seine Balladen und seine weltanschaulichen Gedichte alle zum Druck gab, und von seinen Liedern und Elegien die meisten, blieb er bei den lyrischen Kurzgedichten sehr zurückhaltend.[37]

Viele dieser kleinen Gedichte wurden nur in einer ersten Niederschrift festgehalten und dann nie wieder abgeschrieben. Während andere, die großen Gedichte, umgearbeitet, abgeschrieben, gedruckt wurden, ist hier die erste Fassung oft auch die letzte. Manchesmal sind es nur flüchtige Entwürfe wie „Ach, wer doch wieder gesundete" oder fast unleserliche Zeilen wie „Es spricht sich aus der stumme Schmerz".[38] Bei einer ganzen Anzahl von Vierzeilern, die wir heute als Gedichte drucken, muß man annehmen, daß Goethe selbst sie kaum als solche betrachtet hat, höchstens als Entwürfe zu solchen.

Die Handschriften lassen erahnen, daß viele dieser kleinen Gedichte aus der Intuition des Augenblicks niedergeschrieben sind. Goethe hat dagegen an anderen – den großen – Gedichten sorgfältig gefeilt. (Das kann man aus den Handschriften erkennen.) Die Entstehung seiner Lyrik ist sehr verschiedener Art. Die Kurzgedichte gehören zu denjenigen Gedichten, die plötzlich und ungeahnt da waren. Er schreibt an den Herzog, er habe die Verse „Holde Lili, warst so lang.." vor sich hergesungen. Ähnliches berichtet er an Gustchen Stolberg über die Zeilen „Alles gaben Götter..."

Der künstlerische Rang einer Leistung steht in keinem Verhältnis zu der Mühe der Arbeit. Es gibt in den Briefen an Frau v. Stein eingestreute Verse, die aus dem Augenblick geboren sind, anderswo nicht aufgezeichnet wurden und die Goethe vermutlich selbst bald vergessen hat. Das leicht Hingeworfene, nur als privater Brief Gedachte, hat aber

---

[37] Zyklen mit objektivem Inhalt wie die Gedichte auf Tischbeins Idyllen und die „Chinesisch-deutschen Jahres- und Tageszeiten" gab er zum Druck; alle persönlichen Selbstaussagen blieben Handschrift, z. B. „Ach, wer doch wieder gesundete", „Es spricht sich aus der stumme Schmerz".

[38] Die Handschriften dieser Gedichte liegen im Goethe- und Schiller-Archiv.

höchsten künstlerischen Rang. Hier zeigt sich die Fazilität des Genies. Unter den großen Leistungen der Genialen gibt es viele mühsam erarbeitete Werke, aber auch solche, denen man die Leichtigkeit ihrer Entstehung ansieht, wie Rembrandts kleine Zeichnungen und Goethes Kurzgedichte. Es gibt viele Äußerungen Goethes über seine Gedichte – nur über die Kurzgedichte sagt er nichts. Sie waren zu intim, sie verlangten keine Technik der Darstellung wie Ballade oder Elegie, es hatte überhaupt noch nie jemand über diese Form gesprochen. Sie waren kein Thema für ein Gespräch.[39] Es gab viel theoretische Gedanken über die Elegie und die Ode und andere überlieferte Gattungen. Von dem lyrischen Kurzgedicht sprach man nicht. Er, der immer die Ursprünglichkeit des Schöpfertums hatte, zugleich aber auch so erstaunlich viel über sich selbst wußte, hat in diesem Falle wohl nicht erkannt, was ihm da eigentlich gelungen war.

Sehen wir die lyrischen Kurzgedichte im Zusammenhang von Goethes übriger Lyrik, so bemerken wir in den Sprüchen die Haltung des Reflektierenden, oft sind sie Auseinandersetzung mit der Welt. Die großen weltanschaulichen Gedichte einschließlich der Metamorphose-Gedichte sind lehrhaft und verkündigend. Die Elegien bringen Bilder eines Geschehens und Wandlungen des Empfindens in breiter Form. Die Kurzgedichte dagegen sind Ausdruck einer Augenblickssituation, ein Bild und ein Klang des Herzens – das ist alles.

Ganz andere Seiten Goethes zeigen die Dramen als reiches Bild der Welt mit ihrer Gegensätzlichkeit. Aus den autobiographischen Schriften, die sich zur Darstellung einer Epoche weiten, spricht Überblick, Ordnung, geistige Durchdringung. Die naturwissenschaftlichen Werke verraten Beobachtung, Stoffsammlung, Systematik und Fleiß. Und denken wir weiter an Goethes Tätigkeit für den Staat Sachsen-Weimar und seine Leistung als Sammler im naturwissenschaftlichen und kunsthistorischen Gebiet, so sehen wir weite Übersicht, klares Wollen, geregelte Tätigkeit, zähes Festhalten. Und zugleich war er ein Mensch des geselligen Freundeskreises, der Schriftsteller mit seiner Funktion im europäischen Geistesleben, der Herausgeber mehrerer Zeitschriften.

Das Bewundernswerte seiner inneren Weite ist die Fähigkeit, sich auf alle diese Gebiete sachgerecht einzustellen, am gleichen Tage vom

---

[39] Das zeigt die Sammlung von Hans Gerhard Gräf, Goethe über seine Dichtungen. Dritter Teil: Die lyrischen Dichtungen, 3 Bde. Frankfurt 1912–1914.

einen zum andern zu wechseln und dabei die innere Sensibilität zu behalten, aus der so zarte Gebilde wie die kleinen lyrischen Gedichte entstanden. Er lebte vielschichtig, und wir können uns seine Gestalt nur näher bringen, indem wir jeweilig ein Teilgebiet betrachten. Unsere Betrachtung ging diesmal von einer Form aus, doch sie führte, durch den Gegenstand veranlaßt, zum Gehalt, zum Geist dieser Gedichte. Es zeigte sich, daß in diesem Gedicht-Typ eine bestimmte Seite Goethes lebt, das Lyrische, das Intime, das Spontane. Das Kurzgedicht ist eine bescheidene stille Form zwischen den Groß-formen, und ihm entspricht ein stiller, oft wenig sichtbarer Zug in Goethes vielseitiger Natur. Und doch, es ist ein wesentlicher Zug; und es ist eine Form, die Schönstes hervorgebracht hat.

Das lyrische Kurzgedicht gibt bei dem Leser Anlaß, das Motiv nachklingen zu lassen, es als Meditationstext zu nehmen. In dem Gedicht von der Rosenknospe sagt Goethe „Nun weiß man erst, was Rosenknospe sei...", also nicht nur Sehen, sondern auch ein geistiges Verarbeiten, ein Wissen: Im Herbst noch einmal das Vollkommene; einsehen, daß es das letzte sei, ohne Trauer, die Natur anerkennend, wie sie ist, die Schönheit der Rose wissend. Goethe schrieb einmal an Schiller, „daß sich der Leser produktiv verhalten muß, wenn er an irgend einer Produktion teilnehmen will" (19. Nov. 1796). Das gilt besonders beim Kurzgedicht. Es leitet den Geist nicht von einem Motiv zum anderen wie ein langes Gedicht, sondern es bleibt bei einem Motiv oder ganz wenigen und deutet nur an. Alles Weitere muß der Leser tun.

Goethe hat damit für seine Zeit einen neuen Gedichttyp geschaffen, doch hat das – soweit ich sehe – damals niemand bemerkt; er selbst hat nie darauf hingewiesen, und so blieb dieser Sachverhalt lange unbeach-tet.[40] Darum wurde hier versucht, diese kleinen Gedichte einmal zusammenzustellen, denn ihre zarte Schönheit berührt sogleich jeden Empfänglichen.

---

[40] In der reichhaltigen Goethe-Literatur ist meines Wissens eine zusammenfas-sende Darstellung von Goethes lyrischen Kurzgedichten bisher nicht vorhanden.

Goethes Altersstil

Goethes Altersstil steht in engem Zusammenhang mit seiner Altersweltanschauung. Für diese wird jedes einzelne Phänomen zu etwas
Gleichnishaftem, das über sich hinausweist. In seiner Jugend hatte
Goethe die Gegenständlichkeit der Dinge, die Einmaligkeit des Hier
und Jetzt gesehen; in seiner Klassik verband er verwandte Erscheinungen zu einer Reihe und suchte den Typus und das Gesetz; im Alter
gewinnt diese Schau des Gesetzlichen eine neue Dimension: alles wird
zum Symbol. „Alles Vergängliche" weist über sich hinaus, wird zum
„Gleichnis" einer höchsten unvergänglichen Welt. Da das Symbol nie
auszuschöpfen ist (womit aber natürlich nicht gemeint ist, es sei
ungenau oder unklar), enthält diese Weltschau des Alters ein Element
von Mystik, und die symbolische Weltbetrachtung führt zu einem
symbolischen Stil der Dichtung.

Weil der Altersstil die allgemeinen Dinge des Lebens darstellen will,
wirkt er verallgemeinernd im Vergleich mit Goethes Frühstil, der auf
das Einmalige, Individuelle gerichtet ist. In „Pandora" (1808) werden
Prometheus und Epimetheus zu Vertretern der vita activa und vita
contemplativa, und ihnen stehen Chöre von Hirten, Schmieden und
Kriegern zur Seite, die ganz allgemein, typisierend gehalten sind. In
den Novellen, die seit dieser Zeit entstehen und die später in den
„Wanderjahren" zusammengefaßt werden, wird oft die Einzelgestalt
zum Vertreter eines Typs, und bezeichnend ist der verallgemeinernde
Titel „Der Mann von funfzig Jahren".

In Goethes früheren Dichtungen, in denen die Einzelmotive vorwiegend gegenständlich waren, bedurfte es nach althergebrachter
Weise einer kausalen Verknüpfung im Geschehniszusammenhang;
nun aber im Alter, wo es auf die Symbole ankommt, hat jedes
Einzelmotiv als ein über sich Hinausweisendes höheren Eigenwert, die
Komposition wird lockerer, wird zum Zyklus von Einzelmotiven,
und der Zusammenhang wird zum Symbolzusammenhang. Der besondere Kompositionsstil der Alterswerke ist also die symbolische
Bilderreihe, der Zyklus. Er will das Leben als Ganzes andeuten, denn
dies ist es, worauf es der Weltschau des Alters ankommt. In der Lyrik
wird der „Divan" zum großen Zyklus, dem sich kleinere Zyklen wie

die „Chinesisch-deutschen Jahres- und Tageszeiten" anschließen. In der Epik sind die „Wanderjahre" ein typisch zyklisches Werk und verkörpern den Altersstil in besonders ausgeprägter Art. Daß der ewigen Bewegung eine ewige Statik zugrunde liegt, gibt diesem Altersroman die Statik seiner Struktur. Die Bilder stehen nicht zeitlich nacheinander, sondern räumlich nebeneinander. Sie sollen alle zugleich dasein und miteinander verglichen werden. Etwa in bezug auf das Religiöse: die Josephsfamilie (kirchliche Gläubigkeit), Montan (Naturfrömmigkeit), der Abbé (sittlich-soziale Idee als religiöse Erfahrung); oder in bezug auf die Entsagung: Entsagung aus Taktgefühl (Joseph), aus Verpflichtung zur Arbeit (Lenardo), mangelnde Entsagung (Felix), usw. Es kommt weniger darauf an, in welcher Reihenfolge diese Bilder dargeboten werden, als vielmehr darauf, daß sie alle nebeneinander da sind. Daraus folgt das Sprunghafte der Erzählung, die Auflösung in Einzelbilder, deren Beziehung zueinander der Leser selbst herstellen muß. Ein Bild spiegelt das andere wechselseitig. In ähnlicher Art ist auf dem Gebiete des Dramas dann „Faust II" eine große symbolische Bilderreihe, in welcher der Handlungszusammenhang oft vernachlässigt wird, der Symbolzusammenhang aber überall schlüssig und notwendig ist. Die Entstehungsgeschichte zeigt, daß der ursprünglich angelegte Handlungszusammenhang bewußt zurückgestellt wurde, je mehr sich die innere Bezogenheit der symbolischen Bilder entwickelte. Motive, die für den Geschehnisablauf wichtig wären, wie die Losbittung Helenas in der Unterwelt und die Belehnung Fausts mit dem Meeresstrande, fallen weg, aber die ausgewogen zusammengestellten Bilder aus der Welt des Schönen und der Welt der Tat (anschließend an die Bilder des 1. Teils aus der Welt der Erkenntnis und der Welt der Liebe) enthalten alles, um Wesen und Grenzen dieser Lebensbereiche zu zeigen.

In allen Alterswerken tritt also die Kategorie der Zeit zurück, ob es sich nun um große Werke, wie „Faust II" und die „Wanderjahre", handelt oder um kurze Gedichte, wie „Der Bräutigam" oder „Früh, wenn Tal, Gebirg und Garten...". Vergangenheit und Gegenwart sind ineinander verschlungen, das Urbildliche wiederholt sich, und je mehr die Gotterfülltheit des Daseins erlebt wird, desto mehr ist die Zeitfolge gleichgültig.

Indem der Dichter seine Bilderreihe vor den Leser hinstellt, tritt er einerseits hinter sein Werk zurück, anderseits zeigt er sich eigenwillig in Auswahl und Zusammenstellung und läßt insofern sein Ich stärker sehen als je zuvor. Der Altersstil vereinigt in eigener Weise Abstand und Nähe. Der Dichter spricht nicht als Goethe, sondern als Hatem und ist doch plötzlich wieder er selbst so unverhüllt wie selten. Er begrenzt sich und weist zugleich über die Grenze hinaus, er gibt uns weiteste Ausblicke, souveräne Erkenntnisse, und setzt alles Gesagte durch Ironie wieder in die Schwebe. Das Persönlichste wird zu distanzieren versucht, indem er es zum Fall, zum Typ verallgemeinert, aber anderseits tritt da, wo wir das Sachliche erwarten, plötzlich der Autor ganz individuell hervor; in den Schriften zur Literatur und Kunst, besonders auch in den naturwissenschaftlichen Schriften spricht er über sich selbst, sein Bestreben und seine Meinung; auf solche Weise werden die Zeitschriften des alten Goethe, „Über Kunst und Altertum" und „Zur Morphologie" zu sehr persönlichen Mitteilungen. Seine Schreibweise unterscheidet sich hier von der seiner früheren Aufsätze, die nur über die Sache sprachen und das Ich vermieden, ähnlich wie sich der Stil der „Wanderjahre", in denen er als „Redacteur" seine persönlichen Betrachtungen einschiebt, eigenwillig abbricht und wieder fortfährt, von dem der „Lehrjahre" abhebt, in denen der Schreibende sein Ich gar nicht nannte und im Bericht alle Sprünge und Brüche verband und glättete. Oftmals wird er im Alter belehrend; Sprüche in Prosa und in Versen werden erst in dieser Zeit bei ihm häufig, und auch in Roman und Drama mischt sich Maximenartiges mannigfaltig ein. „Dichtung und Wahrheit" wird zum Buch der Altersweisheit, das die Erlebnisse der Jugend zum Ausgangspunkt nimmt, alle Erlebnisbereiche noch einmal von der Höhenlage des Alters zu durchfühlen und zu durchdenken. Zwischen die darstellenden Teile sind allgemeine Betrachtungen eingeschoben, und je älter Goethe wurde, desto breiteren Raum nehmen sie ein; das zeigt der 4. Teil (Buch 17–20), der 20 Jahre später geschrieben ist als der Beginn; er ist auch sonst bezeichnend für Altersstil und Altersgeist in seiner lockeren Komposition und seinen weiten Ausblicken (wie der Partie über das Dämonische im 20. Buch), die mehr durch die geistige Welt des Alters verursacht sind als durch den dargestellten Stoff des Jugendlebens.

Goethes Dichtung war immer reich an Bildern und Symbolen, aber erst im Alter gestaltet sich dieses Symbolik so vielfältig aus, daß sie ein großes Geflecht symbolischer Bilder wird. Das Licht ist das Symbol des Göttlichen, die Farbe bedeutet den Abglanz des Urlichts auf den irdischen Dingen, das Auge ist Sinnbild für die Stellung des Menschen zwischen Licht und Materie; die Erde ist das Materielle, Starre, Ungeistige; die Wolke wird zum Symbol dafür, daß Materie immer leichter werden kann, bis sie zuletzt in den Äther zerfließt und in des

Schöpfers Hand zurückkehrt. Der Schlaf ist Versinken ins Vegetative, fern von Gut und Böse; Jugend ist Fähigkeit zu Glauben und Begeisterung ohne Rationalismus und Skepsis usw.

Aus diesem Gefüge von Vorstellungen wird nun oft ein Motiv, ein Zusammenhang mit nur einem einzigen Worte angedeutet, ohne zu betonen, daß dieses Wort symbolisch gemeint sei. So entsteht die Formel. Da Goethe im Alter vieles zusammenfaßt, was ein Leben lang sich in ihm entwickelt hatte, und da größere Vorstellungszusammenhänge dabei oft knappen Ausdruck erheischen, bildeten sich diese formelhaften Wörter und Wendungen, die Goethe selbst und seiner nächsten Umgebung so geläufig waren, daß er wohl nicht mehr sah, daß Fernerstehenden dieser ihr Formelcharakter nicht sogleich verständlich sein konnte. Zu solchen Formelwörtern gehören „sich steigern, trüb" (Mischung von Materie und Licht), „heiter" (zu Geist werdend, das Leben in Helligkeit sehend) usw. Nur wenn man die besondere Bedeutung dieser Formelwörter kennt, wird deutlich, daß Zusammensetzungen wie „heitere Entsagung" (Bd. 12, S. 359), „Jugendschranke" (Bd. 2, S. 7) vollkommen paßrecht sind. Dem Greis ist seine Symbolwelt zur Selbstverständlichkeit geworden, und das stete Umgehen mit Lebensergebnissen und deren Bildern prägt seine Sprache bis in die einzelne Wortwahl und den Duktus seines Schreibens hinein.

Der Sprachstil des Alters, in Dichtungen wie Briefen unverkennbar, benutzt einen außerordentlich reichen Wortschatz. Während die Wortwahl der Klassik sich auszeichnet durch Vermeidung des Alltäglichen, des Mundartlichen und der Fremdwörter, vereinigt die Alterssprache alles, das Höchste und das Niederste, das Persönlichste und das Üblichste, und oft so, daß eins ins andere übergeht. Goethe bildet sich im Alter neue Wörte; Faust II ist voll davon: „Silenus' öhrig Tier (10033); Unglücksbotschaft häßlicht ihn (9437); Ringsum von Wellen angehüpft, Nichtinsel (9511); eigensinnig zackt sich Ast an Ast (9543); zweighaft Baum gedrängt an Baum" (9541); ähnlich ist es in der späten Lyrik: „auf Gipfelfels' hochwaldiger Schlünde (Bd. 1, S. 344); ...So nährt es doch, das Schaf bewollt sich dran, / Die Wiese grünt, gehörnte Herde braunt... (Bd. 1, S. 352); Ros' und Lilie morgentaulich..." (Bd. 2, S. 15). In solcher Weise werden Adjektive, Verben und Substantive neu geschaffen, aber es kommt dabei auf den jeweiligen Zusammenhang an, in dem sie stehen; oft wird das neue Wort erfordert durch den Bildbereich der Nachbarschaft und die mit dem Versrhythmus gegebene Knappheit.

Im Zusammenhang damit steht die Zusammenfügung der Wörter zum Satz, die oft die gewohnten grammatischen Formen der deutschen Syntax überschreitet. Goethe liebt im Alter Genitiv-Konstruktionen von adjektivischer oder adverbialer Funktion; das Narzissengedicht der „Chinesisch-deutschen Jahres- und Tageszeiten" beginnt: „Weiß wie Lilien, reine Kerzen, / Sternen gleich, bescheidner Beugung…"; in der „Paria"-Trilogie heißt es: „Schöne Frau des hohen Brahmen, / Der verehrten, fehlerlosen, / Ernstester Gerechtigkeit". Und in „Faust II": „Und sollt' ich nicht, sehnsüchtigster Gewalt, / Ins Leben ziehn die einzigste Gestalt?" (7438f.). Konstruktionen dieser Art sind nur möglich, weil im Altersstil, zumal wo er lyrisch ist, die Einzelelemente flockenhaft nebeneinanderstehn; die Verbindung soll gar nicht fest, rational, grammatisch sein, sondern alles wirkt sinnlich, farbig, symbolisch und ist nebeneinandergesetzt wie die Farbtupfen eines Malers, der mit breitem Pinsel souverän sein Bild hinwirft. Darum lösen die Sätze sich oft in Aufzählung, in Reihung auf, in kleine Hauptsätze wie: „Waldung, sie schwankt heran, / Felsen, sie lasten dran, / Wurzeln, sie klammern an…" (Faust 11844ff.) oder in Asyndeta ohne Verb: „Ewiger Wonnebrand, / Glühendes Liebeband, / Siedender Schmerz der Brust, / Schäumende Gotteslust" (11854ff.). Wenn anderseits umgreifende Zusammenhänge gegeben werden, z. B. in den Gedichten „Um Mitternacht" und „Früh, wenn Tal, Gebirg und Garten…", ist die Verklammerung der Wenn-dann-Sätze nicht grammatisch korrekt und also auch nicht logisch-rational, sondern locker, vieles offen lassend, hintergründig: denn das Leben hat zwar Folge, aber der Greis will nicht alles nur als Ursache und Wirkung hinstellen, die Phänomene selbst sind wunderbar genug, und das Rätsel der Welt soll und kann nicht enträtselt werden. So ist der Altersstil immer die Altersweltanschauung, bis in jede Kleinigkeit von Wortwahl und Satzbau hinein, und jede Stileigentümlichkeit ist nur im Zusammenhange des Gehalts zu verstehn.

Auch die Briefprosa gelangt zu besonderen Eigenheiten des Alters, die es vorher nicht gab. Die augenblicklichen Gegebenheiten werden Anlaß zu allgemeinsten Ausblicken, dabei werden Lebensereignisse mehr als je in formelhafte Sprache zusammengezogen, ganz besonders aber in den kraftvoll-knappen Schlußformeln, die in dieser Zeit neu entstehen: „Und so fortan", „dankbar verpflichtet", „treu angehörig", „unwandelbar". usw.

Der Fülle und Weite der sprachlichen Formen entspricht in der Altersdichtung die Fülle der Rhythmen. „Faust II" vermischt altdeutsche Verse, Formen aus der romanisch beeinflußten Tradition seit Opitz, antike Rhythmen vieler Art und Goethesche Neubildungen zu einem Gewoge der Klänge, das beispiellos ist. In „Pandora" hatte Goethe damit begonnen, „Faust II" vollendete diese Symphonie, die nur möglich ist, weil Goethe als ein sehr kraftvoller und sehr eigenwilliger Dichter alles dies dem eigenen Wollen dienstbar macht und dem eigenen Stil einschmilzt. Einem Dichter, der sich zum Diener dieser Formen gemacht hätte, wäre ein so vielformiges Gebilde auseinandergebrochen.

Goethe greift im Alter im Vers wie in der Sprache auf alles zurück, was er sich früher zu eigen gemacht hatte. Einiges ist noch da von Elementen aus frühester Jugend. Vieles ferner aus dem expressiven Stil des Sturm und Drang, der in den großen Hymnen den Satzbau zerbrach und neue Wörter für den jeweiligen Zusammenhang schuf. Auch die antikisierende Sprache der Klassik, die in den Versen der „Helena" die Freiheit griechischen Satzbaus und griechischer Wortzusammenstellung nachbildete, hat der Alterssprache Wege geöffnet. Diese schöpft – zumal in der Prosa – aber auch aus ganz anderen Bereichen, solchen der Kanzlei und der gelehrten Fachsprache. Mit all diesem aber schaltet sie in freiester und eigenster Weise. – Der Stil der Goetheschen Jugend stand im Zusammenhang mit dem allgemeinen Stil der Zeit, sei es mit dem Sturm und Drang im Drama, sei es mit der Empfindsamkeit im Briefstil. Der Stil der Goetheschen Mannesjahre hatte Beziehungen zu den großen Meistern der Weltliteratur, zu Euripides oder Homer, zu den großen Prosaerzählern oder schließlich zu Hafis. Der Altersstil aber ist völlig einzig in seiner Art. Er steht fast ohne Beziehung zur zeitgenössischen Dichtung und hat auch keine Vorbilder in dem weiten Felde der Weltliteratur, das der Dichter damals überblickte. Er ist nur aus ihm selbst heraus entwickelt. Er ist sein eigenstes Gebilde und sagt darum über ihn und sein Wesen besonders viel aus.

Dieser Stil war gekommen mit der naturgemäßen Logik des Werdens, mit der sich alles bei Goethe entwickelt hatte und mit der er es sich entwickeln ließ. Nun aber, als er da war, hat Goethe mit der ihm eigenen Hellsichtigkeit und Klugheit selbst erkannt, daß er einen Altersstil habe. Freilich gibt es das Wort „Altersstil" bei ihm selbst und bei seinen Zeitgenossen noch nicht (es kommt später bei Fr. Th. Vischer und bei Knauth vor), aber dem Sinne nach ist es in seinen Äußerungen bereits angelegt. In bezug auf die Altersstufen sagte er: „Jedem Alter des Menschen antwortet eine gewisse Philosophie. Das

Kind erscheint als Realist... Der Jüngling ... wird zum Idealisten umgewandelt. Dagegen ein Skeptiker zu werden hat der Mann alle Ursache... Der Greis jedoch wird sich immer zum Mystizismus bekennen. Er sieht, daß so vieles vom Zufall abzuhängen scheint: das Unvernünftige gelingt, das Vernünftige schlägt fehl, Glück und Unglück stellen sich unerwartet ins Gleiche; so ist es, so war es, und das hohe Alter beruhigt sich in dem, der da ist, der da war und der da sein wird..." (HA 13, S. 540f.). In einem Brief an Zelter vom 11. 5. 1820 findet er für die Altersschau des Lebens folgende – vom „Divan" ausgehende – Formulierung: „Unbedingtes Ergeben in den unergründlichen Willen Gottes, heiterer Überblick des beweglichen, immer kreis- und spiralartig wiederkehrenden Erdetreibens, Liebe, Neigung, zwischen zwei Welten schwebend, alles Reale geläutert, sich symbolisch auflösend – was will der Großpapa weiter?" Hier sind wesentliche Züge der Altersweltanschauung zusammengefaßt, und die Art, wie dem Formelhaften und Erhabenen eine humorvolle Wendung aus dem Wortschatz des Alltags angefügt ist, ist selbst höchst bezeichnend für den Altersstil. Das, was Goethe hier das eine Mal „Mystizismus" nennt, das andere Mal „symbolisch", ist nicht nur Sehweise, sondern auch Darstellungsweise. Er bemerkte dieses selbst, und diese Äußerung erschien Riemer sehr befremdlich; er wird sie wohl gerade deswegen recht genau aufgezeichnet haben. Am 4. 4. 1814 notiert er: „Merkwürdige Äußerung Goethes über sich selbst, bei Gelegenheit des Meister, daß nur die Jugend die Varietät und Spezifikation, das Alter die Genera, ja die Familias habe. An sich und Tizian gezeigt, der zuletzt den Samt nur symbolisch malte... Goethe sei in seiner Natürlichen Tochter, in der Pandora ins Generische gegangen; im Meister sei noch die Varietät. Das Naturgemäße daran..." Hier nennt Goethe als Prototyp des Altersstils denjenigen Künstler, den man im allgemeinen erst 100 Jahre später als Beispiel dafür entdeckte: Tizian; und er kontrastiert den Stil der „Lehrjahre" mit dem Beginn des Altersstils in „Pandora". Ein Jahr darauf variiert Goethe diesen Satz, indem er an Schelling schreibt: „Je älter man wird, desto mehr verallgemeint sich alles" (16. 1. 1815). Er hat auch selbst gewußt, warum er im Alter eine Beziehung zur östlichen Dichtung empfand: „Der höchste Charakter orientalischer Dichtkunst ist, was wir Deutsche Geist nennen, das Vorwaltende des oberen Leitenden... Der Geist gehört vorzüglich dem Alter oder einer alternden Weltepoche. Übersicht des Weltwesens, Ironie, freien Gebrauch der Talente finden wir in allen Dichtern des Orients..." (Noten und Abhandl. z. Divan, Abschnitt „Allgemeinstes"). – Daß für ihn im Alter die Zeit eine andere Rolle spielte als in seinen früheren Perioden, hat er ebenfalls selbst gewußt und oft ausgesprochen. In „Dichtung und Wahrheit", Buch 14, sagt er.: „Ein Gefühl, das ... sich nicht wundersam genug äußern konnte, war die Empfindung der Vergangenheit und Gegenwart in Eins: eine Anschauung, die etwas Gespenstermäßiges in die Gegenwart brachte. Sie ist in vielen meiner größeren und kleineren Arbeiten ausgedrückt..." (Bd. 10, S. 32) Und an Humboldt schreibt er am 1. 12. 1831: „Ob etwas in der vergangenen Zeit, in fernen Reichen oder mir ganz nah räumlich im Augenblick vorgeht, ist ganz eins..." – Als die Werke des Alters sich zu symbolischen Zyklen auswuchsen, hat er dieses Formprinzip selbst gesehen. Über den „Divan" schreibt er an Zelter am 17. 5. 1815: „Jedes Glied ist durchdrungen von dem Sinn des Ganzen und muß von einem vorhergehenden erst exponiert werden." Bei den „Wanderjahren" notiert er sich in einem Schema die Motive und schreibt darunter: „Dieses alles gegeneinander zu arbeiten". (Fest-Ausg. Bd. 12, S. 508.) Und über „Faust II" schreibt er an Iken am 23. 9. 1827: „Da sich manches unserer Erfahrungen nicht rund heraus aussprechen und direkt mitteilen läßt, so habe ich seit langem das Mittel gewählt, durch einander abspiegelnde Gebilde den geheimeren Sinn dem Aufmerkenden zu offenbaren..." So hat er selbst sein Prinzip der wechselseitigen Spiegelung ausgesprochen, aber er wußte auch, daß eben diese Art der Form eine besondere Aufmerksamkeit des Lesers, eine produktive Kraft des Empfangenden erfordert. Zu seinem Wissen, daß er einen besonderen Altersstil habe, kam also eine Ahnung, daß dieser nur langsam und schwer die richtigen Leser finden werde, freilich auch die Hoffnung, daß diese sich in späterer Zeit finden würden; und so gab er auf die Frage: „Was willst du Freund' und Feinde kränken?" die Antwort: „Ich muß nun an die Enkel denken." (HA 1, S. 324).

Goethes späte Lyrik

Goethes späte Lyrik – das ist die Lyrik nach dem „West-östlichen Divan". Der „Divan" entstand 1814/15, manches daraus noch in den Folgejahren. 1819 erschien die 1. Auflage. Danach aber und teils schon daneben entstand neue Lyrik, die Lyrik des späten Goethe, die bis zu seinem Tode reicht. Schlagen wir eine zeitlich geordnete Sammlung von Goethes Gedichten auf, so sehen wir: es ist erstaunlich viel, was in diesen Altersjahren, von etwa 1816 bis 1832, gedichtet worden ist, es sind viele hundert Seiten. Und blättern wir darin, so bemerken wir: Es sind fast alles Gelegenheitsgedichte an Bekannte, Fürsten, Badebekanntschaften; konventionell, freundlich, liebenswürdig; oder es sind Sprüche, kurze kleine Betrachtungen zum Weltlauf, dem das Ich sich selbstbewußt entgegensetzt. Zwischen den vielen Gelegenheitsgedichten und Sprüchen finden wir dann aber noch zwei andere Arten von Gedichten. An Menge sind sie sehr viel geringer, etwa ein Achtel oder ein Zehntel von jenen, aber an Gehalt desto bedeutender. Da sind zunächst die weltanschaulichen Gedichte des Alters: „Prooemion", „Urworte, orphisch", „Eins und alles", „Vermächtnis" und andere. Sie fassen begrifflich, anschaulich und formelhaft zusammen, was erst jetzt im Alter als Ergebnis formuliert werden konnte. Und da ist schließlich noch eine letzte Gruppe: die reine Lyrik. Es gibt sie bei Goethe auch noch im höchsten Alter. – Daß er Gelegenheitsgedichte an Bekannte schrieb, ist für den Berühmten und Geübten nicht verwunderlich; daß er weltanschaulich-lehrhafte Gedichte machte, entspricht dem Geist des Alters; auch die Sprüche sind lehrhaft-sachliche Alterskunst. Die Lyrik aber bleibt das eigentliche Wunder. Altersstil kennen wir aus der Weltliteratur auch von anderen Werken her. Doch meist sind das epische Werke; seltener dramatische; Alterslyrik aber bleibt etwas ganz Seltenes. Zu der Seelenlage des lyrischen Schaffens scheint immer das Spontane, Hingerissene, Erfüllte des Augenblicks zu gehören; das Alter aber scheint dieser Haltung wenig zugeneigt. Goethe freilich war ihrer noch als Achtzigjähriger fähig; das scheint in seiner individuellen psychischen Veranlagung begründet. Andererseits: es gab in seinem Dasein so vieles, was dieser Seelenlage entgegenstand. Als Naturforscher, Sammler, Beamter brauchte er Verstand und Willen, praktische Weltkenntnis und konventionelle Form. Und doch – er konnte plötzlich alles hinter sich lassen und vergessen über der Erfülltheit eines Augenblicks; und dann entstanden Gedichte von reinstem lyrischem Schmelz. Die Stimme, die in ihnen spricht, bleibt aber zugleich die Stimme des Weisen, die für das deutende, lehrende Wort sich gebildet hatte. Das macht diese Lyrik so einzigartig.

Die späte Lyrik beginnt mit ein paar kleinen Gedichten wie „St. Nepomuks Vorabend". Das Nepomukgedicht geht auf Eindrücke in Karlsbad zurück. Die Legende erzählt, als St. Nepomuk das Beichtgeheimnis der Königin nicht verriet und dafür in den Strom geworfen wurde, habe man im Wasser, das den Leichnam mit sich nahm, wundersame Lichter oder Sterne gesehen als Zeichen, daß er selbst nun Stern geworden sei. Zur Erinnerung daran hielt man in Prag und Karlsbad damals an Maiabenden Lichterprozessionen auf dem Wasser, wobei Kinderchöre sangen. Aus diesen Eindrücken entstand das Gedicht:

St. Nepomuks Vorabend

Lichtlein schwimmen auf dem Strome,
Kinder singen auf der Brücken,
Glocke, Glöckchen fügt vom Dome
Sich der Andacht, dem Entzücken.

Lichtlein schwinden, Sterne schwinden;
Also löste sich die Seele
Unsres Heil'gen, nicht verkünden
Durft' er anvertraute Fehle.

Lichtlein, schwimmet! Spielt, ihr Kinder!
Kinder-Chor, o singe, singe!
Und verkündiget nicht minder,
Was den Stern zu Sternen bringe.

In der Mischung von impressionistischen Bildern, zauberischer Süße der Melodie und hintergründiger Weisheit des Geistes ist das Gedicht bezeichnend für die Lyrica dieser Spätzeit. Der Klang ist ruhig und leicht. Deswegen kann die Sprache sehr knapp, nur andeutend sein. Die 1. Zeile: ein Bild (das genau den Vers füllt); die 2. Zeile: Bild und Klang. Die 3. Zeile: nur Klang, die große Glocke, die kleine Glocke; „fügt" eine einzige Silbe, darin das: „es gehört zusammen, paßt ineinander", und nun die 4. Zeile: Wendung ins Geistige; „Andacht" und als Steigerung „Entzücken". Die 2. Strophe gleitet locker von den

Bildeindrücken zu der Heiligenlegende, vom Präsens ins Imperfektum. Die 3. Strophe, „Vergangenheit und Gegenwart in eins" nehmend, greift zum Imperativ, der hier nur aussagt: so möge es sein; so ist es recht; ich bin glücklich, daß es so ist; wir wollen uns alle bemühen, immer besser zu begreifen, „was den Stern zu Sternen bringe".

Aus dieser Periode stammt auch das Gedicht „Um Mitternacht". Goethe selbst hat es einmal „ein Lebenslied" genannt. In drei Strophen, drei Mitternachtssituationen, gibt es drei Lebensalter. In jeder Stufe erscheint das Licht anders, reiner und geistiger. Und insofern hier das Alter als Entwicklung zum Geistig-Lichten und zugleich Ehrfürchtig-Mystischen am höchsten steht, ist das Gedicht ein Preis des Altseins. – Alterslyrik, die nicht nur durch ihre Art des Sehens besonderen Charakter besitzt, sondern diese Sehweise selbst zu ihrem Thema erhebt. – Auch der Gedichtkreis „Wilhelm Tischbeins Idyllen" ist hier zu nennen, der Bildmotive, wie sie der Dichter liebte, symbolisch-geistig ausdeutet.

Mit einigen Gedichten dieser Art fängt es an. Dann aber gipfelt diese Lyrik jäh in einem Höhepunkt. Es ist das Marienbader Erlebnis, die Gedichte der Jahre 1822–1824. Sie sind spannungsreich und tragisch, aus einer Leidenschaft heraus, von welcher der Dichter wußte, daß es die letzte sei. Alle Schönheit der Welt hatte sich ihm zusammengezogen in eine Gestalt, er nennt sie am Ende der „Elegie" Pandora – sie, der alle Götter ihr Bestes gaben und die zugleich des Zeus vernichtende Gabe trägt. Das gleiche Erleben, das zur „seligen Höhe" führt, richtet zugrunde.

Aus dieser Zeit stammt die berühmte „Trilogie der Leidenschaft". Sie stand für die Kenner von Goethes Werk immer seltsam inselhaft da, ohne umgebendes Nebenwerk, das dem gleichen Boden entsprossen. Hier nun konnte die neuere Forschung das Bild ein wenig vervollständigen; drei kleine Gedichte, die erst 1893 aus dem Nachlaß veröffentlicht sind, ließen sich auf Grund der Handschriften datieren. Sie gehören hierher. Es sind Worte der Qual, stoßartig, augenblickhaft, kurz; Worte, die der Greis lieber verbarg, ganz für sich behielt. Wer von den Zeitgenossen hätte es verstanden, daß er so sprach? Nach außen hin blieb er der Weise, Gehaltene, Konventionelle...

Die erste Strophe:

Könnt' ich vor mir selber fliehn!
Das Maß ist voll.

Ach! Warum streb' ich immer dahin,
Wohin ich nicht soll.

Man hat gemeint, daß alle Goethesche späte Lyrik mit Betrachtung gemischt sei; denn so paßte es zum Bilde des olympischen Weisen, das man aus Eckermann übernahm. Diese Verse jedoch lassen erkennen, daß es nicht immer so war. Es sind kurze Aufschreie der Verzweiflung, wie es sie einst in der Lili-Lyrik gegeben hatte und mitunter noch in der ersten Weimarer Zeit. Das Erschütternde ist, daß es dies jetzt, 1822/23, noch gibt. Und das zweite Gedicht:

Ach! wer doch wieder gesundete!
Welch unerträgliche Schmerzen!
Wie die Schlange, die verwundete,
Krümmt sich's im eignen Herzen.

Das ist nicht Betrachtung, das ist Ausdruck unmittelbaren Gefühls. Und ähnlich das dritte Gedicht: es spricht von den Pfeilen der Leidenschaft, bald kommen sie rasch und geradezu, bald langsam und auf gekrümmtem Wege, oder – wie es in der Sprache des Alters heißt – „bogenhaft".

Denn freilich sind's dergleichen Kiel' und Pfeile,
Die, hin und wider fliegend, würkend zischen,
Gehetzt in Eile, bogenhaft in Weile
In tausendfält'gem Wollen sich vermischen.
Man weiß nicht, soll man? Oder soll's verschieben? –
Nur wer sich kennt, der hat das Recht zu lieben.

In einem Schreibkalender des Jahres 1823 stehen die fragmentarischen Zeilen:

Ich bin gefangen! Wie! in tiefer Gruft.
So wär' ich alsobald in freier Luft.

Goethe hat diese Verse versteckt, aber nicht vernichtet. Andere Zeilen – und die kennt man seit je – wurden so, daß er sie mitteilen mochte. Diese schenkte er – als Handschrift – Ulrike, denn es waren Gedichte, wie man sie einer jungen Dame und der Marienbader Gesellschaft wohl zeigen konnte. Doch wie sehr ist das, was konventionell werden sollte, dennoch von innerer Leidenschaft erfüllt. Aber darum sind sie wohl so vollendet geworden, diese kleinen Strophen. Da ist das Gedicht vom Barometer. Das Quecksilber – „lebendig Silber" nennt er es hier – folgt zwangsläufig-unaufhörlich den Bewegungen der Atmosphäre. Und das Gedicht gleitet ganz schlicht, als sei es das gleiche Naturphänomen, über zu dem eigenen liebenden Herzen; auch das zeigt Wandlungen an – warum, inwiefern, das bedarf ja keiner Worte.

Wenn sich lebendig Silber neigt,
So gibt es Schnee und Regen,
Und wie es wieder aufwärts steigt,
Ist blaues Zelt zugegen.
Auch sinke viel, es steige kaum
Der Freude Wink, des Schmerzens,
Man fühlt ihn gleich im engen Raum
Des lieb-lebend'gen Herzens.

Das ist Goethescher Spätstil: diese Leichtigkeit und Süße, diese zarte Sprache, die fast vergessen macht, wie ernst, fast erschreckend ist, was dahinter steht, diese schicksalhafte völlige Abhängigkeit.

Seltsam war in diesen Marienbader Sommer von 1823 Musik hineingewoben. Da war erst der Gesang der bedeutenden Sängerin Anna Milder-Hauptmann, dann das Spiel der Petersburger Hofpianistin Maria Szymanowska, die Goethe oft vorspielte und ihn damit immer wieder bis zu Tränen rührte. Es ist, als müßte er, der immer mit dem Auge das Schöne der Welt erlebt hatte, der aber zugleich auch der Allseitige war, auch dies noch erfahren: die Dämonie und zugleich auch die Ordnung der Musik. Sein Roman, der einst alle dämonischen Tiefen der Liebe enthüllt hatte, die „Wahlverwandtschaften", war ein Roman ohne Musik gewesen. Diesmal ist es anders. Er setzt sich der Ordnung der Töne aus, und er fühlt sich durch sie gereinigt, getröstet. Als die große Pianistin, aus Marienbad abreisend, ihm im August 1823 ihr Stammbuch bringt, schreibt er ihr Verse hinein, die ungewollt ein großes Bekenntnis werden. Liebe und Töne haben sich untrennbar vermischt, mit dem einen klingt das andere auf, und er findet ein Wort, das diese Einswerdung sprachlich symbolisiert: „Doppelglück der Töne wie der Liebe".

Die Leidenschaft bringt Leiden! – Wer beschwichtigt
Beklommnes Herz, das allzuviel verloren?
Wo sind die Stunden, überschnell verflüchtigt?
Vergebens war das Schönste dir erkoren!
Trüb' ist der Geist, verworren das Beginnen;
Die hehre Welt, wie schwindet sie den Sinnen!

Da schwebt hervor Musik mit Engelschwingen,
Verflicht zu Millionen Tön' um Töne,
Des Menschen Wesen durch und durch zu dringen,
Zu überfüllen ihn mit ew'ger Schöne:
Das Auge netzt sich, fühlt im höhern Sehnen
Den Götterwert der Töne wie der Tränen.

Und so das Herz erleichtert merkt behende,
Daß es noch lebt und schlägt und möchte schlagen,
Zum reinsten Dank der überreichen Spende
Sich selbst erwidernd willig darzutragen.
Da fühlte sich – o daß es ewig bliebe! –
Das Doppelglück der Töne wie der Liebe.

Die Ordnung des Schönen symbolisiert sich hier in der rein durchgeführten Stanzenform. Im Kosmos der Form siegt der Geist über das Chaos des Lebens.

Es folgte Goethes Reise nach Karlsbad. Zwei Wochen des Zusammenseins mit Ulrike. Dann reißt er sich los. Ein Abschied – der letzte. In den Tagen danach entsteht das große Gedicht, das er „Elegie" nennt, und das man meist als „Marienbader Elegie" bezeichnet. Ein Liebender klagt. Kein Wort über die Gründe der Trennung, über Ort oder Umwelt der Liebe, über sein oder ihr Alter. Es spricht ein dichterisches, verallgemeinertes Ich, und es geht allein um das Wesen der Liebe. Die 1. Strophe zeigt den Liebenden vor dem Wiedersehen mit der Geliebten; es soll Entscheidungen bringen, sein Glück oder sein Verderben. Die 2. und 3. Strophe bringen übergangslos ein anderes Bild: Er ist bei ihr; paradiesische Seligkeit. Und dann wieder ein Sprung: Die Entscheidung ist erfolgt. Abschied, Einsamkeit, Verzweiflung.

Das Auge starrt auf düstrem Pfad verdrossen,
Es blickt zurück – die Pforte steht verschlossen.

Hier ist der eigentliche Standpunkt der Elegie erreicht, den sie dann nicht mehr verläßt. Es ist der seelische Zustand nach der Trennung. Wie Wellen und Wellentäler folgen Leidenschaft und Versuche, durch Vernunft und tröstliche Gedanken ihrer Herr zu werden. Leidenschaft, Betrachtung, Rückblick und wieder Leidenschaft. Das gibt dem Gedicht seine Weite und Spannung und wechselnde Sprache. Es gibt ja so vieles, was trösten könnte: Das Auge erblickt Natur; die Felsen; die Schatten und das Licht; ist es nicht „heilig", Sinnbild des

Unendlichen? Und weiterhin die Pflanzen und die Wolken; und
Wolken sind Symbol, daß das Materielle ins Geistige übergeht, in
Äther verfließen kann, sich steigernd...

> Ist denn die Welt nicht übrig? Felsenwände,
> Sind sie nicht mehr gekrönt von heiligen Schatten?
> Die Ernte, reift sie nicht? Ein grün Gelände,
> Zieht sich's nicht hin am Fluß durch Busch und Matten?
> Und wölbt sich nicht das überweltlich Große
> Gestaltenreiche, bald Gestaltenlose?

Wir fühlen hier: dies alles war ihm ein Leben lang Abglanz des
Absoluten gewesen. Jetzt aber geht der Blick darüber hin, ohne zu
haften. Und doch: es zeigt den Reichtum dessen, der spricht. Aber
gerade durch den Reichtum wird nun die Armut offenbar. Denn dies
alles gilt nur noch für die anderen:

> Verlaßt mich hier, getreue Weggenossen!
> Laßt mich allein am Fels, in Moor und Moos;
> Nur immer zu! euch ist die Welt erschlossen,
> Die Erde weit, der Himmel hehr und groß;
> Betrachtet, forscht, die Einzelheiten sammelt,
> Naturgeheimnis werde nachgestammelt.

Aber dann fährt er fort:

> Mir ist das All, ich bin mir selbst verloren...

Welch' Blick ins Nichts, da ihm, gerade ihm, die Natur nicht mehr
religiöser Weg ist, auf den er seine Existenz gründen kann. Hinter
diesen Strophen steht die besondere Art der Goetheschen Religiosität.
Der Mensch hat das Absolute nicht unmittelbar, sondern nur im
Abglanz, in seinen Manifestationen. Eine solche ist die Natur. Aber es
gibt noch eine andere: es ist der Mensch. Darum folgt nun die Strophe
der Liebe und aus ihr die berühmte Strophe der Frömmigkeit:

> Dem Frieden Gottes, welcher euch hienieden,
> Mehr als Vernunft beseliget – wir lesen's –,
> Vergleich' ich wohl der Liebe heitern Frieden
> In Gegenwart des allgeliebten Wesens;
> Da ruht das Herz, und nichts vermag zu stören
> Den tiefsten Sinn, den Sinn, ihr zu gehören.

> In unsers Busens Reine wogt ein Streben,
> Sich einem Höhern, Reinern, Unbekannten

Aus Dankbarkeit freiwillig hinzugeben,
Enträtselnd sich den ewig Ungenannten;
Wir heißen's: fromm sein! – Solcher seligen Höhe
Fühl' ich mich teilhaft, wenn ich vor ihr stehe.

Doch jene glückliche Gegenwart ist vorüber. Geblieben ist nur die
Einsamkeit:

Mich treibt umher ein unbezwinglich Sehnen,
Da bleibt kein Rat als grenzenlose Tränen.
So quellt denn fort und fließet unaufhaltsam!
Doch nie geläng's, die innre Glut zu dämpfen!
Schon rast's und reißt in meiner Brust gewaltsam,
Wo Tod und Leben grausend sich bekämpfen...

Das Gedicht endet mit der Allmacht der Leidenschaft und Verzweiflung.

Im März 1824, 7 Monate nach der Marienbader „Elegie", trat der
Leipziger Verlag Weygand an Goethe heran. In diesem Verlag war 50
Jahre zuvor, 1774, Goethes Roman „Die Leiden des jungen Werther"
erschienen. Jetzt wollte man eine Jubiläumsausgabe drucken und bat
den Dichter um ein Vorwort. Er nahm den Roman wieder vor. Die
neue Wunde war noch nicht verheilt, und nun sah er erschüttert,
entsetzt: dort hatte er ja, vor einem halben Jahrhundert, fast alles schon
einmal gesagt. Er war wieder Werther, war es jetzt noch, jetzt im
Alter. Und doch: ein Leben lag dazwischen, voll vieler Erfahrungen,
langen Reifens, reicher Ernte... Goethe schrieb das Vorwort zu der
neuen Werther-Ausgabe nicht, sondern es bildete sich ihm ein Gedicht. Es geht von der Neuausgabe aus und nimmt Werther wie einen
Menschen, der selbst gelebt hat, wie einen Bruder, ein anderes Ich.

Noch einmal wagst du, vielbeweinter Schatten,
Hervor dich an das Tageslicht,
Begegnest mir auf neu beblümten Matten,
Und meinen Anblick scheust du nicht...
Zum Bleiben ich, zum Scheiden du erkoren,
Gingst du voran – und hast nicht viel verloren.

Was war das Los dessen, der am Leben blieb? Leidenschaft und
Trennung. „Doch tückisch harrt das Lebewohl zuletzt." Trennung
vom Geliebtesten ist Tod der Seele. Das Gedicht endet mit der
Hoffnung, im Dichten Linderung der Qual zu finden.

Du lächelst, Freund, gefühlvoll, wie sich ziemt:
Ein gräßlich Scheiden machte dich berühmt;
Wir feierten dein kläglich Mißgeschick,
Du ließest uns zu Wohl und Weh zurück;
Dann zog uns wieder ungewisse Bahn
Der Leidenschaften labyrinthisch an;
Und wir, verschlungen wiederholter Not,
Dem Scheiden endlich – Scheiden ist der Tod!
Wie klingt es rührend, wenn der Dichter singt,
Den Tod zu meiden, den das Scheiden bringt!
Verstrickt in solche Qualen, halbverschuldet,
Geb' ihm ein Gott zu sagen, was er duldet.

Bald nach der Vollendung dieses Gedichts wurde Goethe klar, daß dieses zusammengehöre mit der „Elegie" und auch mit dem Gelegenheitsgedicht, das er in Marienbad der Pianistin Szymanowska ins Stammbuch geschrieben hatte. Das Motiv der Leidenschaft verbindet die drei Gedichte, er stellte sie zusammen und nannte sie „Trilogie der Leidenschaft". Aber er änderte die Reihenfolge. Am Anfang steht jetzt das Gedicht „An Werther", das grandiose Selbstbildnis, das in seiner Schonungslosigkeit, die nur gemildert erscheint durch die Meisterschaft der Form, an die späten Selbstbildnisse Rembrandts erinnert. Sein Hauptmotiv, die Antithese von Weisheit und Leidenschaft, verbindet es mit dem folgenden Gedicht, der großen „Elegie". Ans Ende stellte Goethe nun das Gedicht von der Ordnung der Töne, der Ordnung der Kunst. Er wollte nicht mit der tragischen Vernichtung enden. Das eben ist es, was die „Trilogie" von Werther unterscheidet: Für diesen gibt es außer der Offenbarung der Liebe keinen Weg mehr, der im Endlichen ins Unendliche führt. Für den Dichter der „Trilogie" behalten die anderen Bereiche und Erlebniswege ihren Wert. Zwar kann die Allmacht der Leidenschaft eine Zeitlang alles andere übertönen, aber das andere wird darum nicht entwertet. Darum ist in der „Elegie" die Natur der große Gegenspieler und in dem Schlußgedicht, das nun „Aussöhnung" heißt, die Kunst. Und indem diese Ordnung gültig bleibt, öffnet sich eine Hoffnung, wenn auch nicht eine Gewißheit. Durch die Zusammenstellung zur Trilogie rückt nun die „Elegie" in ein neues Licht. An sich ist sie ein sehr stilisiertes Gedicht, das ein ganz allgemeines Ich schildert. Da aber im Gedicht „An Werther" das Goethesche Ich sehr persönlich spricht, rückt nun auch die „Elegie" in diesen individuellen Zusammenhang. So wird das Ganze zum Selbstbildnis des Gealterten, nicht nur mit Zügen der Weisheit, sondern von dämonischen Mächten zerfurcht und zerrissen bis an die Grenze tragischer Vernichtung.

Das Ulriken-Erlebnis, das sich im März 1824 noch einmal leidenschaftlich in dem Gedicht „An Werther" aussprach, klang nur langsam ab. Aus dieser Zeit, dem Beginn des Jahres 1824, stammt vermutlich eins der schönsten und geheimnisvollsten Altersgedichte, „Der Bräutigam". Es beginnt mit dem Motiv, daß der Liebende im Schlaf, ja gerade da, seine Liebe empfindet; so tief ist sie in ihm. Es gibt dieses Motiv nur noch einmal in Goethes Dichtung, in der Geschichte der Liebe zu Lili in „Dichtung und Wahrheit", Buch 17, eine Stelle, an der er 1824 gearbeitet hat. Da heißt es: „Es war ein Zustand, von welchem geschrieben steht: ich schlafe, aber mein Herz wacht; die hellen wie die dunklen Stunden waren einander gleich, das Licht des Tages konnte das Licht der Liebe nicht überscheinen, und die Nacht wurde durch den Glanz der Neigung zum hellsten Tage..." In diesem Buch von „Dichtung und Wahrheit" schreibt Goethe verallgemeinernd über den „Bräutigamsstand", einen Zustand der Sehnsucht und doch auch der Harmonie; begrenzt-entsagend und zugleich glückhaft; Leben auf ein Ziel hin und zugleich erfüllte Gegenwart. Wie dort in „Dichtung und Wahrheit" zielt Goethe auch hier in dem Gedicht auf das Typische; deswegen der verallgemeinernde Titel.

Der Bräutigam

Um Mitternacht, ich schlief, im Busen wachte
Das liebevolle Herz, als wär' es Tag;
Der Tag erschien, mir war, als ob es nachte,
Was ist es mir, so viel er bringen mag.

Sie fehlte ja, mein emsig Tun und Streben
Für sie allein ertrug ich's durch die Glut
Der heißen Stunde, welch erquicktes Leben
Am kühlen Abend! lohnend war's und gut.

Die Sonne sank, und Hand in Hand verpflichtet
Begrüßten wir den letzten Segensblick,
Und Auge sprach, ins Auge klar gerichtet:
Von Osten, hoffe nur, sie kommt zurück.

Um Mitternacht! der Sterne Glanz geleitet
In holdem Traum zur Schwelle, wo sie ruht.

O sei auch mir dort auszuruhn bereitet,
Wie es auch sei das Leben es ist gut.

Das Gedicht bringt vier bildhafte Situationen. Die erste (1–2): Mitternacht; der Liebende erfüllt von seiner Liebe, die Verbundenheit im Unbewußten. Die zweite (3–6): der Tag mit seiner Arbeit, die der Liebende um der Geliebten willen tut. Dieses Bild ist etwas ausführlicher als das erste. Das dritte (7–12) hat noch mehr Raum: das Zusammensein am Abend, zusammengezogen in ein einziges symbolisches Bild. „Verpflichtet" heißt: verlobt, für die Zukunft zusammengehörig, zu diesem begrifflichen Wort kommt die sinnbildliche Haltung: „Hand in Hand", und zu der Haltung die Bewegung: erst der Blick in die Sonne, dann der Blick zueinander. Blick in die Abendsonne ist Anteilhaben am göttlichen Licht und Wissen von dessen Wiederkehr, darum Sinnbild eines Zustands auf eine Zukunft hin.

In diesen drei Strophen liegen die Übergänge von einem Bild zum andern mitten in den Strophen, deswegen sind sie so fließend. Dann aber folgt das vierte Bild. Es hat eine Strophe für sich, und diese beginnt wie die erste „Um Mitternacht". Alles Bisherige ist im Präteritum gesagt, diese Schlußstrophe spricht im Präsens. Sie ist durch dies alles von den drei vorigen Strophen abgesetzt. Sie spricht von einem Traum. Es wird nicht gesagt, wann dieser Traum geträumt wird. Doch die Sprache des ganzen Gedichts ist die des Gealterten. Traum ist zeitlos. Darum paßt dieser Traum zu der Situation der Jugend (Strophe 1–3) und auch zu der des Gealterten, für den das Wort von der „Schwelle, wo sie ruht", eine ganz andere Bedeutung haben kann. Gleichbleibend aber ist das innere Zugeordnet-Sein, die Hoffnung auf das Verbundensein. Dadurch klingt in dem Schluß eine neue Dimension auf, ähnlich wie in dem Dornburger Sonnengedicht, wo der Abend des Tages genannt wird und wo unausgesprochen das Motiv vom Abend des Lebens anklingt. Wie in der „Elegie" ist in dem „Bräutigam"-Gedicht die Liebe etwas, was diese Welt mit einer höheren verbindet; deswegen auch die Beziehung zu einem Bibelwort („Ich schlafe, aber mein Herz wacht" Hoheslied 5,2); und deswegen zum Schluß der Preis des von Liebe und Sinn erfüllten Daseins.

Mit diesem Gedicht findet die Gedichtreihe, welche aus dem Marienbader Erlebnis entstanden war, ihren Ausklang. Was konnte es danach noch für Lyrik geben? Eine Erschütterung wie diese kam nicht mehr, konnte nicht mehr kommen. Als Faust im Beginn des 2. Teils des Dramas hoffnungslos verstrickt daniederliegt, umschweben ihn

Naturgeister und heilen ihn. Das ist der Goethesche Weg. Und man kann fast voraussagen: wenn es auf diese Tragik noch Harmonie gibt, nach dieser Leidenschaft noch Gesundung, so kommt sie von der Natur. Vier Jahre später, 1827, entsteht ein neuer Gedichtkreis. Wenn man jene die Marienbader Gedichte nennen kann, so könnte man diese die Gartenhaus-Gedichte nennen. Vier Wochen lebte Goethe in diesem Sommer ganz in seinem Gartenhaus an der Ilm, lebte dort als 72jähriger, wie er einst mit 26 Jahren dort gewohnt und gelebt hatte. Und hier notiert sein Tagebuch, er habe an den „Chinesisch-deutschen Jahres- und Tageszeiten" gearbeitet. Es sind kleine Naturgedichte. Sie sprechen von Landschaft, Pflanzen, Tieren; hinter dem Naturbild tritt das Ich ganz zurück. Das Auge ist das verbindende Organ. Nach der Leidenschaft der Marienbader Gedichte wirkt dies alles doppelt still, rein, sachlich, heilend. Stand dort immer der Mensch im Mittelpunkt, so ist es hier nur die Natur. – Ein Vorfrühlingsgedicht:

> Ziehn die Schafe von der Wiese,
> Liegt sie da, ein reines Grün;
> Aber bald zum Paradiese
> Wird sie bunt geblümt erblühn.

> Hoffnung breitet lichte Schleier
> Nebelhaft vor unsern Blick:
> Wunscherfüllung, Sonnenfeier,
> Wolkenteilung bring' uns Glück!

Der Beginn ist ein reines Anschauungsbild: „Ziehn die Schafe von der Wiese, Liegt sie da, ein reines Grün." Aber schon das Folgende ist nicht etwas unmittelbar, sondern im Geiste Gesehenes, etwas Gedachtes, Gehofftes: „Aber bald zum Paradiese / Wird sie bunt geblümt erblühn." Das Wesen des Frühlings ist Beginn, Hoffnung, Leben auf etwas hin, und nun wird das Hoffnungsmotiv verallgemeinert:

> Hoffnung breitet lichte Schleier
> Nebelhaft vor unsern Blick:

Das Anfangsbild von der grünen Wiese ist also symbolisch, aber es ist die heitere und unmittelbare Symbolik Goethescher Art.

> Wunscherfüllung, Sonnenfeier,
> Wolkenteilung bring' uns Glück.

Was möge uns Glück bringen? Die Erfüllung unserer menschlich blinden Wünsche; die Seligkeit, an der Sonne Anteil zu haben, an dem

Licht, das unmittelbare Manifestation des Göttlichen ist; und „Wolkenteilung": Die Wolke, noch irdisch, materiell, aber doch schon ganz leicht und geistig, löst sich emporsteigend auf in den Äther wie der Mensch sich emporsteigend wieder auflösen wird in die Weltseele. Steigerung also hier wie dort. Das reine Licht bricht durch.

Manche dieser kleinen Naturgedichte sehen vom Ich so sehr ab und bringen den Gegenstand so rein, daß sie fast zum Dinggedicht werden in einer Art, die uns an weit Moderneres erinnert. Wir sind in Goethes Lyrik meist eine reiche Verknüpfung vieler Motive gewohnt. Hier aber beschränkt jedes kleine Gedicht sich auf ein einziges Motiv, und ein ganz einfaches. So sind es einmal nur ein paar Narzissen, die im Frühling im Garten stehen, reihenweise rechts und links vom Wege.

> Weiß wie Lilien, reine Kerzen,
> Sternen gleich, bescheidner Beugung,
> Leuchtet aus dem Mittelherzen,
> Rot gesäumt, die Glut der Neigung.
>
> So frühzeitige Narzissen
> Blühen reihenweis im Garten.
> Mögen wohl die guten wissen,
> Wen sie so spaliert erwarten.

Das kleine Gedicht ist sehr bezeichnend für den Spätstil. Größte Einfachheit im Motiv; höchste Eigenwilligkeit im Aufbau und Satzbau. Das Subjekt „frühzeitige Narzissen" steht erst gegen Ende. Der Beginn nur Aufzählung:

> Weiß wie Lilien, reine Kerzen,
> Sternen gleich, bescheidner Beugung...

Welche Charakterisierung allein in diesem Genitiv „bescheidner Beugung"; alles Worte für das Herbe, Reine; aber dann, tiefer blickend:

> Leuchtet aus dem Mittelherzen
> Rot gesäumt die Glut der Neigung.

Was sagt allein dieser eine u-Laut, der hier beim Blüteninnern zwischen den vielen e- und ei-Lauten auftaucht wie das Rot zwischen dem vielen Weiß und Gelb. Daß im Innersten des Herb-Kühlen doch die Glut sei – was ist da noch Beschreibung und was anthropomorph? Jetzt erst kommt die eigentliche Nennung des Gegenstandes:

So frühzeitige Narzissen
Blühen reihenweis im Garten.

Was dann folgt, hätte ein Moderner freilich nicht geschrieben. Denn der geheimnisvollen Dinglichkeit wird eine leichte, konventionelle Liebenswürdigkeit angehängt. Aber das ist Goethes Art, der die Dinge immer ohne Wichtigkeit nimmt und immer etwas vom graziös-weltmännischen Ton des 18. Jahrhunderts behält:

Mögen wohl die guten wissen,
Wen sie so spaliert erwarten.

Sie „erwarten" jemand – und so ist eine geliebte Gestalt mit in dem Gedicht und ist es doch auch wieder nicht. Diese spielerische Leichtigkeit gehört ebenfalls zu dem Spätstil der Lyrik.

Und dann ein Spätherbstgedicht:

Nun weiß man erst, was Rosenknospe sei,
Jetzt, da die Rosenzeit vorbei;
Ein Spätling noch am Stocke glänzt
Und ganz allein die Blumenwelt ergänzt.

Ein ganz kurzes Gedicht, nur 4 Zeilen. Ein Anschauen, das tief ins Innre eingeht, so daß es ein Wissen wird: „Nun weiß man erst..." Die eine Knospe repräsentiert die vollkommene Blütenschönheit, und insofern wird die umgebende „Blumenwelt" erst durch sie „ganz". Nur ein Naturbild. Unausgesprochen tragen die Bilder dieser späten Gedichte aber ihre leise Symbolik in sich. Noch einmal ist im Herbst – unerwartet – knospenhaft das Schöne da. Das Verhältnis zur Natur in diesen kleinen Gedichten ist nicht nur Anschauung und nicht nur Stimmung, vielleicht könnte man es Geist nennen. – Und schließlich zwischen diesen kleinen, oft nur vierzeiligen Gedichten eins, ein wenig länger, vielleicht das schönste – das Abendgedicht des späten Goethe:

Dämmrung senkte sich von oben,
Schon ist alle Nähe fern;
Doch zuerst emporgehoben
Holden Lichts der Abendstern!
Alles schwankt ins Ungewisse,
Nebel schleichen in die Höh';
Schwarzvertiefte Finsternisse
Widerspiegelnd ruht der See.

Nun im östlichen Bereiche
Ahn' ich Mondenglanz und -glut,
Schlanker Weiden Haargezweige
Scherzen auf der nächsten Flut.
Durch bewegter Schatten Spiele
Zittert Lunas Zauberschein,
Und durchs Auge schleicht die Kühle
Sänftigend ins Herz hinein.

Das Gedicht ist ganz und gar bildhaft, sachgebunden. Nur ganz am
Ende das Ich: „Und durchs Auge schleicht die Kühle sänftigend ins
Herz hinein." Die meisten dieser Strophen sind Kurzgedichte, ganz dem Gegenstand verbunden, optisch, in den Ausdrucksmitteln sparsam, aber von
vollendeter Technik. Und darum heißen diese Jahreszeitengedichte
„Chinesisch-deutsch". Goethe kannte nicht viel von chinesischer Lyrik und nicht viel von chinesischer Malerei. Aber er kannte genug, um
das Wesentliche zu erfassen. Und das zog ihn jetzt im Alter an. Zu
dem, was er aus sich heraus entwickelt hatte, schien es dort Parallelen
zu geben. Ein Minimum an Mitteln, aber ein Maximum an Ausdruck;
streng im Ausscheiden alles Unwesentlichen und Willkürlichen. Ganz
leicht in Zeichnung und Farbe; lächelnd und zugleich ernst und
fromm. Chinesische Lyrik – das sind oftmals Kurzgedichte, wie auch
hier bei ihm: die Sprache knapp, andeutend, mitunter fast nur geflü-
stert, das Motiv zurückgeführt auf ein letztes Wesentliches, stilisiert
bis zur Formel, man könnte sagen: zur Zauberformel. Höchstes
handwerkliches Können vereint mit souveränem Geschmack und
sicherer Hand. Die Naturmotive vermischt mit stiller Weisheit und
weitblickender Ethik. Ein Glück des Sich-Bescheidens, des Gartens;
eine einzige Blume vertritt die ganze Natur. Ein Lächeln des Geistes,
der gelernt hat, vom Ich ganz abzusehen; ein Lächeln des Alters: Alter
nicht als Abstieg, sondern als Vollendung, ein Entdecken neuer Schönheit, Schönheit im Geistigen. So reines Naturbild, so geläuterte Weisheit schlägt eine Brücke vom Westen zum Osten. Und zugleich weist
diese reine und zugleich geheimnisvolle Dinglichkeit weit über ihre
Zeit hinaus; es ist kein Zufall, daß Rilke gerade diese Gedichte Goethes
für sich entdeckt und besonders geliebt hat.

Das Jahr darauf, 1828, brachte dann die letzte große Gruppe der
Lyrik, die Dornburger Gedichte. Der Großherzog Carl August war
im Juni 1828 gestorben, der letzte von jener Generation, die – außer

Goethe selbst – noch das alte Weimar verkörperte. Goethe, 79jährig, zog sich zurück auf die Dornburg. Hoch über der Saale ein altes Schloß; ein großes Südostzimmer, freier Blick über das Tal; vom Fluß hinauf bis zum Schloß ein Weinberg; rings um den Bau weite blühende Gartenanlagen. Der Greis, nur kurze Nachtruhe brauchend, beobachtet täglich schon bei Sonnenaufgang den sommerlichen Himmel und macht Studien über Wetter und Wolken. Fast den ganzen Tag ist er im Freien. Dazwischen diktiert er im Zimmer. Abends beobachtet er Sonnenuntergang und Sterne. Er beginnt einen Aufsatz über die Weinrebe, einen über den Barockgelehrten Joachim Jungius und liest botanische Werke. Die Stimmung dieser Tage ist Weite, Freiheit, Überschau, ein Blick auf die grenzenlose Natur. In diesen Wochen, in dem alten Schloß mit dem weiten Blick auf „Tal, Gebirg und Garten" entstand Goethes letzte Lyrik. Und es ist die Gnade dieses Daseins, daß es noch am Ende der höchsten Kraft fähig war. – Damals entstand das späte Mondgedicht:

Dem aufgehenden Vollmonde

Dornburg, 25. August 1828

Willst du mich sogleich verlassen?
Warst im Augenblick so nah!
Dich umfinstern Wolkenmassen,
Und nun bist du gar nicht da.

Doch du fühlst, wie ich betrübt bin,
Blickt dein Rand herauf als Stern!
Zeugest mir, daß ich geliebt bin,
Sei das Liebchen noch so fern.

So hinan denn! hell und heller,
Reiner Bahn, in voller Pracht!
Schlägt mein Herz auch schmerzlich schneller,
Überselig ist die Nacht.

Es ist das letzte der Goetheschen Mondgedichte, anders als die früheren; es verbindet nicht, es setzt nebeneinander. Zunächst einfache Beschreibung, wie der Mond von Wolken verdeckt wird und dann wieder erscheint. Dann das Motiv der Liebe: „Zeugest mir, daß ich geliebt bin..." Worin liegt das Verbindende? Es ist ein Gedicht vom siegenden Licht. Und Licht ist für Goethe Offenbarung des Göttlichen durch die Natur. Auch die Liebe ist symbolisiert im Licht. Und in den Schlußworten klingt es zusammen: „Überselig ist die Nacht."

Kurz danach entstand das Dornburger Sonnengedicht:

Früh, wenn Tal, Gebirg und Garten
Nebelschleiern sich enthüllen,
Und dem sehnlichsten Erwarten
Blumenkelche bunt sich füllen,

Wenn der Äther, Wolken tragend,
Mit dem klaren Tage streitet,
Und ein Ostwind, sie verjagend,
Blaue Sonnenbahn bereitet,

Dankst du dann, am Blick dich weidend,
Reiner Brust der Großen, Holden,
Wird die Sonne, rötlich scheidend,
Rings den Horizont vergolden.

Das Gedicht beginnt mit dem Morgen und endet mit dem Abend. Es besteht aus einer einzigen langen Satzperiode. Da ist ein langer Vordersatz „Wenn..." und der Hauptsatz, „dann...". Wie ist die Beziehung? Ist sie so: Wenn am Morgen die Nebel fallen und Ostwind kommt, dann wird es einen klaren Sonnenuntergang geben? Nein, sie ist nicht so, oder nicht nur so. Wenn man näher hinsieht, bemerkt man: Da, wo das Gelenk des Satzes sitzt, ist gar nicht von der Natur die Rede: „Dankst du dann, am Blick dich weidend, Reiner Brust..." Nicht in der Sphäre der Natur liegt das Wenn – Dann, sondern in der des Menschen: wenn du den Anblick dankbar und fromm aufnimmst, wenn du mit reiner Brust dies alles immer mehr als Sinnbild des Göttlichen erkennst – dann wird die Sonne dir am Abend im reinsten Gold erscheinen. Goldgelb ist nach Goethes Farbenlehre am nächsten dem Licht, ist Sinnbild des unmittelbaren göttlichen Glanzes. Am Abend? Es ist nicht nur der Abend des Tages. Hast du dein Leben lang immer wieder die Gott-Natur dankbar, reiner Brust, fromm sehen gelernt, so wird auch am Ende dieses Licht nicht ermangeln, sondern gerade dann in vollster Herrlichkeit dich in seine Strahlen aufnehmen.

Dankst du dann, am Blick dich weidend,
Reiner Brust der Großen, Holden,
Wird die Sonne, rötlich scheidend,
Rings den Horizont vergolden.

Die Dornburger Gedichte bleiben nicht bei Einzelmotiven. Sie fassen das Leben als Ganzes und enden jedesmal mit seiner Bejahung. Sie sind religiös, ohne das Göttliche unmittelbar zu nennen. Auch den Tod und die Hoffnung auf eine gewandelte Existenz deuten sie nur leise an. Das Bildsymbol ist dafür genug. Es sind Gedichte vom Licht, und ein Sonnengedicht ist es, mit dem Goethes große Lyrik ausklingt.

Die Dornburger Gedichte haben ihren eigenen Klang, wie auch die beiden anderen großen Gedichtkreise. Im Mittelpunkt der Marienbader Gedichte stand immer der Mensch mit seiner zerbrechenden Tragik. Dann folgte die stille Naturlyrik, die in heilender Hingegebenheit fast nur von den Dingen spricht. Schließlich in den Dornburger Gedichten eine großartige Symbolik, die das Wesen der Welt und die Innerlichkeit des Ich ins Gleichmaß bringt. Und dies ist in der Lyrik Goethes letztes Wort. Ist es nicht eine Steigerung? Bei der Beschäftigung mit Goethes Lyrik überwältigt ja nicht nur das einzelne vollkommene Werk, sondern auch die unsägliche Logik des Wachstums, wie auf den Sturm und Drang die Klassik folgt, auf die Klassik die Alterswerke. Und innerhalb der Alterswerke scheint nun nochmals eine solche Entwicklung von innerer Notwendigkeit vorzuliegen und in den Dornburger Gedichten zu gipfeln. Das war 3½ Jahre vor Goethes Tode.

Was ist nun das, was alle diese Werke der späten Lyrik miteinander verbindet? Zunächst wohl dies: sie bewegen sich in Bildern, die zum Symbol werden. Das Licht ist Sinnbild des Göttlichen. Die Farbe ist Verbindung von Licht und Materie; wenn das Licht auf die dunkle Erde fällt, erscheint die Farbe, wir leben in einer farbigen Welt („Blumenkelche, bunt sich füllend ... Blaue Sonnenbahn ... die Sonne, rötlich scheidend..."). Wir haben nicht die Kraft, in die Sonne unmittelbar zu schauen, doch wir leben auch nicht im Dunkel. Die Wolke ist Symbol der Steigerung, sie löst sich auf in den Äther, so wie der Mensch die Sehnsucht hat, „im Grenzenlosen sich zu finden". Das, was der Steigerung entgegensteht, ist das Materielle, Starre, Erdhafte, Dunkle. „Wolkenteilung" – das ist Steigerung ins Lichte und Geistige hinein. „Sonnenfeier" – das ist die rechte Erkenntnis des Lichts als religiöser Offenbarung. In diese Regionen hinauf führt letztlich unsere „Hoffnung", zunächst undeutlich – „nebelhaft" –, dann immer klarer:

Hoffnung breitet lichte Schleier
Nebelhaft vor unsern Blick:

Wunscherfüllung, Sonnenfeier,
Wolkenteilung bring' uns Glück!

Diese Symbolik wird angeschlossen an das Bild der Wiese, einer wirklichen Wiese, die vor Augen liegt. Es ist eine schlichte Symbolik, die vom Alltäglichen ausgeht. Vorfrühling ist Hoffnung, doch Hoffnung reicht empor bis in die Bereiche des Religiösen. Wo in Symbolen gesprochen wird, ist es schwer, einen Höhepunkt auszumachen, denn jedes Symbol weist über sich hinaus. Goethes späte Lyrik gibt die Verbindung auch nicht genau an. Da ist die Strophe von der Wiese und dann die von der Sonnenfeier. Was sie eigentlich verbindet, muß der Leser selbst erspüren. So setzt Goethe im Alter locker Motiv an Motiv. Die Alterslyrik komponiert weniger als die Lyrik aus der Zeit der Klassik. Ein wenig ähnelt sie darin den Werken der Jugend, doch ist die lose Aneinanderreihung dort von anderer Art, weil sie mehr der Folge der Assoziationen, der psychologischen Echtheit dient.

Und noch etwas ist für die späte Lyrik charakteristisch: die Vorliebe für das Kurzgedicht. Auch Sprüche sind kurz, doch sie sind gedanklich, oft lehrhaft. Dies aber ist reine Lyrik. Ein Naturbild, ein Symbol, Andeutung einer Betrachtung und Stimmung – sonst nichts. Das Narzissengedicht hat acht kurze Zeilen, das Rosengedicht nur vier. Diese Form gibt es in der Weltliteratur selten, nur bei den Chinesen und Japanern kommt sie häufig vor. Goethe hat sie in seiner Jugend von sich aus gefunden; kleine Seufzer, kleine Stimmungsbilder in wenigen Worten. „Wenn ich, liebe Lili, dich nicht liebte..." Diese Form erreicht ihren Höhepunkt in den 8 Zeilen „Über allen Gipfeln ist Ruh". Dann tritt sie zurück. Sie ergab sich immer nur aus einer besonderen Gelöstheit der Seele. Und nun im Alter ist sie wieder da, ja wird besonders gern ergriffen, freilich weniger als Stimmungsausdruck und mehr als Bild eines Gegenstandes, dem sich Betrachtung anschließt. Diese kleinen Gedichte von wenigen Zeilen klingen heiter und vergeistigt, gleichsam flockig-leicht. Oft stellen sie nur ein einziges Motiv dar, mit wenigen Farbtupfen und in der Goethe eigenen Symbolik. Diese Form bedarf einer leichten Hand und souveräner Beherrschung des Werkstoffes der Sprache.

Die Sprache nimmt ihre Wörter aus allen Bereichen. Da ist Einfaches und Schlichtes („...Narzissen blühen reihenweis im Garten") und Eigenwilliges, Gewähltestes („Schwarzvertiefte Finsternisse wiederspiegelnd..."). Immer ist das Wundersame vermischt mit dem

Alltäglichen, gleichwie ja für Goethe das, was er als Wunder erfährt, mitten in der alltäglichen Welt ist.

Das Versmaß der kürzeren Gedichte ist meist sehr einfach:

Dämmrung senkte sich von oben,
Schon ist alle Nähe fern...

Das sind, metrisch gesprochen, Viertakter ohne Auftakt; die besondere Melodie entsteht durch den Kreuzreim, der die Verse – welche zugleich kleine Sätze oder Teilsätze sind – miteinander verspannt. Dieses schlichte Versmaß hat für die kleinen sprachlichen Wunderwerke genügt. Nur die großen Gedichte greifen zu anderer Form. In der „Trilogie der Leidenschaft" haben zwei Gedichte die Form der Stanze, deren voller Ton von vornherein andeutet, daß es hier um große Dinge geht.

In diesen ihren Eigenschaften ist die Form Ausdruck von Goethes Weltanschauung im Alter. Denn in ihr ist ja das Alltägliche zugleich das Wunderbare. Das Licht, das wir täglich sehen, ist Sinnbild des Höchsten; der Baum, der vor unserm Fenster steht, zeigt die von Gott gemachte Natur und ist insofern „heilig öffentlich Geheimnis". So löst diese Altersweltanschauung alles Gegenständliche auf ins Symbolisch-Hintergründige. Sie tut das ganz anspruchslos. Oft genügt für ein Gedicht nur ein einziges Naturmotiv, ein Blumenbeet oder ein Baum. Daß diese Dinge für die Natur als Ganzes stehen, das bedarf keiner Worte mehr. So ist in diesen Gedichten die Welt der Blumen und Bäume, der Wolken und Felsenwände, geheimnisvoll und farbig, durchströmt von dem Licht, das Goethe immer als Offenbarung verehrte.

Er spricht in seiner späten Lyrik stets in Bildern und Symbolen. Anders ist es in den weltanschaulichen Gedichten dieser Zeit: sie sind gedanklich, belehrend, Erkenntnisse vermittelnd (z. B. „Vermächtnis"). Die reine Lyrik aber bleibt in der Anschauung. Hier sind die Dinge in ihrem geheimnisvollen Sein und ihrer farbigen Fülle und der Mensch in seiner Gebrechlichkeit und seiner Herrlichkeit und mit seiner Fähigkeit, die Schönheit der Dinge in sich aufzunehmen. Darum diese schlichten Hinweise auf das Schöne in der Welt, auf die Narzissen im Frühling und die Rosenknospe im Herbst. Goethe wußte: auch wir, seine Leser, sehen im Frühling im Garten die Reihe der Narzissen und sehen dann später im Herbst die letzte Knospe am Rosenstock. Und diese Gedichte in ihrer Zartheit und schwebenden Leichtigkeit helfen uns, in der Rosenknospe das irdische Geheimnis zu erkennen.

Das Vergängliche als Gleichnis in Goethes Dichtung

Es ist eine Grundanschauung, die sich durch Goethes Werke zieht und besonders in den Werken des Alters ausgesprochen wird: Die Welt, die uns gegeben ist, ist Abglanz des Unendlichen. Der Dichter hat viele Wörter, mit denen er diese Zusammenhänge andeutet: „Gleichnis", „Symbol", „Beispiel"; vor allem aber das von ihm bevorzugte, bildhaft-tiefsinnige Wort „Abglanz".

Ein großes Sinnbild dieser Anschauung gibt der Beginn des „Faust II". Faust steht im Hochgebirge, vor Sonnenaufgang. Er erwartet die Sonne, und sie ist ihm Sinnbild des Göttlichen. Wie ersehnt er ihr Licht! Er möchte hineinfliegen, möchte es unmittelbar anschauen, all seines Glanzes teilhaft werden. Nun erhebt sich die Sonne über die Gipfel – und er kann ihren Glanz nicht ertragen, er blendet ihm die Augen. Ist das Göttliche ihm versagt? Ist es ihm völlig unmöglich, es anzuschauen? Er muß die Blicke von der Sonne abwenden, aber eben nun fällt sein Auge auf die Landschaft. Vorher war sie dunkel und tot, jetzt ist sie voll leuchtender Farbe. Über dem Wasserfall glänzt in feuchtem Dunst ein bunter Regenbogen. Dieses Farbenspiel wäre nicht ohne die Sonne, aber es ist nicht die Sonne selbst. Es ist ihr Abglanz in den irdischen Dingen. Das Auge ist nicht gemacht, in die Sonne zu schauen, aber wir stehen auch nicht im Dunkel. Denn das Auge erkennt das Leuchten der Farbe. Und so ist der menschliche Geist nicht gemacht, das Göttliche unmittelbar zu erkennen, aber er ist auch nicht in Dunkel gebannt. Er erkennt es im Abglanz.

Goethe selbst drückt das in seinem „Versuch einer Witterungslehre" folgendermaßen aus: „Das Wahre, mit dem Göttlichen identisch, läßt sich niemals von uns direkt erkennen. Wir schauen es nur im Abglanz, im Beispiel, Symbol, in einzelnen und verwandten Erscheinungen. Wir werden es gewahr als unbegreifliches Leben und können dem Wunsch nicht entsagen, es dennoch zu begreifen. Dieses gilt von allen Phänomenen der faßlichen Welt..." (Bd. 13, S. 305) Denselben Gedanken stellt Goethe an den Beginn seiner weltanschaulichen Gedichte, d.h. der Gedichtgruppe „Gott und Welt". Es ist das Gedicht „Prooemion", d.h. Vorspruch, und hier sehen wir wiederum das Bild des Fluges in die Sonne, wie im Faust-Monolog:

Und deines Geistes höchster Feuerflug
Hat schon am Gleichnis, hat am Bild genug... (1, S. 357.)

Der Geist möchte das Absolute, möchte in die Sonne fliegen; doch das
ist ihm nicht gegeben. Was er aber ergreifen kann, ist das „Gleichnis",
das „Bild". Und er hat daran „genug" – wenn er es richtig zu sehen
versteht. – Noch in den feierlichen Klängen des „Faust"-Schlusses
wird wiederholt, daß „alles Vergängliche", das uns begegnet, „ein
Gleichnis" des Absoluten sei.

Das Bild vom Urlicht, vom Abglanz und vom Auge ist Goethes Bild
von Gott, von der Welt und vom Menschen. Wir können das eine
erkennen (den Abglanz), das andere nicht (das Urlicht), oder nur
mittelbar. Das Bild der Welt und das des Menschen gehören deswegen
auch immer zusammen. Denn wir können die Dinge nur ergreifen, so
weit in uns die greifenden Organe sind. Und die müssen geübt werden.

Goethe hat sich bemüht, dieses gleichnishafte Sehen in sich immer
reifer auszubilden. Und seine Schriften, dichterische wie naturwissenschaftliche, wollen uns darin üben. Das kann nicht mit einem Mal
geschehen und nicht, indem es ausgesagt wird als Gedanke, sondern
indem es als Haltung dichterisch Gestalt wird. Immer wieder neu, in
steten Variationen ist uns in seinem Werk dieses gleichnishafte Sehen
gegeben, und es erscheint in verschiedenen Stufen und Graden. Das,
worauf es ankommt, ist die Entwicklung unseres inneren Organs.
Aber das bedeutet nicht, daß er immer von diesem Organ spricht.
Denn „Jeder neue Gegenstand, wohl beschaut, schließt ein neues
Organ in uns auf". (Bedeutende Fördernis durch ein einziges geist-
reiches Wort. Bd. 13, S. 38) Er spricht darum viel von den Gegenständen der Welt. Es kommt nur darauf an, wie er davon spricht. Wenn er
von den Gegenständen spricht, geschieht es, um unsere begreifende
Seele zu üben und zu verfeinern; und wenn er von der Seele spricht,
geschieht es, damit wir die Gegenstände, die Welt, den Abglanz besser
erfassen.

Blicken wir nun in die Welt, so sehen wir gewisse Grund-Erschei-
nungen, die sich nicht weiter zurückführen lassen, sondern unmittelbar auf ein letztes Dahinterstehendes weisen, Urphänomene, in denen
die Gleichnishaftigkeit der Welt besonders deutlich wird. Zu ihnen
gehören: die Natur – das sittliche Gewissen – die Tat – die Liebe. Diese
Urphänomene des Lebens bilden die großen Themen der Goetheschen
Dichtung, die von dem Abglanz des Unendlichen sprechen.

Natur

Einer der Goetheschen Sprüche in Prosa lautet: „Die Natur verbirgt Gott. Aber nicht jedem." (Maximen und Reflexionen, Bd. 12, S. 365) Und ein Gedicht nennt sie „heilig öffentlich Geheimnis". (1, S. 358) „Öffentlich", weil sie jedem vor Augen ist, das Alltäglichste, überall. Aber was man sieht, birgt ein Dahinterstehendes, „Geheimnis"; es zu enträtseln ist nicht leicht, es gelingt nicht vielen und auch diesen vielleicht nicht immer in gleicher Weise. Wer es aber löst, der erkennt sie als Gleichnis des Höchsten – daher das Wort „heilig". Es kommt nur auf den Menschen an, ob er imstande ist, sie in dieser Wesenheit zu erfassen. Darum hören wir immer wieder die Mahnung, daß wir, um die Natur recht zu erkennen, uns selbst, unsere greifenden Organe, prüfen müssen: „Dich prüfe du nur allermeist..." (1, S. 359) Ein Gedicht, das von der Fülle und Kraft und Gesetzlichkeit der Natur spricht, schließt mit der Wendung zum eigenen Innern: „Zum Erstaunen bin ich da." (1, S. 358) Der Mensch ist gemacht „zum Erstaunen". Wir können das Wort umschreiben: Erschüttert sein, Empfinden eines religiösen Schauers. Goethe sagt – wiederum in den Sprüchen –: „Vor den Urphänomenen, wenn sie unseren Sinnen enthüllt erscheinen, fühlen wir eine Art von Scheu, bis zur Angst..." (Max. u. Refl., Bd. 12, S. 367) Und Faust findet dafür die Worte: „Doch im Erstarren such' ich nicht mein Heil, / Das Schaudern ist der Menschheit bestes Teil." (3, S. 193) „Menschheit" bedeutet Menschsein. Das Beste des Menschseins ist „das Schaudern", d. h. das Stark-Erleben-Können. Denn es führt aufwärts, vergeistigt. Das Gegenteil wäre das Materiell-Werden, erdhaft Verkrusten, „Erstarren". Das starke Erleben, das Erschauern, das ist nun die Haltung, welche Goethes Naturlyrik und seine naturwissenschaftlichen Schriften verbindet. Die Dichtung spricht mehr von der Seele und spricht als Klang, als Form. Die Schriften über die Natur sprechen von den Dingen, aber sie zeigen diese als das Wunderbare, als „heilig öffentlich Geheimnis".

Als Goethes Lyrik ihren eigenen Ton gewinnt, in der Zeit seit Straßburg, da wird sie auch Naturlyrik. Hier bildet den ersten Höhepunkt das Gedicht „Ganymed". (1, S. 46) „Wie im Morgenrot / Du rings mich anglühst, / Frühling, Geliebter..." Das Gedicht spricht ein leidenschaftliches religiöses Erleben angesichts der Natur aus, und es steigert sich am Ende zu einer Vereinigung mit dem Göttlichen:

> Hinauf, hinauf strebt's.
> Es schweben die Wolken

Abwärts, die Wolken
Neigen sich der sehnenden Liebe,
Mir, mir!
In eurem Schoße
Aufwärts,
Umfangend umfangen!
Aufwärts
An deinem Busen,
Alliebender Vater!

Dieser Schluß „Alliebender Vater" läßt uns fragen: Ist es nicht eigentlich ein religiöses Gedicht? Ja. Aber wie kommt es zu diesem religiösen Erlebnis? Durch die Natur. Das ist das Besondere des Gedichts. Seine Gewalt liegt in dem wechselseitigen Eros, der vom Ich ins All drängt und von der „unendlichen Schöne" der Natur wiederum ins Ich ausströmt. Ein hinreißender Schwung, der zum Schluß so groß ist, als habe ein Gott in der Wolke sich niedergesenkt und das Ich gepackt, so wie Zeus Ganymed ergriff... Eine unio mit dem Absoluten, eine unio mystica, aber durch die Natur. Das hatte es bis dahin nicht gegeben. Ein neues Erlebnis. Und eins, das anders als dichterisch nicht Sprache werden konnte.

Das ganz persönliche, nahe Verhältnis zur Natur bleibt fortan der Goetheschen Dichtung, und es spricht sich zumal in der Lyrik aus. Das Weimarer Mondlied „Füllest wieder Busch und Tal" spricht davon, wie das Erlebnis der Natur die Seele „löst", befreit. Es ist „mein Gefild", bekannte, liebe, vertraute Natur. Von der Wirkung der Natur auf die Seele spricht auch das Gedicht „Über allen Gipfeln..." Es beginnt mit dem ruhigen Naturbild, und diese Ruhe geht immer mehr ein in das Ich. Das Ich schwingt am Ende ganz in dem gleichen stillen Rhythmus wie die Natur, es ist genau so gestimmt. Auch hier wie im vorigen Gedicht die läuternde, lösende Wirkung der Natur, eine heilende, reinigende Wirkung. Nur wer die geschichtliche Entwicklung der Literatur überblickt, weiß, daß es dieses Motiv vor diesem Gedicht in solcher Weise noch gar nicht gegeben hat. Im Umgang mit der Natur kommt hier die Sehnsucht, die über die Grenzen der menschlichen Ichheit hinaus will, zur Beruhigung. Der Natur sich aussetzend und anvertrauend wird der Mensch so, wie er sein soll. Sie erfüllt an ihm etwas, was nur religiöse Konzentration vermag. Darum der religiöse Ton dieser Gedichte. Aber sie sprechen nicht unmittelbar vom Religiösen. Und doch, es ist darin. Es ist wie bei den Gemälden von Caspar David Friedrich. Ein Sonnenaufgang über groß gewellten Bergrücken. Auch wenn auf diesen Bergen nicht ausdrücklich ein Kreuz steht als Hinweis, auch wenn wir auf dem Bilde nur Natur sehen, nur Berge und Himmel, fühlen wir uns religiös gestimmt. So auch in Goethes Naturgedichten der Klassik.

Die Naturlyrik des Alters weist dann wieder unmittelbar auf das, wofür die Natur nur Gleichnis ist. Da heißt es in einer uns vielleicht schon etwas fremd klingenden Formulierung:

> Sonnenauf- und -untergänge
> Preisen Gott und die Natur. (1, S. 375.)

Der „Westöstliche Divan" ist erfüllt von Sonnensymbolik. Die Sonne gibt sich uns als Sinnbild:

> Gott auf seinem Throne zu erkennen,
> Ihn den Herrn des Lebensquells zu nennen,
> Jenes hohen Anblicks wert zu handeln
> Und in seinem Lichte fortzuwandeln. (2, S. 104.)

Die Naturlyrik des Alters wird gelegentlich zum großen kosmischen Mythos. Immer wieder wandelt sie dabei die Sonnensymbolik ab und stellt Licht, Materie und Mensch in einen allgemeinen Zusammenhang. So etwa im Gedicht „Wiederfinden". (2, S. 83.) Der Welt-Schöpfer, das Ur-Eine, schuf die Welt und damit Polarität, Licht und Materie, Rechts und Links, Männlich und Weiblich. Aber alles polar Getrennte sehnt sich wieder nach Einheit und meint dabei letztlich die eine große Einheit, aus der alles herkam. In solcher Weise wird hier das Gedicht zum kosmischen Mythos.

Zu allen Zeiten gab es in Goethes Lyrik das religiöse Naturgedicht. Es war da, als er in seiner Jugend seinen eigenen lyrischen Ton fand; und es ist noch am Ende da, als nicht lange vor seinem Tode seine große Lyrik ausklingt. Damals entstehen die Dornburger Gedichte in der Natureinsamkeit, die der Greis sich für lange Sommermonate gewählt hatte. Das letzte von ihnen ist ein großes Sonnengedicht:

> Früh, wenn Tal, Gebirg und Garten
> Nebelschleiern sich enthüllen,
> Und dem sehnlichsten Erwarten
> Blumenkelche bunt sich füllen,
>
> Wenn der Äther, Wolken tragend,
> Mit dem klaren Tage streitet,

Und ein Ostwind, sie verjagend,
Blaue Sonnenbahn bereitet,

Dankst du dann, am Blick dich weidend,
Reiner Brust der Großen, Holden,
Wird die Sonne, rötlich scheidend,
Rings den Horizont vergolden. (1, S. 391.)

Liest man das Gedicht oberflächlich durch, so meint man, es spreche nur einen Naturvorgang aus: Am Morgen bricht die Sonne durch den Nebel, und am Abend geht sie in reinem Glanze unter. Aber blickt man genauer hin, so bemerkt man, wie sehr in diesem Gedicht von dem Ich die Rede ist. Mit „sehnlichstem Erwarten" blickt es auf den Naturvorgang, wenn die Erde im Sonnenlicht bunt zu erglänzen beginnt. Und wenn die Sonne in voller Pracht untergeht, dann „weidet es sich" an diesem Anblick, „reiner Brust", dann ist es dankbar und im Innersten ergriffen. Das Gelenk des Gedichts ruht in den Worten „Dankst du dann, am Blick dich weidend..." Da ist der Übergang vom Morgen zum Abend. Und an dieser Stelle ist vom Ich die Rede. Wenn das Ich schon früh mit Dankbarkeit und reiner Brust das große Naturgeschehen in sich aufnimmt, dann wird ihm auch die untergehende Sonne das Göttliche verkünden – am Abend –, und wir fühlen, es ist nicht nur der Abend des Tages, sondern auch der des Lebens. Wenn man sich von früh an darin geübt hat, die Natur religiös zu sehen, dann wird man das, was sie zu uns spricht, auch am Ende vernehmen, ja gerade dann werden wir ihren schönsten Glanz sehen, „rings den Horizont vergolden", wenn wir übergehen in eine andre Existenz. Eine Religiosität also, die auch zum Tode zu bereiten vermag. – Dieses Dornburger Altersgedicht hat Gemeinsames mit dem Jugendgedicht „Ganymed": das religiöse Erleben, das durch die Natur kommt; nur ist es hier nicht so rauschhaft wie dort, sondern still und verhalten; und erst im Alter ist die Natur zum „Gleichnis" geworden; aber göttlich ist sie hier wie dort – und darum im Grunde das gleiche Mysterium. – Dieses Dornburger Sonnengedicht schrieb Goethe mit 79 Jahren. Es ist der große Ausklang seiner Naturlyrik.

Dasselbe gleichnishafte Sehen lebt in den naturwissenschaftlichen Schriften. Goethe spricht in ihnen nicht nur über Gegenstände der Natur, sondern auch über sich selbst, seine Einstellung zur Natur. Denn er weiß: Man kann nicht über die Natur schlechthin sprechen, sondern dahinter steht immer der fragende Mensch. Und es kommt ihm darauf an, daß die rechten, die wesentlichen Fragen gestellt werden, eben die, welche letztlich ins Religiöse führen. Darum sind Einleitung oder Ausklang der sachlich-strengen naturwissenschaftlichen Beschreibungen meist persönlich, sie zeigen die Haltung des Betrachtenden. In einen Aufsatz über die Wirkung seiner Schrift „Die Metamorphose der Pflanzen" fügt er den Satz ein, daß das Resultat aufmerksamer Naturbetrachtung „entschieden gebietet, vor dem geheimnisvollen Urgrunde aller Dinge uns anbetend niederzuwerfen". (Die Schriften zur Naturwissenschaft. Leopoldina-Ausgabe. Bd. 10, S. 318) Der Übergang von der Einzelbeobachtung zur allgemeinen Betrachtung und von da ins Religiöse fällt Goethe niemals schwer, denn das Religiöse ist für ihn nicht etwas, was auf besondere Stunden beschränkt ist, sondern etwas, was das ganze Leben, gerade auch die Naturbeobachtung, durchdringt. Sein Aufsatz „Bedenken und Ergebung" beginnt: „Wir können bei Betrachtung des Weltgebäudes, in seiner weitesten Ausdehnung, in seiner letzten Teilbarkeit, uns der Vorstellung nicht erwehren, daß dem Ganzen eine Idee zum Grund liege, wornach Gott in der Natur, die Natur in Gott, von Ewigkeit zu Ewigkeit, schaffen und wirken möge." (Bd. 13, S. 31) Und in dem Aufsatz „Bildungstrieb", in welchem er darstellt, daß die Natur die Eigenschaft habe, ihr System lebendig zu erhalten und aus dem Vorhandenen neue Gestalten zu entwickeln, sagt er: „Dieses Ungeheure personifiziert tritt uns als ein Gott entgegen, als Schöpfer und Erhalter, welchen anzubeten, zu verehren und zu preisen wir auf alle Weise aufgefordert sind." (Bd. 13, S. 33) Infolge dieser Denkweise benutzt er in den Briefen seines Alters mehrfach die Wendung „Gott und seine Natur" (an Naumann, 24. Jan. 1826; an Boisserée, 22. Okt. 1826; an Zelter, 1. Febr. 1831). In seinen naturwissenschaftlichen Arbeiten kommt er an die Grenze, wo das im üblichen Sinne Wissenschaftliche aufhört, weil er nicht mehr nach dem Wie? der Dinge, sondern nach dem Was? fragt. In seinen geologischen Studien spricht er einmal von der „Würde des Gesteins" (in dem Fragment über den Granit, von 1784. Bd. 13, S. 254), und in seinen morphologischen Studien fragt er nach dem Tiersein an sich, nach der Idee des Tieres. Er war ein religiöser Naturforscher, und seine naturwissenschaftlichen Schriften sind Übungen in der Haltung andächtiger Betrachtung, wobei sich genaue und sachliche Kenntnis mit dieser seelischen Gestimmtheit verbindet. Auch die naturwissenschaftlichen Schriften haben also das gleiche Anliegen, das die Naturdichtungen haben: Deutung der Welt als Gleichnis des Unendlichen.

Züge von einem Selbstbildnis als Naturbetrachter gibt der große

Altersroman „Wilhelm Meisters Wanderjahre" in der Gestalt Montans, des religiösen Naturforschers. Dieser beschäftigt sich besonders mit der Erdoberfläche und ihrem Gestein. Er ist dadurch praktischnützlich, aber das Eigentliche dabei ist für ihn seine innere Haltung, das „Staunen", das Bewundern, das auch hier bei diesem herben Gegenstande ins Wesen der Natur führt. Er weiß, daß das, was er betrachtet, letztlich nicht zu begreifen ist, aber dennoch betrachtet er die Gestaltung des Gesteins als Chiffren-Schrift, die er zu entziffern versucht. Und ihre Wirkung auf seine Seele ist groß. Von ihr kommt ihm seine innere Ruhe, seine Festigkeit, sein Wissen, ein Verbindendes zu den letzten Dingen zu haben. (8, S. 34 u. 613 f.)

Doch inniger Umgang mit der Natur wird nicht nur zu ehrfürchtigem Forschen – wie hier bei Montan –, sondern bringt darüber hinaus als Höchstes eine Gestalt hervor, die Goethe eine „Seherin" (Bd. 8, S. 451,21) und „Heilige" (S. 441,3) nennt, Makarie. Wir treten hier innerhalb der Goetheschen Dichtung in einen tiefsten und zugleich unbekanntesten Bereich, der über Mensch, Natur und Gott ein letztes Sagbares gleichnishaft, bildhaft ausspricht. Während der Faust-Mythos – das Bild menschlicher Gefährdung und Dämonie – allgemein bekannt wurde, ist der Makarien-Mythos – das Bild menschlicher Möglichkeit und Heiligung – ein Besitz weniger geblieben. Goethe selbst hat den Zugang erschwert. Die Makariengeschichte erscheint in den „Wanderjahren" verstreut und nur gleichnishaft. (8, S. 114–128 und 444–452 und die Anmerkungen dazu.) Makarie, eine zurückgezogen lebende Frau, dem Alter sich nähernd, ist in magischer Weise mit der Natur verbunden. Ihr sind, wie Goethe schreibt, die Verhältnisse des Sonnensystems „eingeboren", ja sie bildet selbst einen Teil desselben und bewegt sich in dessen kosmischer Ordnung. Alles, was der Naturforscher mühsam sich zu erarbeiten bestrebt ist, das hat sie durch Kräfte der Schau, der Ahnung, von Natur. Aber dieses Leben mit den und in den Naturdingen bringt mit sich, daß ihre Kraft dem täglichen Leben nicht standhält. Sie erscheint leidend, kränklich, zurückgezogen, zugleich aber auch als eine Gestalt von vollendeter Reinheit und Güte. Ihre Wirkung auf alle Menschen ist groß: vor ihr werden alle, die zu ihr kommen, besser; sie fühlen sich gereinigt und zum Guten gekehrt; man nennt sie eine Heilige. In ihrer Umgebung lebt ein Skeptiker, ein nüchterner Mathematiker, und er wird nach und nach völlig überzeugt von dem, was sie mit der Natur verbindet; er erkennt, daß es noch andere Organe des Naturerfassens gibt als die seinen, und daß jene weiter führen.

Goethes Bild der Natur ist geformt durch zwei Hauptgedanken, den der Polarität und den der Steigerung. Als Gott die Welt schuf, wurde das, was in ihm Einheit ist, zur Zweiheit, zur Polarität. Das Feld zwischen diesen beiden Polen erscheint horizontal. Aber es gibt noch eine andere Bewegung, ein anderes Kraftfeld; hier ist die Richtung vertikal, empor, zum Göttlichen hin. Das ist Steigerung. Ohne das Bewußtsein, daß es Steigerung gäbe, wäre unser Leben trüb und ohne seine beste Kraft. Steigerung herrscht im Reiche der Natur von den Urtierchen bis zum Menschen, Steigerung im Reiche des Menschen selbst, und jeder Mensch kann sich steigern und entwickeln. Das Höchste, was Goethe an menschlicher Steigerung dargestellt hat, ist die Gestalt der Makarie. Sie befindet sich in stetig weiterem Aufsteigen, und sie zieht andere mit sich. Dieser ihr Weg aber wird ihr zuteil durch ihr Verhältnis zur Natur. In dem Makarien-Mythos erreicht die Darstellung des menschlichen Verhaltens zur Natur einen Höhepunkt, ebenso wie in der späten Lyrik; er bleibt in der Linie, die einst in der Jugend der Ganymed-Mythos begann: Ein Erleben der Natur, das ins Religiöse führt; das, was sich den Augen bietet, erscheint als ein Gleichnis des Höchsten.

Idee

Immer wieder, wenn Goethe von der Natur spricht, weist er darauf hin, daß man nicht nur auf sie, sondern auch auf einen anderen zweiten Bereich blicken müsse, auf die Idee. Er sagt: „Im Innern ist ein Universum auch." (Bd. 1, S. 357) Die Natur ist sittlich indifferent; darum die Wichtigkeit dieses zweiten Bereichs. Denn er sagt uns erst, wie wir leben sollen. Diesen Weg von der Natur zur Idee zeigt ein bekanntes kleines Gedicht. Es spricht in der ersten Strophe von der Natur, von der Einheit von Natur und Gott, und in der zweiten Strophe geht es über zum Thema der sittlichen Welt, der Idee, die der Mensch in seinem Innern vernimmt:

> Was wär' ein Gott, der nur von außen stieße,
> Im Kreis das All am Finger laufen ließe!
> Ihm ziemt's, die Welt im Innern zu bewegen,
> Natur in Sich, Sich in Natur zu hegen,
> So daß, was in Ihm lebt und webt und ist,
> Nie Seine Kraft, nie Seinen Geist vermißt.
>
> Im Innern ist ein Universum auch;
> Daher der Völker löblicher Gebrauch,

Daß jeglicher das Beste, was er kennt,
Er Gott, ja seinen Gott benennt,
Ihm Himmel und Erden übergibt,
Ihn fürchtet und womöglich liebt. (1, S. 357.)

Den gleichen Gedanken formuliert noch deutlicher das Gedicht „Vermächtnis", die große im höchsten Alter geschriebene Zusammenfassung weltanschaulicher Lehre. Auch da spricht Goethe zunächst von der Natur. Sie hat als Ordnung und Schönheit ihr edelstes Sinnbild im Sonnensystem. Aber auch im menschlichen Innern ist ein Sonnensystem, eine Ordnung und ein Mittelpunkt, das sittliche Gesetz:

Sofort nun wende dich nach innen,
Das Zentrum findest du da drinnen,
Woran kein Edler zweifeln mag.
Wirst keine Regel da vermissen,
Denn das selbständige Gewissen
Ist Sonne deinem Sittentag. (1, S. 369/70.)

Auch im Innern also ist eine Ordnung und ein Mittelpunkt, das Gewissen, „Sonne deinem Sittentag", hineinleuchtend in das menschliche Leben. Und dieses Gesetz, das der Mensch da in seinem Innern vernimmt, ist Ausstrahlung, Abglanz, Gleichnis eines höchsten göttlichen Gesetzes.

Auch dieser Gedanke, daß neben die Offenbarung durch die Natur diese andere durch die sittliche Idee trete, hat in Goethes lehrhaftem Altersroman, den „Wanderjahren", eine große sinnbildliche Szene. (8, S. 118–120.) Wilhelm Meister betritt nachts den Turm einer Sternwarte. Er steigt auf die Plattform und sieht den ganzen Sternenhimmel in herrlichstem Glanz über sich ausgebreitet. Er fühlt sich zunächst fast vernichtet durch den Gedanken, wie unendlich groß diese Welt ist, die er vor sich sieht, wie fern, wie zeitüberdauernd. Er sagt: Was bin ich gegen das All? Ist er nicht ein Nichts, und ist so ein Nichts nicht sinnlos? Aber nun findet er in seinem Innern ein Wissen um das sittliche Gesetz. Und ein Wesen, das damit begabt ist, kann nicht sinnlos sein, denn es hat in sich einen Widerschein des Absoluten. Wilhelm Meister sagt: „Darfst du dich in der Mitte dieser ewig lebendigen Ordnung auch nur denken, sobald sich nicht gleichfalls in dir ein beharrlich Bewegtes, um einen reinen Mittelpunkt kreisend, hervortut?" Auch hier wieder der Gedanke des inneren Mittelpunkts. Von diesem aus vermag der Mensch sein Leben zu formen und auf diese Weise die Idee in Wechselwirkung mit seinem Leben zu bringen. Wilhelm Meister denkt nun an seine Pflichten, denkt an das, was er am nächsten Tage zu tun hat. Wenn es ungetan bliebe, wäre das für seine Freunde von Nachteil. Gewiß ist das, was er tun will, für die Allheit des Lebens winzig klein, es ist in dem Meer der Zeit und des Raums unsagbar gering. Aber darauf kommt es nicht an, sondern darauf, ob das, was er als Forderung des Tages leistet, richtig oder falsch ist. Denn: wenn es recht getan wird, ist es Gleichnis von allem, was recht getan wird, ist Gleichnis einer Ordnung, wie sie sein soll, Gleichnis einer Norm, Gleichnis der Idee. Und insofern kann er, der sich so gering vorkam, nun doch vor der Unendlichkeit bestehn. Denn in seinem Innern ist diese Beziehung zu dem Weltgeist, die ihm, dem Punkt im All, einen Sinn gibt.

Diese Romanszene steht in engem Zusammenhang mit einer Partie eines rein philosophischen Werkes, Kants „Kritik der praktischen Vernunft". Gegen Ende des Werks, in dem Abschnitt, der die Überschrift „Beschluß" trägt, steht dort der berühmte Satz: „Zwei Dinge erfüllen das Gemüt mit immer neuer und zunehmender Bewunderung und Ehrfurcht..., der bestirnte Himmel über mir und das moralische Gesetz in mir." Goethe hat das Kantische Wort gekannt, und der Zusammenhang ist kein Zufall. Goethe steht hier dem deutschen philosophischen Idealismus nahe, wie er ihn in Schiller und in den Schriften Kants kennengelernt hatte. Idealismus heißt, daß der Mensch sich bestimmt von der Idee her. Indem er die Idee in sich vernimmt, hat er Anteil an dem Weltgesetz. Er hat also einen Punkt, wo er dieses erreicht, wenn auch nur als ein allgemeines Gesetz. Das allgemeine Gesetz ist ihm gegeben, aber es ist ihm nicht gesagt, wie er nun in der konkreten Situation selbst sich verhalten soll. – Während die Philosophie des Idealismus diese Gedankengänge ausführte, hat Goethe als Dichter die innere Beziehung zwischen dem sittlichen Gesetz und dem Dasein des Menschen dargestellt, sei es in Form des bewußten Denkens wie bei Wilhelm Meister in den „Wanderjahren", sei es als unbewußtes Zusammenfallen von Gesetz und Neigung wie bei Natalie, dem Menschentyp, den Schiller als „Schöne Seele" bezeichnete. Vor allem Goethes Frauengestalten tragen in sich diese Beziehung zu dem sittlichen Gesetz. Aber in den tragischen Wirren der Welt können sie die reine Entscheidung zu ihm mitunter nur vollziehen, indem sie in den Tod gehen: so Gretchen in der Kerkerszene und Ottilie am Ende der „Wahlverwandtschaften".

Tat

Die Idee wird betrachtend gefunden, aber es kommt für den Menschen
weniger darauf an, ein Gesetz zu erkennen, als es zu vollziehen und im
eigenen Sein sich zu ihm zu entscheiden. Goethe schreibt: „Wie kann
man sich selbst kennen lernen? Durch Betrachten niemals, wohl aber
durch Handeln. Versuche deine Pflicht zu tun, und du weißt gleich,
was an dir ist. – Was aber ist deine Pflicht? Die Forderung des Tages."
(8, S. 283.) So bedarf die Idee der Ergänzung durch die Tat. In den
„Lehrjahren" heißt es: „Tätig zu sein ist des Menschen erste Bestim-
mung, und alle Zwischenzeiten, in denen er auszuruhen genötigt ist,
sollte er anwenden, eine deutliche Erkenntnis der äußerlichen Dinge
zu erlangen, die ihm in der Folge abermals seine Tätigkeit erleichtert."
(7, S. 415 f.) – Und dann der berühmte Satz aus dem „Westöstlichen
Divan": „Schwerer Dienste tägliche Bewahrung, / Sonst bedarf es
keiner Offenbarung." (2, S. 105.)
    Denken und Tun gehören zusammen. Wir vernehmen nun aber die
Idee immer nur als ein allgemeines Gesetz, als das Gesetz: ‚Sei gut,
habe einen guten Willen.' Wie dieses Gesetz in unserer bedingten Welt
zu verwirklichen sei, erfahren wir nicht, oder doch nur mittelbar und
nur halb. Wir irren daher und werden schuldig, aber wir versuchen,
wieder das Rechte zu finden. Goethes Lehre, die er uns in dieser
Beziehung gibt, ist ernst, aber tröstlich. Er schreibt: „Denken und
Tun, Tun und Denken, das ist die Summe aller Weisheit, von jeher
anerkannt, von jeher geübt, nicht eingesehen von einem jeden. Beides
muß wie Aus- und Einatmen sich im Leben ewig fort hin- und
widerbewegen. Wie Frage und Antwort sollte eins ohne das andere
nicht stattfinden. Wer sich zum Gesetz macht, ... das Tun am
Denken, das Denken am Tun zu prüfen, der kann nicht irren, und irrt
er, so wird er sich bald auf den rechten Weg zurückfinden." Auch das
steht in den „Wanderjahren". (8, S. 263.)
    Tätige Menschen sind es demgemäß, denen wir in Goethes Dich-
tung begegnen. In „Hermann und Dorothea" ist der Löwenwirt tätig,
nach dem Stadtbrande wieder aufzubauen, für die Stadt und für sich.
Der Sohn ist tätig in Acker und Haus. Dorothea ist die tätige Helferin
bei Kindern und Kranken in Flucht und Not; und der Pfarrer führt mit
Rat und auch mit Tat alles zu gutem Ende. – Vor allem aber finden wir
tätige Menschen dargestellt in dem großen normsetzenden Altersroman, den „Wanderjahren". Da ist ein Bund von Handwerkern, in dem
jeder seinen Beruf mit Meisterschaft verstehen muß. Dann ein Kreis

führender Männer, die als Organisatoren mit weitreichender Tätigkeit in unablässiger Arbeit sind: Aus übervölkerten Landstrichen bringen sie notleidende Bevölkerung in bevölkerungsärmere Gegenden in Deutschland und auch nach Amerika und geben ihnen dort eine Existenz in Ordnung und Wohlstand. Jeder im Kreise dieser Menschen muß irgendwie tätig sein, im nützlichen Sinne tätig. – Immer ist Goethes Lehre: Man soll nicht etwas Fernes, Ungewisses, Unerreichbares ersehnen, sondern etwas Greifbares, Mögliches, Tüchtiges in Angriff nehmen und dabei zeigen, was man kann. In den „Maximen und Reflexionen" sagt er: „Dem tätigen Menschen kommt es darauf an, daß er das Rechte tue. Ob das Rechte geschehe, soll ihn nicht kümmern." (Bd. 12, S. 517) – Im „Divan" ruft er uns mahnend zu:

Noch ist es Tag! Da rühre sich der Mann!
Die Nacht tritt ein, wo niemand wirken kann. (2, S. 52.)

Und aus dieser Bewertung der Tätigkeit ergibt sich dann die Hochschätzung der Zeit.

Mein Erbteil wie herrlich, weit und breit:
Die Zeit ist mein Besitz, mein Acker ist die Zeit (2, S. 52.)

Noch die letzte große Dichtung, „Faust II", bringt am Ende das Bild des tätigen Menschen. Faust läßt sich vom Kaiser belehnen mit dem Meeresstrande. Und nun beginnt er, dem Meere Land abzugewinnen, er entwässert und baut neue Deiche und entwässert wieder, so daß neuer Raum für Menschen entsteht, für Menschen, die zwar immer zu tun haben, um sich weiterhin gegen die andrängende Meeresflut zu halten, aber als Erfolg ihrer Tätigkeit genießen, daß sie nun frei und glücklich leben. So ist das Bild dieser Menschen im neu eingedeichten Marschland das Sinnbild des tätigen, seine Existenz erkämpfenden Menschen überhaupt: er ist nie „sicher", aber „tätig", und durch Tätigkeit „frei". Die Tätigkeit arbeitet hier für die Gemeinschaft, denn der Deich ist Sache von allen. Täglich neue Arbeit an ihm sichert das Leben. Und so heißt es:

Grün das Gefilde, fruchtbar; Mensch und Herde
Sogleich behaglich auf der neusten Erde,
Gleich angesiedelt an des Hügels Kraft,
Den aufgewälzt kühn-emsige Völkerschaft.
Im Innern hier ein paradiesisch Land,
Da rase draußen Flut bis auf zum Rand,

Und wie sie nascht, gewaltsam einzuschießen,
Gemeindrang eilt, die Lücke zu verschließen.
Ja! diesem Sinne bin ich ganz ergeben,
Das ist der Weisheit letzter Schluß:
Nur der verdient sich Freiheit wie das Leben,
Der täglich sie erobern muß.
Und so verbringt, umrungen von Gefahr,
Hier Kindheit, Mann und Greis sein tüchtig Jahr. (3, S. 348.)

So sehen wir das Bild des tätigen Menschen in „Faust II", da, wo in dem
Drama zum letzten Male von der Menschenwelt die Rede ist, bevor es
in höhere Sphären überlenkt. Die Faust-Dichtung zeigt aber auch
zugleich, daß der Tatendrang seine Problematik hat; denn die Tätigkeit
an sich kann auch der sittlichen Weltordnung entgegengesetzt sein, sie
kann dämonisch sein. Fausts Ziel, das tätig-freie Volk auf dem neuen
Lande, ist gut. Aber sein Weg, dieser Weg mit Hilfe Mephistos und
seiner dämonischen Helfer, ist schlecht. Auch der Gewaltherrscher
Timur im „Westöstlichen Divan" ist ein Tätiger, aber im böse-dämoni-
schen Sinne. Da sind die Grenzen.

Damit Tätigkeit ihren höchsten Sinn habe, muß sie sich mit zwei
anderen Bereichen verbinden, mit der Pflicht und mit der Liebe. Die
schönsten Gestalten von Tätigen in Goethes Werk sind darum die
liebend Tätigen; Dorothea als Helfende bei den Flüchtlingen; Makarie
als Seelenberaterin Verstrickter und Schuldiger; und Natalie, die weib-
liche jugendliche Idealgestalt der „Lehrjahre". Von ihr heißt es: „Sie
war keinen Augenblick ihres Lebens unbeschäftigt, und jedes Geschäft
ward unter ihren Händen zur würdigen Handlung. Alles schien ihr
gleich, wenn sie nur das verrichten konnte, was in der Zeit und am
Platz war..." (7, S. 417.) Dieses „in der Zeit und am Platz" ist das, was
Goethe sonst „die Forderung des Tages" nennt, das, woran man
erkennen kann, was an einem ist.

Auch sein eigenes Sein beurteilte Goethe nach seiner Tätigkeit. Die
Autobiographie seiner späteren Jahre, die „Annalen", lösen das Ich
völlig in Funktion auf. Es ist nur noch ein tätiges Organ des europäischen Kunst- und Wissenschaftslebens. An Boisserée schreibt Goethe
am 22. Oktober 1826: „Da mich Gott und seine Natur so viele Jahre
mir selbst gelassen haben, so weiß ich nichts Besseres zu tun, als meine
dankbare Anerkennung durch jugendliche Tätigkeit auszudrücken.
Ich will des mir gegönnten Glücks ... mich würdig erzeigen, und ich
verwende Tag und Nacht auf Denken und Tun ... Gar manche

nächtliche Stunden, die dem Schicksale meines Alters gemäß ich
schlaflos zubringe, widme ich nicht vagen und allgemeinen Gedanken,
sondern ich betrachte genau, was den nächsten Tag zu tun, das ich
denn auch redlich am Morgen beginne und so weit es möglich durch-
führe..." (Briefe Bd. 4, S. 206 f.)
Tätigkeit ist auch alles Künstlertum. Ja, es ist in besonderem Grade
Tätigkeit, denn es ist Schöpfertum. In seiner Jugend hat Goethe in
einer ganzen Gruppe von Gedichten, die man als die Künstlergedichte
bezeichnen kann, den Künstler im Schaffen dargestellt (1, S. 53–77.)
Der menschliche große Schöpfer ist für ihn dem tätigen Weltgeist
verwandt.
Zu Goethes Weltanschauung gehört das Bild eines tätigen Welten-
schöpfers. Nicht so, daß dieser einmal die Welt schuf und sie dann sich
selbst überließ. Immer wieder neu strömt er sich in sie aus, und immer
wieder kehrt alles aus ihr zu ihm zurück, strebt zu ihm empor. Gottes
Wesen ist Emanation: Sich-Ausströmen in die Welt. Und das Wesen
aller irdischen Geschöpfe ist Steigerung: ein Sich-Emporentwickeln,
und das ist letztlich Rückkehr, Regressus in Gott. Daher Entwicklung,
Wachstum, Bewegung, Tätigkeit immer und überall. Ein dynamisches
Weltbild. Eine Dynamik, die erst in Gott selbst zur Ruhe kommt.

> Wenn im Unendlichen dasselbe
> Sich wiederholend ewig fließt,
> Das tausendfältige Gewölbe
> Sich kräftig ineinander schließt,
> Strömt Lebenslust aus allen Dingen
> Dem kleinsten wie dem größten Stern,
> Und alles Drängen, alles Ringen
> Ist ewige Ruh in Gott dem Herrn. (1, S. 367.)

Auch Tätigkeit empfindet Goethe als ein Sich-Einschwingen in den
Rhythmus der Welt. Und so steigen aus diesem tätigen Sich-Einfügen
in kosmische Bewegung Ahnungen auf von einer Tätigkeit in höheren
Sphären, Ahnungen, daß ein Beständiges in uns auch später noch auf
das höchste Ziel zustreben werde. Goethe benutzt hier das altgriechische Wort Entelechie für dieses Lebendig-Zielstrebige. Tätigkeit hier
wie dort in einer höheren Welt. An Zelter schreibt er am 19. März
1827: „Wirken wir fort, bis wir, vor oder nach einander, vom Weltgeist berufen in den Äther zurückkehren! Möge dann der ewig Lebendige uns neue Tätigkeiten, denen analog, in welchen wir uns schon
erprobt, nicht versagen! Fügt er sodann Erinnerung und Nachgefühl

des Rechten und Guten, was wir hier schon gewollt und geleistet, väterlich hinzu, so würden wir gewiß nur desto rascher in die Kämme des Weltgetriebes eingreifen. Die entelechische Monade muß sich nur in rastloser Tätigkeit erhalten. Wird ihr diese zur andern Natur, so kann es ihr in Ewigkeit nicht an Beschäftigung fehlen..." (Briefe Bd. 4, S. 219) Die Monade steigt auf in strebender Bewegung (wie in der Schlußszene des „Faust II"); es scheint fortgesetzte Tätigkeit zu sein; aber es ist – unter anderem Aspekt – vielleicht schon anderes, ist Liebe.

Liebe

Die Liebe erst rundet den Kreis. Immer wieder hören wir Worte wie die: „...Krone des Lebens, / Glück ohne Ruh, / Liebe, bist du." (1, S. 124.) Goethes Werk ist einzigartig durch die Vielformigkeit der Liebe, die in ihm erscheint. Sie ist antik-sinnenhaft schönheitstrunken in den „Römischen Elegien"; volkstümlich-innig in den Friederiken-Liedern; ist vergeistigte Minne in der Lida-Lyrik und in „Tasso"; wird mit Pflicht und Entsagung vermischt in den „Wanderjahren". Alle Formen der Liebe sind aber doch nur eine Liebe. Und durch alle zieht sich die Symbolik, daß irdische Liebe ein Gleichnis himmlischer Liebe sei und das Göttliche stets als ein Liebendes erscheine. So ist es schon in „Werther", wo das nach Entgrenzung verlangende Ich nur in der Liebe und im Tode dem Unendlichen sich nähern kann. Werther trägt in sich eine tiefe religiöse Sehnsucht. Er will dem Unendlichen näherkommen durch Erlebnisse dieser Welt. Die Natur scheint ein solcher Weg zu sein – aber er wird enttäuscht: sie bringt ihm nur Widerspiegelungen seiner eigenen Stimmungen. Auch das sittliche Denken gibt Werther nicht dieses Gefühl der unmittelbaren Beziehung zum Absoluten, denn er ist nicht ein Mensch Kantischer oder Schillerscher Geistesart. Und er ist auch nicht ein Mensch der Tätigkeit; er tut wohl das Seinige im Beruf, aber es wird ihm nicht zum Gleichnis einer allgemeinen Tätigkeit, an der mitwirkend der Mensch zum Gehilfen des tätig-sittlichen Weltgeistes wird. Das alles ist nicht sein Weg. Dann aber öffnet sich ihm ein neuer Erlebnisbereich: Der schöne geliebte Mensch. Ist er nicht ein Geschenk Gottes, gleichsam sichtlich hervorgegangen aus der Hand des Schöpfers? Doch als Werther diesen Weg nicht nur als innere Erfahrung, sondern auch als Existenz will, ist eben dieser ihm versperrt, dieser einzige Weg, auf dem sein Ich über die Grenzen der Ichheit hätte hinausgelangen können in einen Bereich der

Freiheit. Aber gibt es nicht noch eine andere Entgrenzung? Und so vermischen sich am Ende Liebe und Tod als Rausch des Zerbrechens ichhafter Enge zu höherem Sein. – Liebe als religiösen Weg gibt es in Goethes Werk bis ans Ende. In der Marienbader „Elegie" ist die religiöse Sehnsucht, „sich einem Höhern, Reinern, Unbekannten / Aus Dankbarkeit freiwillig hinzugeben", verbunden mit der Liebe zu der jungen schönen Menschengestalt. „Selige Höhe" ist Höhe religiösen Weltergreifens. Und nun heißt es: „Solcher seligen Höhe / Fühl' ich mich teilhaft, wenn ich vor ihr stehe..." (1, S. 384.)

Zusammengefaßt und nach allen Seiten ausstrahlend erscheint die Symbolik der Liebe, ihr gleichnishaftes Sehen, im „Westöstlichen Divan", der mit unvergleichlicher Kraft Irdisches und Himmlisches ineinander zieht. Goethe selbst sagt vom „Buch Suleika": „Der Schleier irdischer Liebe scheint höhere Verhältnisse zu verhüllen." (2, S. 269.) Und er sagt vom Buch der Liebe: „Manche dieser Gedichte verleugnen die Sinnlichkeit nicht, manche aber können ... auch geistig gedeutet werden." (2, S. 268.) Die irdische Suleika ist ihm ein Vorschmack des – islamisch ausgemalten – Paradieses. Das Paradies ist eine Fortsetzung der seligsten Stunden der Liebenden, nur befreit von allen irdischen Bedingnissen. Das Glück unserer höchsten, erlebtesten Stunden – was ist es? Ein Stück aus einer anderen Welt, etwas Vollkommenes, wie höchste ästhetische Schönheit, wie die schönste Blume, wie der reinste Klang. Solche Vollkommenheit aber ist der Anfang des Unmöglichen, Unbegreiflichen, ja des Schrecklichen. Darum Gedichtanfänge wie dieser: „Ist's möglich, daß ich Liebchen dich kose... Unmöglich scheint immer die Rose, unbegreiflich die Nachtigall." (2, S. 64.) Im höchsten Glück vereinigen sich die unmittelbare Nähe des Du und der religiöse Schauer. Auch das Gedicht „Wiederfinden" beginnt mit diesem Staunen, das Vollkommene ist ein Unmögliches, Unbegreifliches: „Ist es möglich, Stern der Sterne, Drück' ich wieder dich ans Herz..." (2, S. 83.) Die erste Strophe schildert ein Wiederfinden der Liebenden nach langer Trennung, einen Augenblick vollendeten Glücks. Und dann springt das Gedicht ohne Übergang in etwas völlig anderes, spricht von einem kosmischen Mythos der Weltschöpfung. Gott, das Ur-Eine wurde zur Welt. Was in ihm Einheit war, wird nun Zweiheit, wird Polarität, rechts und links, Licht und Dunkel, Männlich und Weiblich. Fortan sucht alles Getrennte einander; jede irdische Einswerdung nimmt ein Stück göttlicher Wesenheit vorweg, zielt auf sie, ist ihr Gleichnis, will Rückkehr in jene letzte religiöse Einheit. Darum weist tiefe menschliche Vereinigung hin auf jene letzte Vereinigung mit dem Göttlichen. Das ist auch der Inhalt des Gedichts „Selige Sehnsucht" (2, S. 18 f.): Die irdische Vereinigung, in der als Vision eine höhere religiöse Vereinigung aufsteigt, beides getragen von gleicher Sehnsucht. Ein Hinausgelangen über die Grenzen der Ichheit ist nur möglich in der Liebe und in dem großen kosmischen Eingehen in eine höhere Welt. Darum die geheime Beziehung von Liebe und Tod. Goethe hat selten davon gesprochen, aber wenn er es tat, deutlich. So in dem frühen Dramenfragment „Prometheus" und später im „Westöstlichen Divan". In dem Gedicht von dem „Stirb und Werde" verbindet sich die Sehnsucht der irdischen Liebesvereinigung mit der religiösen Sehnsucht, ins Grenzenlose aufzugehen; und dieser emporstrebenden Sehnsucht antwortet dann die Liebe von oben. So gipfelt das „Buch des Paradieses" darin, daß das Ich sich aufgibt in seligem Eingehen in die Weltseele:

Ungehemmt mit heißem Triebe
Läßt sich da kein Ende finden,
Bis im Anschaun ewiger Liebe
Wir verschweben, wir verschwinden. (2, S. 117.)

Der „heiße Trieb" der Menschenseele und die „ewige Liebe" von oben – der „Divan" endet also ganz ähnlich wie „Faust II". In dem „Faust"-Drama erscheint das Göttliche da, wo wir es als schaffend, sich ausströmend, Welt werdend wahrnehmen, unseren Augen männlich. Dagegen, wo es liebend den Menschen emporzieht und aufnimmt, erscheint es uns weiblich. Die ganze Schluß-Szene des „Faust II" spricht von dem, was den in seiner Wesenheit sehr unvollkommenen Menschen emporhebt: „Ewiger Liebe Kern" (11865), „die allmächtige Liebe" (11872), „Ewigen Liebens Offenbarung, die zur Seligkeit entfaltet" (11924 f.), „Und hat an ihm die Liebe gar von oben teilgenommen" (11938 f.). Da hier das Göttliche immer wieder als das „Ewige" bezeichnet ist, ist deutlich, was das „Ewig-Weibliche" am Schluß bedeutet: die göttliche Liebeskraft. Der Gegensatz zu dem „Ewigen" ist das „Vergängliche". Die letzten Worte des Schluß-Chors sagen, daß „alles Vergängliche" dieser Welt ein „Gleichnis" sei. Gerade die Liebe ist es: Gleichnis, Symbol, Abglanz höchsten Lichts.

Blicken wir zurück. Die uns gegebene Natur: Gleichnis höchster Ordnung; unser Gewissen: Widerschein einer absoluten Idee; unsere Tat: Gleichnis kosmischer Kraft; und die Liebe: Symbol einer höheren Liebe. Alles Vergängliche ein Gleichnis. Es ist wie in dem Faust-

Monolog bei Sonnenaufgang: Wir haben den farbigen Abglanz, und er deutet auf die Sonne, das Ur-Licht, das wir unmittelbar nicht anschauen können. Dieses gleichnishafte Sehen der Welt hat Goethe einmal in kürzester Form zusammengefaßt in dem Gedicht „Prooemion". Es soll Vorspruch seiner Dichtung und seiner Naturschau sein. Hier lehrt der Dichter die Welt als Gleichnis sehen, darum hat er eine religiöse Aufgabe und spricht „Im Namen dessen, der Sich selbst erschuf". Unser Geist wünscht sich den „höchsten Feuerflug". Der ist uns verwehrt. Aber wer recht zu sehen versteht, der findet überall in dieser unserer Welt Dinge, die Gleichnis des Höchsten sind und mittelbar auf das hindeuten, was wir ersehen. Wenn man so zu sehen versteht, dann wird alles zum Hinweis auf den Weltgeist, wird alles schön: „Wo du wandelst, schmückt sich Weg und Ort." Und mitten in unserer begrenzten, bedingten Welt ist dann durch dieses religiös-gleichnishafte Sehen das Unbedingte, die Unermeßlichkeit.

Prooemion

Im Namen dessen, der Sich selbst erschuf!
Von Ewigkeit in schaffendem Beruf;
In Seinem Namen, der den Glauben schafft,
Vertrauen, Liebe, Tätigkeit und Kraft;
In Jenes Namen, der, so oft genannt,
Dem Wesen nach blieb immer unbekannt:

So weit das Ohr, so weit das Auge reicht,
Du findest nur Bekanntes, das Ihm gleicht,
Und deines Geistes höchster Feuerflug
Hat schon am Gleichnis, hat am Bild genug;
Es zieht dich an, es reißt dich heiter fort,
Und wo du wandelst, schmückt sich Weg und Ort;
Du zählst nicht mehr, berechnest keine Zeit,
Und jeder Schritt ist Unermeßlichkeit. (1, S. 357.)

Der Mensch ist gemacht, „Erleuchtetes zu sehen, nicht das Licht". (Pandora, Vers 958). Er sieht nicht das Absolute, aber den Widerschein. Darum ist Faust keine reine Tragödie. Denn der Mensch steht nicht im Dunkel ohne „Schein des Himmelslichts". (3, S. 17.) „Faust" ist aber auch kein Erlösungsdrama der Heilsgewißheit, denn dann müßte dem Menschen die Wahrheit in gewisserer Form gegeben sein. Er hat sie, und er hat sie zugleich wieder nicht, denn er hat sie nur im

Abglanz. Im „Divan" heißt es: „In allen Elementen Gottes Gegenwart." (2, S. 99.) Und in den Gedichten: „Heilig öffentlich Geheimnis." (1, S. 358.) Und immer wieder: Gleichnis, Abglanz, Symbol. Und als solche Gleichnisse erscheinen immer wieder Natur, Idee, Tätigkeit, Liebe.

Das ist Goethes Altersweisheit. Aber sie knüpft an das Werk seiner Jugend an. Eine Grundhaltung im Sehen der Welt bleibt sich bei Goethe allzeit gleich, doch was in der Jugend sich nur als Bild und Symbol im Kunstwerk ausspricht, wird im Alter auch zum Gedanken und lehrhaften Satz. Die Dinge der Welt erschienen dem Dichter in seiner Jugend als gegenständliche Wirklichkeit; später sah er sie als Ausprägungen ewiger Urformen, individuelle Variationen des Gesetzmäßigen; im Alter wird ihm alles transparent; gotterfüllt war die Welt ihm schon immer, aber erst jetzt sieht er die Gleichnishaftigkeit überall und weiß sie auch bewußt zu formulieren. – Deswegen haben sich unsere Fragen hier auf Goethes Werk als Ganzes erstreckt, vor allem aber an die Altersschriften gerichtet.

Daß wir das Absolute im Abglanz der Welt haben, das hat Goethe geglaubt. Er hat nicht geglaubt, daß er damit nun schlechthin die Wahrheit habe. Er hat niemanden überzeugen wollen. Er hat Ehrfurcht gezeigt, wo immer er ehrlichen Glauben sah. In seinem Altersroman, in den „Wanderjahren", hat Goethe verschiedene Wege des Glaubens nebeneinandergestellt, solche der Kirche und solche einer weltlichen Religiosität. Er zeigt uns da ein Bild katholischer Gläubigkeit in der Josephsfamilie, dann ein Bild eines pietistischen Protestantismus bei den Spinnern und Webern, er setzt daneben das Bild eines Menschen, der sein soziales Tun religiös empfindet, Lenardo, dann das eines religiösen Naturforschers, Montan, und schließlich das der Heiligen der Naturfrömmigkeit, Makarie. Das Wesentliche ist für ihn nicht, welchen Weg jemand geht, sondern wie weit er darauf gelangt, wie weit er sich dem Höchsten nähert. Die Wege sind verschieden, weil die Menschen verschieden sind. Das Ziel ist das gleiche. Aber es liegt im Unfaßbaren. Jeder Weg ist immer irdisch bedingt, und insofern ist jeder Weg auch nur sinnbildhaft für unser Streben überhaupt.

Goethe hat sich mit seinem Glauben an die Gleichnishaftigkeit der Welt einerseits nicht kirchlich-dogmatisch gebunden, andererseits aber hat er jener Meinung, daß allein die Materie herrschend sei, oder jener, daß nichts wahrhaft Wert oder Sinn habe, ein deutliches Bekenntnis entgegengesetzt, daß eine religiöse Erkenntnis in dieser unserer Welt möglich sei. – Der Gedanke, daß die Welt ein Gleichnis des Absoluten sei, ist in der Form, wie er bei Goethe sich ausspricht, ein Gedanke der Neuzeit. Es ist die Weltanschauung, von welcher Dilthey sagt, daß sie versucht, „das Leben aus dem Leben selber zu verstehen". (Schriften, Bd. 5, S. 4; ähnlich Bd. 7, S. 261.) Dabei ist der Mensch bemüht, sein Begreifen zu entwickeln. Und hier leistet nun der Dichter viel mit den Organen, die er in sich ausbildet und in uns anspricht, mit seiner Sprache des Symbols.

Unsere Welt als Gleichnis – das ist ein Thema, das man am besten in der Sprache der Kunst ausdrücken kann; denn es kommt dabei nicht auf ein theoretisches Denkbild an, sondern auf eine Gestimmtheit der Seele. Darin liegt begründet, warum in der neuzeitlichen Kultur der Dichter so hohen Rang erhielt. Der Dichter hat, wie Goethe es in dem großen Altersgedicht „Vermächtnis" sagt, die Aufgabe, „edlen Seelen vorzufühlen" (1, S. 370), d. h. vorbildhaft zu sein im Fühlen und solches an andere weiterzugeben. Goethe, Hölderlin, Schiller wurden als Dichter selbständige Deuter der Welt, und diese Deutung erfolgt aus der Innerlichkeit des Menschen.

Ähnlich wie es für Kant nicht die Welt als Welt gibt, sondern nur in bezug auf den fragenden Menschen, und ähnlich wie in Beethovens Musik die Ordnung der Töne eine Ordnung der Seele ist, so gibt Goethe im Bilde der Welt ein Symbol des eigenen Innern und erschließt die Fülle des Seins nur durch das erschütterte liebende Ich. Er hat auf diese Weise die Dichtung zum Organ der Weltdeutung gemacht in einer Art, wie es vor ihm noch keiner getan hatte.

Die Dichtung ist hier ein Mittel, die Welt in ihrer Wesenheit zu verstehen. Versteht man die Welt auf solche Weise, so erscheint sie als Abglanz. Der Abglanz aber weist immer auf ein Licht, das Licht im Unendlichen hin.

Vom Handwerk des Herausgebers
Aus der Werkstatt der Hamburger Goethe-Ausgabe

Fachleute wissen, daß es mühsam ist, eine Goethe-Ausgabe zu machen. Die Laien denken es sich meist recht einfach: Man brauche doch nur das, was schon gedruckt ist, noch einmal zum Druck zu geben. Doch dabei ergeben sich sofort Fragen: Nach welchen Vorlagen soll man drucken? Nach denen aus Goethes Zeit mit der damaligen Rechtschreibung und Zeichensetzung und ihren Druckfehlern? Oder nach neueren Ausgaben? In welcher Anordnung soll man die „Maximen und Reflexionen" bringen, die Goethe niemals als Ganzes veröffentlicht hat? In welcher Fassung soll man Gedichte abdrucken, von denen es mehrere Fassungen gibt? Dieser Art gibt es viele Fragen. Im folgenden versuche ich, sie der Reihe nach durchzugehn. Dabei gehe ich von den Erfahrungen mit der „Hamburger Ausgabe" aus. Die Darstellung ist also auch ein Erlebnisbericht.

Zunächst muß man sich klar machen, für wen man eine Ausgabe macht, ob für die Gelehrten oder für einen breiten Leserkreis. Eine wissenschaftliche Ausgabe bringt jeden Buchstaben und jedes Interpunktionszeichen so wie zu Goethes Zeit. Eine Leseausgabe benutzt moderne Orthographie und auch moderne Interpunktion, welche freilich möglichst den Charakter der alten Satzgliederung wiedergibt. Wissenschaftliche Ausgaben sind die von der Akademie der Wissenschaften in Berlin (DDR) herausgegebenen „Werke Goethes" (seit 1952) und die Edition des „West-östlichen Divan" von Hans Albert Maier (Niemeyer, Tübingen, 1965). Hier findet man vollständige Lesartenverzeichnisse, und mitunter sind diese umfangreicher als der Text. Anderes Beiwerk aber, z. B. Entstehungsgeschichte und Worterläuterungen, fehlt. Lese-Ausgaben sind die „Hamburger Ausgabe", die 1948 zu erscheinen begann, und die „Berliner Ausgabe", deren 1. Band 1960 erschien.

Die wissenschaftlichen Ausgaben sind in einem Punkt problemlos: Sie geben einen Text genau wieder, wie er in der Vorlage ist. Sie sind in anderen Punkten aber problematisch. Die Lesarten werden meist in einer Weise geboten, die auf die Ausgaben antiker Autoren im 16. Jahrhundert zurückgeht. Damals war der Buchdruck neu. Man verglich mehrere Handschriften, stellte einen Text her und gab alle Abweichungen als Lesartenapparat. Bei den antiken Autoren hielt dieser Lesarten-Teil sich in Grenzen. Diese humanistische Editions-methode wurde zur Zeit der Romantik von den Herausgebern mittel-alterlicher Texte, z. B. des Nibelungenliedes, übernommen. Von da ging sie weiter an die Herausgeber neuerer Dichtung, und so wurde sie maßgeblich für die „Weimarer Ausgabe" von Goethes Werken. Seither sind die Lesarten-Teile immer umfangreicher geworden. Sie enthalten eine Fülle von sachlich richtigen Angaben. Aber für wen? Wer verglei-chen will, wie ein Dichter einen Text umgearbeitet hat, legt besser die alte und die neue Fassung nebeneinander, denn dann hat er die Einzelheiten im Zusammenhang vor sich, so daß der künstlerische Charakter deutlich wird. Ein großer Lesarten-Apparat ist ein Urwald, in dem man sich kaum bewegen kann. Als im 16. Jahrhundert die Methode der Lesarten-Darbietung erfunden wurde, gab es noch nicht den modernen Fotodruck, und es handelte sich um antike Werke, bei denen man aus den vielen späteren Abschriften die beste Form her-stellte. Bei einem Schriftsteller wie Goethe handelt es sich um verschie-dene Fassungen, die alle ihre sichere Überlieferung haben und aus denen sich nun eine Textgeschichte ergibt. Es ist deswegen die Frage, ob man heute die alte humanistische Methode nicht weitgehend durch andere Methoden ersetzen könnte. Die Handschriften-Faksimile-Drucke in den „Schriften der Goethe-Gesellschaft" sind ein gutes Beispiel neuerer Text-Darbietung.

Im folgenden soll vor allem von den Lese-Ausgaben die Rede sein, ausgehend von der „Hamburger Ausgabe". Sie entstand nach dem Kriege. Zu dieser Zeit waren viele private und öffentliche Bibliotheken von Bomben zerstört. Viele Flüchtlinge aus Ostdeutschland hatten alle Bücher zurücklassen müssen. Der Herausgeber der „Hamburger Aus-gabe" empfand es als eine sinnvolle Aufgabe, Goethe neu zum Druck zu bringen. Doch das war schwierig, denn zu guter philologischer Arbeit gehören normale Arbeitsbedingungen. Die aber gab es nicht. Man konnte in den ersten Jahren nach 1945 nicht nach Weimar fahren. Der Herausgeber lebte damals in Hamburg. Die Bibliothek des Insti-tuts für Literaturwissenschaft an der Universität war benutzbar, die Bücher der Staatsbibliothek lagen großenteils noch in Bunkern. Der Herausgeber, Flüchtling aus dem Osten, hatte ganz wenig Wohnraum und ganz wenige Bücher. Er unternahm die Edition auf Grund der Möglichkeiten, die er in Hamburg hatte. Deswegen – und weil der Verleger in Hamburg war – der Name „Hamburger Ausgabe". Dann wurden die Arbeitsverhältnisse von Jahr zu Jahr besser. Von 1953 an fuhr der Hauptherausgeber jedes Jahr nach Weimar und arbeitete dort im Goethe- und Schiller-Archiv. Die großen wissenschaftlichen Bibliotheken hatten ihre Bestände wieder bereit, und der auswärtige Leihverkehr besorgte, was nicht am Platze war. So wurde die „Hamburger Ausgabe" von Auflage zu Auflage verbessert. Für die Neuausgabe von 1981 wurde der gesamte Kommentarteil noch einmal gründlich überarbeitet. Es war und blieb eine Ausgabe für breite Kreise, aber auf wissenschaftlicher Grundlage.

Die Rechtschreibung

Seit Goethes Zeit hat sich in der deutschen Rechtschreibung manches geändert, und schon während Goethes Lebenszeit war es so. Er hat sich im Laufe der Jahre stärker der Norm angeglichen, die durch Adelungs „Wörterbuch", das er seit 1780 besaß, festgelegt war. In seiner Jugend in Frankfurt schrieb er „Mädgen", später in Weimar „Mädchen". In der gesprochenen Sprache war es dasselbe.

Man kann im allgemeinen Goethes handschriftliche Texte, auch die seiner Jugend, ohne viel Schwierigkeit in heutiger Schreibweise wiedergeben. Man muß freilich den Lautstand wahren, also „Gebürg", nicht „Gebirg"; in seiner Jugend schreibt Goethe „Turn", später „Turm". Es ist gut, wenn der Herausgeber den Sprachstand aus Goethes Zeit genau kennt. In „Dichtung und Wahrheit" kommt in Buch 9 (HA 9, S. 358) in den Drucken aus Goethes Zeit das Wort „Räzel" vor. Gemeint ist nicht „Rätsel", sondern ein heute nicht mehr gebräuchliches Wort „Rätzel", das einen Menschen mit zusammengewachsenen Augenbrauen bezeichnet.

Für wissenschaftliche Ausgaben ist die Wahrung der alten Rechtschreibung nötig, jedoch muß man sich klarmachen, daß wir vieles nicht in Goethes eigener Handschrift haben, z. B. den „Urfaust" und die „Theatralische Sendung". Die Abschreiberinnen schrieben für sich selbst ab, nicht für andere. Sie fühlten sich also nicht an Goethes Schreibweise gebunden. Wenn man hier buchstabengetreu bleibt, reproduziert man die Rechtschreibung des Fräuleins v. Göchhausen und der Frau Barbara Schultheß, nicht die Goethes; und wenn man die Drucke aus Goethes Zeit buchstabengetreu nachdruckt, reproduziert man die Rechtschreibung der Verlage Göschen und Cotta.

Die Interpunktion

Goethe schrieb mit ganz wenig Satzzeichen. Ihm genügte meist der Punkt am Ende des Satzes. In seiner handschriftlichen Weimarer Gedichtsammlung, die er 1777 für Frau v. Stein niederschrieb, gibt es nur wenige Kommata. In dem Gedicht „An Schwager Kronos" lautet eine Strophe:

> Weit hoch herrlich der Blick
> Rings ins Leben hinein
> Vom Gebürg zum Gebürg
> Über der ewige Geist
> Ewigen Lebens ahndevoll.

In späteren Jahren hat Goethe sich der üblichen Zeichensetzung angepaßt, er ließ sie für den Druck oft durch andere einsetzen, nicht immer zum Vorteil. In der Handschrift von 1777 steht in dem Gedicht „Prometheus":

> Ich kenne nichts Ärmers
> Unter der Sonn als euch Götter.

In den späteren Drucken:

> Ich kenne nichts Ärmeres
> Unter der Sonn', als euch, Götter!

Wenn das Verächtliche des Inhalts auch im Klang herauskommen soll, muß der Satz ohne Pausen dahinrollen und die Stimme dabei immer mehr sinken. Doch die zwei Kommata und das Ausrufungszeichen im Druck suggerieren eine Betonung, die anders ist. Goethes Handschriften interpungieren musikalisch, nicht grammatisch. Er paßte sich dann aber der grammatischen Zeichensetzung an.

Es gibt Stellen, in welchen die Interpunktion der verschiedenen Quellen uneinheitlich ist. In dem Gedicht „Metamorphose der Tiere" hat die Handschrift folgende Interpunktion:

> Freue dich, höchstes Geschöpf der Natur,

und der Druck in der Ausgabe letzter Hand:

> Freue dich, höchstes Geschöpf, der Natur,

Dadurch ist der Sinn etwas verschieden. Im Zusammenhang des Ganzen macht es wenig aus, aber der Herausgeber muß sich entscheiden, welche Fassung er in den Text und welche er in den Anhang setzt.

An den Stellen, wo Goethe keine Interpunktion eingesetzt hat wie in den Jugendgedichten und den Dramenfragmenten, muß eine moderne Leseausgabe versuchen, vorsichtig zu normalisieren, lieber zu wenig als zu viel. Seit dem Expressionismus ist man unnormale Interpunktion gewohnt, man braucht also nicht mehr Rücksicht zu nehmen wie zu Goethes Zeit. Da, wo wir in Drucken aus Goethes Epoche grammatische Interpunktion haben, die Satz und Nebensatz trennt, ist es aufschlußreich, die Handschriften in Weimar anzusehn, die Goethes musikalische und sinngemäße Interpunktion zeigen. In diesem Sinne hat Lieselotte Blumenthal in Band 5 der „Hamburger Ausgabe" das Drama „Iphigenie" nach der Handschrift interpungiert; und ich habe es in Band 1 mit zahlreichen Gedichten versucht.

In Goethes Zeit hatten Doppelpunkt und Anführungszeichen eine andere Funktion als heute. Wir setzen heute direkte Rede in Anführungszeichen. Das war damals nicht der Fall. Deswegen ist es nicht immer deutlich, wo heute die Anführungszeichen zu setzen sind. In der Ballade „Die Braut von Korinth" setzt die Fest-Ausgabe die Zeilen 66/67

Ist es möglich, daß am stillen Orte
Die geliebte Braut hier vor mir steht?

in Anführungszeichen als direkte Rede. Ebenso tut sie es mit den Versen 117/118

Wechselhauch und Kuß!
Liebesüberfluß!

Die „Hamburger Ausgabe" faßt beide Stellen als Gedankenreferat und läßt sie ohne Anführungszeichen. In der „Berliner Ausgabe" entscheidet sich die Herausgeberin Regine Otto einmal wie die „Hamburger Ausgabe", einmal wie die „Fest-Ausgabe". Aus Goethes Drucken geht nicht hervor, wie zu verfahren sei. Ein Leser, der diese Stellen mit Anführungszeichen vor sich sieht, denkt, Goethe habe sie als direkte Rede gekennzeichnet. Goethe hat es aber nicht, der Philologe hat es. Und der Leser erfährt es nicht, es sei denn, daß es im Anmerkungsteil mitgeteilt wird.

Die Anführungszeichen bedeuteten zu Goethes Zeit Hervorhebung. Deswegen stehen in der Ausgabe letzter Hand die Verse 11936/7 aus „Faust II"

Wer immer strebend sich bemüht,
Den können wir erlösen.

in Anführungszeichen. Heutige Leser könnten auf den Gedanken kommen, es sei ein Zitat, wenn der Herausgeber die Anführungszeichen stehen läßt. Das heutige Mittel der Hervorhebung ist Sperrung. Lange Sätze gliederte man zu Goethes Zeit so, daß man Kommata setzte, dann aber, wenn es auf das Ende zuging, einen Doppelpunkt. So ist in „Faust", Vers 937–940, der Satz gegliedert:

Ich höre schon des Dorfs Getümmel,
Hier ist des Volkes wahrer Himmel,
Zufrieden jauchzet groß und klein:
Hier bin ich Mensch, hier darf ich's sein.

Als ich 1949 den 3. Band der „Hamburger Ausgabe" mit „Faust" herausgab, ließ ich diese Interpunktion, wie sie war. Nach wenigen Wochen kam ein Brief: „Sehr geehrter Herr Professor! Warum steht in Vers 939 ein Doppelpunkt? Das bedeutet doch, daß nun direkte Rede folgt. Jauchzen denn auch die kleinen Kinder: Hier bin ich Mensch..." Ich antwortete dem Leser in einem Brief, daß die Funktion des Doppelpunkts zu Goethes Zeit anders sei. Nach wenigen Wochen schrieb ein anderer Leser: „Warum heißt es: Zufrieden jauchzet groß und klein: (Doppelpunkt)..." Ich hatte nie gedacht, daß die Leute Goethes „Faust" so gründlich lesen. Es kamen noch viele Briefe, und da half ich mir folgendermaßen: Ich setzte im Text ein Semikolon ein; das entspricht in heutiger Schreibung am ehesten dem, was hier gemeint ist; und ich erläuterte in einer Anmerkung, was der Doppelpunkt in den alten Drucken bedeute und was ihm nach moderner Interpunktion entspricht. Dazu gehört freilich, daß man einen Kommentar gibt, und daß der Verleger für dergleichen Anmerkungen den nötigen Raum gestattet.

Die Interpunktion ist ein Gebiet, das dem Herausgeber unsägliche Mühe macht – eine Mühe, von der im fertigen Druck später nichts zu bemerken ist. Es ist ein Gebiet, das keineswegs von Korrektoren, welche die heutigen Interpunktions-Regeln beherrschen, bearbeitet werden kann, denn es hängt aufs Engste mit dem Künstlerischen zusammen, mit dem Gehalt und dem Sprachrhythmus, und es erfordert außerdem Kenntnis der Handschriften Goethes und seiner Schreiber – also ein scheinbar untergeordnetes, aber sprachliche Feinfühligkeit erforderndes und bei gründlicher Edition unumgängliches Gebiet. Wer darin arbeitet, muß aufpassen, daß er nicht darin stecken bleibt, sondern seinen Sinn dann auch wieder auf die großen allgemeinen Dinge richtet.

Der Text

Goethe hat viele Gedichte nicht zum Druck gebracht, sie blieben handschriftlich unter seinen Papieren. Eckermann und Riemer haben dann in den „Nachgelassenen Werken", die als Band 41–60 der „Ausgabe letzter Hand" bezeichnet wurden, zahlreiche dieser Gedichte zum Druck gegeben. Viele hatten im Manuskript keine Überschrift, nun gehörte damals aber zu einem normalen Gedicht eine Überschrift. Also erfanden Eckermann und Riemer Überschriften. Da die „Ausgabe letzter Hand" als grundlegend galt, hat die „Weimarer Ausgabe" diese Überschriften übernommen, und da dann die „Weimarer Ausgabe" als maßgeblich galt, lebten Eckermanns und Riemers Gedichttitel weiter. Man muß in Weimar die Handschriften ansehn, um entscheiden zu können, welche Überschriften von Goethe sind und welche nicht. Die „Hamburger Ausgabe" hat es berücksichtigt.

Goethe hinterließ ferner mancherlei fragmentarische autobiographische Aufzeichnungen, die nicht in „Dichtung und Wahrheit" hineingekommen waren. Eckermann hat manches davon veröffentlicht und dabei den Eindruck zu erwecken versucht, es handle sich nicht um fragmentarische Skizzen, sondern um größere zusammenhängende Stücke. Er hat also einzelne Fragmente vereinigt, z. B. eine Charakteristik von Lenz mit einer Schilderung des späteren Besuchs Goethes in Sesenheim, 1779. Ursprünglich haben beide Teile nichts mit einander zu tun. Einen korrekten Abdruck der autobiographischen Einzelheiten nach den Handschriften hat erst Lieselotte Blumenthal in der „Hamburger Ausgabe" gebracht.

Auch die Schriften zur Kunst wurden von Goethe nicht alle veröffentlicht. Als die „Hamburger Ausgabe" zu erscheinen begann, stellte Werner Weber (Hamburg) 1953 auf Grund der besten damals vorhandenen Ausgaben einen Text für Band 12 her. Als Weber 1975 starb, fiel die Bearbeitung des Textes an mich. Ich reiste nach Weimar und verglich die Handschriften. Da ergab sich, daß in dem Aufsatz „Landschaftliche Malerei" Heinrich Meyer nach Goethes Tode mehrere Änderungen durchgeführt hatte. Diese waren in den ersten Druck eingegangen und dann stehen geblieben bis zur Weimarer Ausgabe und darüber hinaus. Ich brachte in der „Hamburger Ausgabe" den Text nun also nach der Handschrift und gab eine ausführliche Begründung dafür in Band 61 der „Schriften der Goethegesellschaft", 1981. Bei den Schriften zur Kunst zeigte sich auch, daß Eckermann und Riemer ähnlich wie bei den autobiographischen Einzelheiten einige Fragmente umgearbeitet haben, so daß sie als fertige kleine Aufsätze erscheinen. Eine moderne Edition muß das wieder rückgängig machen und die Eckermannschen Titel als etwas nicht direkt von Goethe Stammendes kennzeichnen.

Diese Beispiele genügen, um zu zeigen, daß der Vergleich mit den Handschriften auch heute noch lohnt. Besonders ist hier zu erwähnen, daß Goethes Naturwissenschaftliche Schriften jetzt durch Dorothea Kuhn so gründlich und vollständig herausgegeben werden wie nie zuvor. Es ist die sogenannte „Leopoldina-Ausgabe" der „Schriften zur Naturwissenschaft" (Verlag Böhlau, Weimar). Die Arbeiten für diese Ausgabe sind dann wiederum den Bänden 13 und 14 der „Hamburger Ausgabe" zugute gekommen, denn diese sind ebenfalls von Dorothea Kuhn herausgegeben.

Fassungen

Wir kennen viele Goethesche Werke in mehreren Fassungen. Außer „Faust I" kennen wir den sogenannten „Urfaust", außer den „Lehrjahren" die „Theatralische Sendung". In beiden Fällen hat Goethe die frühe Fassung nicht aufgehoben, wir kennen sie nur durch Abschriften, von denen er nichts wußte. Wir finden aber, daß diese frühen Fassungen in ihrer Frische und Ursprünglichkeit wertvolle Kunstwerke sind, von eigenem Charakter, und wir drucken sie deswegen ab, sofern eine Ausgabe genug Raum dafür bietet.

In seiner Jugend hat Goethe einige große Gedichte in freien Rhythmen geschrieben, mit dem Geniegedanken im Mittelpunkt, in zum Teil eigenwilliger Sprachform. Stellt man sie zusammen, so erhellen sie sich wechselseitig. Nun aber bleibt zu bedenken: Wenn wir sie zusammenstellen, müssen wir die Sturm-und-Drang-Fassungen wählen, nicht die späteren klassizistisch gemilderten Fassungen, die er 15 Jahre später einigen von ihnen gegeben hat. Wir müssen anderseits in einer Goethe-Ausgabe, die nicht auf den jungen Goethe beschränkt ist, dem Leser die Möglichkeit geben, auch die späteren Fassungen kennenzulernen. Aus dem Gedicht „An Schwager Kronos" ein Beispiel der frühen Fassung:

Töne, Schwager, dein Horn,
Rassle den schallenden Trab,
Daß der Orkus vernehme, ein Fürst kommt,
Drunten von ihren Sitzen
Sich die Gewaltigen lüften.

Und die spätere Fassung:

Töne, Schwager, ins Horn,
Rassle den schallenden Trab,
Daß der Orkus vernehme: wir kommen,
Daß gleich an der Türe
Der Wirt uns freundlich empfange.

Goethe hat seine Jugendgedichte mit ihrer unbekümmert-kühnen
Sprache später zähmend umgearbeitet, weil er ihren Subjektivismus
schädlich fand für die Jugend um 1800. Dieser Gesichtspunkt fällt
heute weg. Sofern es hier ein grundsätzliches Problem gibt, ist es nur
dieses: Darf man eine vom Dichter verworfene Fassung bevorzugen,
wenn man sie künstlerisch besser findet? Man darf es. Der Wert eines
Kunstwerks hängt nicht vom Urteil des Künstlers ab. Man darf ein
Werk nicht für eigene Zwecke mißdeuten; man ist verpflichtet, es
möglichst rein in seiner Eigenart zu erfassen. Wenn man es in solcher
Weise betrachtet, darf man aber zu anderen Ergebnissen kommen als
der Autor selbst. Für die Edition ergibt sich daraus: Man darf eine
andere Fassung in den Text setzen als die, welche Goethe in der
„Ausgabe letzter Hand" gewählt hat. Das ist in der „Hamburger
Ausgabe" bei den Gedichten des Sturm und Drang geschehen, um
diese als einheitliche Gruppe zu zeigen. Wenn die späteren Abweichungen erheblich sind, ist im Textteil sogleich nach der frühen
Fassung die spätere gebracht; wenn die Abweichungen gering sind,
findet man sie im Kommentar als Lesarten. Bei den Gedichten der
Klassik sind „Alexis und Dora" und „Das Wiedersehn" in den Musen-
almanach-Fassungen gedruckt, nicht in den auf Ratschlag von Schlegel, Humboldt und Voß veränderten späteren Fassungen. Im Kommentarteil ist diese Textgestaltung erläutert und begründet. Sie ist auch
deswegen ohne Bedenken, weil fast alle anderen Goethe-Ausgaben die
Fassungen der „Ausgabe letzter Hand" wiedergeben und weil diese
Ausgaben überall leicht zu haben sind.

Anordnung

Eins seiner bedeutendsten Werke, die „Maximen und Reflexionen",
hat Goethe niemals als Ganzes gruppiert. Er hat diese Aphorismen
nach und nach zum Druck gebracht, in seinen Zeitschriften „Über
Kunst und Altertum" 1818–1827, „Zur Morphologie" 1822, „Zur
Naturwissenschaft überhaupt" 1823 und in dem Roman „Wilhelm

Meisters Wanderjahre" 1829. Jedoch mehr als 600 Aphorismen blieben ungedruckt im Nachlaß. Als im Jahre 1907 Max Hecker in den „Schriften der Goethe-Gesellschaft" die „Maximen und Reflexionen" herausgab, brachte er die einzelnen Gruppen aus den Zeitschriften und dann die Nachlaß-Sprüche. Damit war eine philologische Grundlage geschaffen, und weil es sie gab, konnten spätere Editionen nun anders verfahren: Man ordnete den Gesamtbestand der Aphorismen nach Sachgebieten, weil der Leser sie auf diese Weise als einen geistigen Kosmos erkennt. In diesem Sinne hat Hans-Joachim Schrimpf die „Maximen und Reflexionen" für die „Hamburger Ausgabe" geordnet.

Ein besonderes Problem ist die Anordnung der Gedichte. Goethe hat für die Ausgabe von 1815 seine Gedichte in eine Ordnung gebracht, die sich teils nach Gattungen, teils nach Themen richtet: „Lieder", „Balladen", „Elegien" usw., aber auch „Kunst", „An Personen" und „Aus Wilhelm Meister". 1827 kamen viele Gedichte hinzu, doch Goethe ließ die alte Ordnung bestehen und fügte neue Gruppen hinzu, „Gott und Welt", „Kunst" usw. Es gab auf diese Weise zwei Gruppen „Kunst"; und die Gruppe „Gott und Welt" wurde von den Lesern leicht verwechselt mit „Gott, Gemüt und Welt". Die Anordnung war also etwas unübersichtlich. Nun aber schrieb Goethe nach 1827 noch weitere Gedichte, darunter höchst bedeutende wie die „Chinesisch-deutschen Jahres- und Tageszeiten" und „Vermächtnis". Er sagte, die Nachlaßherausgeber sollten sehen, wie sie damit fertig würden. Im Nachlaß lagen 1832 aber nicht nur diese späten Gedichte, sondern auch viele aus früherer Zeit, zumal aus der Jugend. Eckermann und Riemer bildeten neue Gedichtgruppen, nicht eben geschickt, und fügten sie den bestehenden Gruppen an. Dann aber öffnete sich 1885 das Goethe-Archiv, und man fand viele weitere Gedichte. Wie soll man sie anordnen? Um 1900 stand die biographische Betrachtungsweise auf ihrem Höhepunkt. Da man die Gedichte meist gut datieren konnte, begann man sie zeitlich zu ordnen, und 1916 erschien im Insel-Verlag eine Ausgabe von Goethes sämtlichen Gedichten, chronologisch geordnet von Hans Gerhard Gräf. Hier überblickt man Goethes Entwicklung als Lyriker. Doch es zeigt sich, daß die zeitliche Anordnung ihre Schwächen hat. Die „Trilogie der Leidenschaft" entstand in längerer Zeitfolge. In Goethes Anordnung steht zu Beginn die grandiose Lebensrückschau „An Werther". Dann folgt die „Elegie", welche bis an die Grenze tragischen Zerbrechens führt. Den Schluß bildet „Aussöhnung", das Gedicht von der Ordnung der

Kunst, von dem Kosmos des Geistes und seiner heilenden Kraft. Entstanden sind die Gedichte in umgekehrter Reihenfolge, und deswegen sind sie in Gräfs Ausgabe so gedruckt. Das ist fast, als wenn man die Sätze einer Symphonie Beethovens in umgekehrter Folge spielen würde, weil sie so entstanden sind. Ein anderer Nachteil der rein zeitlichen Ordnung ist, daß man dort gewisse Gedichtgruppen, etwa die weltanschaulichen Gedichte des Alters oder die lyrischen Gedichte des Alters mühsam zusammensuchen muß, denn sie stehen zwischen 800 Sprüchen und 250 Gedichten an Personen, d. h. zwischen den vielen Gedichten, die dem Tage dienten, den Versen für Stammbücher oder Strophen für Festlichkeiten am Weimarer Hof usw.

Im allgemeinen druckt man heute die Gedichte in der Anordnung, die sie in der Ausgabe letzter Hand haben, und fügt dann einen Anhang bei, der alle Nachlaß-Gedichte bringt. Weil Gedicht-Ausgaben mit dieser Anordnung zahlreich vorhanden sind, darf ein Herausgeber aber auch einmal eine andere Reihenfolge wagen. So ist es in der „Hamburger Ausgabe". Sie gruppiert im großen zeitlich – Jugendwerke; erste Weimarer Zeit; Klassik; Alterswerke –, läßt innerhalb dieser Perioden aber dasjenige beieinander, was dem Geiste nach zusammengehört, etwa die großen Hymnen des Sturm und Drang und die gleichzeitige Gruppe der Künstlergedichte. Hinter diesem Verfahren steht die Beobachtung, daß Goethes Schaffen in organischen Zusammenhängen vor sich geht. Manches, was so entstand, hat er selbst als Gruppe zusammengefaßt, z. B. die „Römischen Elegien", die „Sonette", den „Westöstlichen Divan". Anderes hat er nicht zusammengestellt, z. B. die im Alter entstandenen Sprüche, die weltanschaulichen Gedichte und die späte Lyrik. Bei der Anordnung der Gedichte in Band 1 kam es mir auf die Alterswerke besonders an. Sie sollten zum ersten Mal als Gruppen erscheinen.

Man hat mich mitunter gefragt, wie ich zu der Anordnung der Gedichte in Band 1 gekommen sei. Ich ging davon aus, daß ich nicht alle Gedichte bringen wolle, weil darunter manches Unbedeutende ist. Weil es so viele Gedichtausgaben gibt, welche alle Gedichte und die alte Goethesche Anordnung bringen, durfte ich eine Auswahl in neuer Anordnung wagen. Als ich daran ging, sie herzustellen, hatte ich bereits mehr als 10 Jahre akademischer Lehrtätigkeit hinter mir. Ich hatte den Studenten einen Überblick über Goethes Entwicklung als Lyriker vermittelt, indem ich die Epochen „Sturm und Drang", „Gedichte der ersten Mannesjahre", „Die Zeit der Klassik", „Alterswerke" unterschied. Innerhalb dieser großen Gruppen hatte ich noch einige kleinere Gruppen bezeichnet, etwa „Balladen" oder „Gedichte an Personen". Diese Gliederung hatte sich mir mühelos ergeben, und die Studenten hatten gesagt, sie sei einleuchtend. Um die Gedichte in Band 1 herauszugeben, las ich in einer Gesamtausgabe alle Gedichte durch. Diejenigen, welche ich aufnehmen wollte, erhielten jedes eine Karteikarte, auf welcher Gedichtanfang, Überschrift und möglichst auch die Datierung standen. Als alle Karteikarten bei einander waren, beschloß ich, sie in die neue Ordnung zu bringen, ohne dabei an die einstige Gruppierung in den Vorlesungen zu denken. Spätere Leser, die mit mir darüber sprachen, äußerten die Meinung, das habe wohl viel Nachdenken erfordert. Ich muß gestehn: Nachgedacht habe ich überhaupt nicht. Ich kannte alle diese Gedichte genau, hatte von jedem einen künstlerischen Eindruck. Ich nahm an einem Nachmittag den Haufen der Karteikarten, legte die ersten auf den Tisch und dann die folgenden dazu nach dem Gesichtspunkt: Zu welchem Gedicht paßt das, dessen Karte ich eben in der Hand habe? Da es sich um künstlerische Dinge handelte, war das eine gefühlsmäßige Entscheidung, die blitzschnell ging. Es bildeten sich Häufchen, zu denen ich rasch die weiteren Karteikarten legte. Je weiter ich kam, desto spannender wurde es, ob ein Rest bliebe. Je erregter ich wurde, desto schneller ging das Entscheiden und das Ablegen der Karteikarten. Dann hatte ich nur noch wenige Karten in der Hand und dann die letzte. Ich wußte, zu welcher Gruppe sie paßte. So kam 1946 die Anordnung der Gruppen zustande, die heute noch in der „Hamburger Ausgabe" besteht. Innerhalb der Gruppen war die Reihenfolge dann leicht zu finden, teils zeitlich, teils thematisch. Jedenfalls hatte ich die Freude, daß die späte Lyrik hier als Gruppe erschien, ebenfalls die weltanschaulichen Altersgedichte, und daß unter den Jugendwerken die großen Hymnen und die Künstlergedichte als Gruppen hervortraten.

Vollständigkeit

Es ist selbstverständlich, daß eine große wissenschaftliche Ausgabe wie die „Weimarer Ausgabe" möglichst vollständig sein muß. Eine Leseausgabe wird, wenn sie vollständig ist, meist zu teuer. Außerdem bleibt die Frage, ob für eine Leseausgabe die Vollständigkeit sinnvoll sei. Paradox gesagt: 1. Nur durch Vollständigkeit ergibt sich das richtige Bild. 2. Gerade durch Vollständigkeit wird das richtige Bild verhindert oder zumindest erschwert. Dafür ein Beispiel. Zu Goethes Zeit war das Dichten noch weitgehend eine gesellschaftliche Angelegenheit. Man hatte Stammbücher, die man Freunden und Bekannten vorlegte, sie schrieben einen „Wahlspruch" oder ein Gedicht hinein, und besonderen Wert hatte es, wenn es ein eigenes Gedicht war. Goethe bekam viele solcher Stammbücher vorgelegt, zumal bei seinen Badeaufenthalten in Karlsbad von den Damen der europäischen Aristokratie. Und er, der Konziliante, Gesellschaftliche, schrieb dann ein paar Verse hinein, die er rasch gemacht hatte, ein kleines Handschrift-Geschenk. Im 4. Band der „Ausgabe letzter Hand" hat er eine begrenzte Zahl solcher „Denk- und Sende-Blätter" zusammengestellt. Mehr sollten es nicht sein. Er ahnte nicht, daß im 19. Jahrhundert die Goethe-Liebhaber und die Philologen überall aus Familienpapieren und Stammbüchern alle seine Verse abschreiben und zum Druck bringen würden. In der zeitlich geordneten Ausgabe von H. G. Gräf muß man stellenweise 10 Gedichte dieser Art – an eine Dame, die eine Schreibfeder Goethes erbeten hatte, oder an einen alten Freund, der Geburtstag hat – lesen, bis man zu einem der wesentlichen Gedichte gelangt. Der Laie ertrinkt hier in der Fülle dessen, was nur dem Tage diente und nie dafür gedacht war, in solcher Masse veröffentlicht zu werden. Insofern verfälscht die Vollständigkeit das Bild; denn so hat Goethe es nie gewollt. Nur der Kenner weiß mit so einer Ausgabe richtig umzugehen. Zumindest muß im Kommentar gesagt werden, daß es sich um Gelegenheitsverse handelt, die nicht für den Druck bestimmt waren.

Goethe war von großer Produktivität, und da seine Handschriften sehr reichhaltig erhalten sind, haben wir sein umfangreiches Schaffen vor uns, und es gibt darin verschiedene Höhenschichten. Da gibt es „Faust" und die „Wanderjahre" und die „Maximen und Reflexionen", und in einer ganz anderen Schicht die Prologe für Weimarer Aufführungen, kleine Verse für den Freundeskreis, Anzeigen seiner Werke in Zeitungen usw. Er hat z. B. eine Bühnenfassung von Kotzebues Drama „Der Schutzgeist" für das Weimarer Theater hergestellt, die er niemals zum Druck gab. Die „Weimarer Ausgabe" druckt sie ab – aber muß das auch jede andere Ausgabe? Dem Gelehrten können diese Nebenwerke mitunter aufschlußreich sein. Wer aber kein Goethe-Spezialist ist, der verliert nicht viel, wenn sie in einer Ausgabe fehlen. Es gibt genug vollständige Ausgaben, in denen er sie nachlesen kann. Und es wäre gut, er erführe dann auch, welche Funktion diese Werke hatten, daß Goethe viele von ihnen nicht in seine gedruckten Schriften aufgenommen hat und manche überhaupt nicht gedruckt haben wollte. Damit der Benutzer dies erfährt, ist ein Anhang wünschenswert, der solche Dinge mitteilt, zumal das, was Goethe selbst zu seinen Werken gesagt hat.

Goethes Äußerungen über seine Werke

Goethe hat sich in seiner Zeitschrift „Über Kunst und Altertum" im Alter zu einigen seiner Gedichte geäußert, 1820 zu „Urworte, orphisch", 1821 zu „Ballade" und „Harzreise im Winter". Zu anderen Werken sagte er etwas in „Dichtung und Wahrheit" und den anderen autobiographischen Schriften. Nimmt man die Äußerungen in den Briefen und Tagebüchern hinzu, so ergibt sich vielerlei. Zwar vermeidet Goethe es, das Geheimnis des Kunstwerks zu berühren, er bleibt gern beim Stofflichen, Äußerlichen, der Entstehung usw., doch ergeben seine Äußerungen insgesamt viel. Deswegen hat H. G. Gräf das große Werk „Goethe über seine Werke" zusammengestellt, das in 9 Bänden 1901–1914 erschien. Es ist noch heute grundlegend. Der Goethe-Leser hat freilich diese 9 Bände meist nicht zur Hand. Die „Hamburger Ausgabe" bringt zu fast jedem Werk eine Zusammenstellung „Goethe über..." oder auch „Goethe und seine Zeitgenossen über...", denn es gibt unter den zeitgenössischen Urteilen kluge Deutungen von Humboldt, Schiller, Friedrich Schlegel und anderen, die auch uns noch Hinweise zur Interpretation geben, außerdem sehen wir durch sie Goethes Werke im Rahmen ihrer Zeit; der heutige Leser ist allzuleicht geneigt, diese Zeitgebundenheit zu vergessen. Gibt man einer heutigen Ausgabe solche Zusammenstellungen bei, so bringt man in sie etwas hinein, was in der Ausgabe letzter Hand nur im Ansatz vorhanden war, aber man bringt nichts Wesensfremdes hinein, was den Blick falsch lenkte. Es liegt an dem Takt des Philologen, wie er sich hier begrenzt, um das Wesentliche zu erschließen und eine unnötige Stoffmenge zu vermeiden. Solche Zusammenstellungen haben verschiedene Funktionen. Sie dienen der Entstehungsgeschichte, vor allem aber der Deutung. In diesem Sinne hat man Goethes Äußerungen über „Faust" seit je viel beachtet. Anders ist es mit dem Material zu „Des Epimenides Erwachen". Hier handelt es sich um ein Festspiel zu einer einmaligen Gelegenheit, nach der Besiegung Napoleons, 1814. Die Dokumente zeigen, wie Goethe auf die ihm aus Berlin gestellte Aufgabe eingeht, wie er die Bühne und die Schauspieler bedenkt usw. Die „Hamburger Ausgabe" konnte übrigens in diesem Fall aus dem Goethe-Archiv mancherlei Materialien mitteilen, die bei Gräf nicht zu finden sind.

Briefe

Manche modernen Ausgaben haben als Ergänzung eine Edition von Goethes Briefen, so die Ausgabe des Artemis-Verlags und auch die „Hamburger Ausgabe". Goethe war ein hervorragender Briefschreiber. Manche Briefe sind Kunstwerke, die Briefe an Frau v. Stein geben die Stimung des Augenblicks, die späten Briefe an Zelter, Boisserée und Humboldt sind Selbstbildnisse des Schriftstellers mit seinen weitreichenden Interessen. Zahlreiche Briefe sind viel bedeutender als manche dichterischen Werke, etwa als die Singspieltexte wie „Scherz, List und Rache". Es ist daher wichtiger, solche Briefe zu lesen als diese Nebenwerke. Nun füllen die Briefe in der „Weimarer Ausgabe" 50 Bände. Darunter ist vieles, was nur alltägliche Dinge behandelt. Es genügt, wenn man Goethes Arbeit für die „Oberaufsicht" der wissenschaftlichen und künstlerischen Anstalten im Herzogtum Sachsen-Weimar an einigen Beispielen kennenlernt. Die inhaltsreichen großen Briefe an Humboldt, Zelter, Boisserée und andere müssen im Mittelpunkt stehen. Deswegen ist hier eine Auswahl erwünscht.

Die Briefe hängen mit vielen zeitlichen Gegebenheiten zusammen. Zeitgenossen und Zeitereignisse werden genannt, Buchtitel, Zeitschriftenaufsätze usw. Hier ist ein Kommentar nötig, sofern der Leser nicht über vieles hinweglesen will. Da wir reiches Material über Goethes Leben und Werk besitzen und da es in der „Weimarer Ausgabe" durch die Namenregister aufgeschlossen ist, läßt sich in den Briefen alles – oder fast alles – wünschenswert kommentieren.

Die Briefe Goethes gehören zusammen mit den Gegenbriefen. Seine Briefpartner haben gewußt, wen sie vor sich hatten. Sie haben sich bemüht, ihr Bestes zu geben, und so sind unter den vielen Briefen an Goethe zahlreiche kluge, geistvolle Briefe, die zum Besten gehören, was damals in Europa geschrieben ist. Eine gute Auswahl daraus zeigt, in welcher geistigen Welt Goethe lebte und was alles an ihn herangetragen wurde. – In der „Hamburger Ausgabe" hat Karl Robert Mandelkow unter Mitwirkung von Bodo Morawe vier Bände Briefe von Goethe und zwei Bände Briefe an Goethe zusammengestellt. Sie sind sorgfältig kommentiert und durch Namen- und Begriffs-Register erschlossen. Wenn der Leser in Goethes Werken gewissen Themen nachgeht – etwa Antike, Beschränkung, Bibel, Bildung, Dämon, die Deutschen, der Dichter, Dilettantismus, Drama usw. –, so kann er durch einen Blick in das Register der Briefbände die Ergänzungen dazu finden. Diese Briefausgabe ergänzt die Werk-

Ausgabe in jeder Weise vorzüglich, und auch hier zeigt sich, wie nützlich ein Kommentar ist.

Etwas anderes als die Briefe sind die Gespräche. Als Aufzeichnungen von anderen geben sie bei weitem nicht so gut Goethes Gedanken wieder wie die Briefe. In Gesprächen formulierte Goethe nicht so abgewogen wie in Briefen, und wenn seine Besucher nach Stunden, Tagen oder Wochen etwas darüber aufschrieben, war es nicht genau so, wie er es gesagt hatte. Der Leser denke sich, er selbst spreche mit einem Bekannten, dieser schreibe nach einiger Zeit darüber einen Brief an einen Dritten, und dieser mache sich daraufhin ein Bild von ihm. Wird er immer zufrieden sein? Eckermann hat manche Gespräche erst in den Jahren 1846–1848 geschrieben, also 14–16 Jahre nach Goethes Tode, und nicht etwa auf Grund eigener Notizen, sondern auf Grund von Tagebuch-Notizen Sorets. Die Gespräche werden gern zitiert, weil sie so flüssig, so leicht eingänglich sind. Doch alle Themen aus ihnen findet man auch in Goethes Briefen oder den Maximen und Reflexionen oder anderen Werken, nur herber, knapper, vielseitiger und eben echter. Wer sich näher mit Goethe befassen will, sollte von den Gesprächen zu den Briefen übergehn, und er wird entdecken, wie viel reichhaltiger und tiefer sie sind.

Textkritischer Anhang

Am Ende jedes Bandes der „Hamburger Ausgabe" steht meist ein Abschnitt „Zur Textgestalt". Dieser Abschnitt ist kurz. Er hat dem Verfasser große Mühe gemacht. Er wird von den Benutzern meist nicht angesehen, mit Recht, denn er ist nicht zum Lesen da, sondern nur zum Nachschlagen in Zweifelsfällen. Auch die „Berliner Ausgabe" hat solche Anhänge. Viele Ausgaben verzichten auf sie. Anderseits haben wissenschaftliche Ausgaben Lesartenverzeichnisse, die mitunter ausführlicher sind als die Texte. Die Anhänge in der „Hamburger Ausgabe" wählen also einen Mittelweg. Sie beschränken sich darauf, die wichtigsten Unterschiede zu anderen Ausgaben mitzuteilen. Sie ersparen dem Herausgeber viele Briefe; denn es gibt Leserbriefe wie diesen: „In Band 11, ‚Italienische Reise', ist der Maler, den Goethe bei sich hatte, Krause genannt. Er hieß aber Kraus. Ich habe die ‚Weimarer Ausgabe' und die ‚Jubiläums-Ausgabe' verglichen, da steht Kraus. Ich möchte Sie auf diesen Druckfehler in Ihrer Ausgabe aufmerksam machen." Es ist aber kein Druckfehler. Die „Weimarer Ausgabe" hat hier „normalisiert". Goethe hat im Alter die Weimarische Namensform Krause benutzt. Seine Schreiber, denen er diktierte, setzten sie mit Selbstverständlichkeit ein, denn sie sagten „Ich gehe zu Krausen, ich habe Krausens Bild" usw. Der Textkritiker muß nicht nur Goethes Sprache, sondern auch die seiner Schreiber und Mitarbeiter kennen, und wissen, wieweit Goethe in Weimar anders schrieb als in Frankfurt. In Weimar schrieb er „Krause". In dem Abschnitt „Zur Textgestalt" wird, wenn der Text von anderen maßgeblichen Ausgaben bewußt abweicht, dies vermerkt; zwar in aller Kürze, aber so, daß der Leser sieht, daß der Herausgeber die Verschiedenheiten kennt und absichtlich die Form so gewählt hat, die in seinem Texte steht.

Wenn ein Herausgeber die mühsame Arbeit des Vergleichs mehrerer Handschriften und Drucke auf sich genommen hat, ist es gut, wenn er von dieser Arbeit etwas mitteilt. Es darf für eine Leseausgabe nicht zu lang sein, sollte aber nicht ganz fehlen. Als Beispiel sei genannt, was Lieselotte Blumenthal in den Bänden 9 und 10 der „Hamburger Ausgabe" zu „Dichtung und Wahrheit" und zu den autobiographischen Einzelheiten geschrieben hat. Sie wohnte zu der Zeit, als sie daran arbeitete, in Weimar und konnte in Ruhe im Goethe-Archiv die Handschriften benutzen. Der 4. Teil von „Dichtung und Wahrheit" wurde nach Goethes Tode von Eckermann und Riemer herausgegeben und dabei stellenweise stilistisch überarbeitet. Lieselotte Blumenthal gibt den Text aber so wieder, wie Goethe ihn hinterlassen hat, und begründet das in ihrem Abschnitt „Zur Textgestaltung" in sorgfältiger Weise. Noch wichtiger war die textkritische Arbeit für die autobiographischen Einzelheiten, weil Eckermann hier noch stärker verändert hat. Er hat verschiedene Fragmente kombiniert, hat neue Überschriften erfunden usw. Hier beschreibt der Abschnitt „Textgestalt, Entstehung und Überlieferung" zu jedem kleinen Stück ausführlich die Handschrift und die Drucke und gibt eine Rechtfertigung für die vielfach neuartige Darbietung des Textes.

Kommentar

Ein Kommentar muß zunächst einmal sagen, woher wir den dargebotenen Text kennen, ob Goethe ihn zum Druck gebracht hat oder nicht, ob wir ihn aus einer Handschrift kennen und wie wir ihn datieren. Daß diese Fragen nicht immer einfach sind, möge folgendes Beispiel zeigen. Im Jahre 1835 setzte sich in Straßburg der Student Heinrich Kruse aufs Pferd und ritt nach Sesenheim. Er wollte nachsehn, ob dort von dem, was Goethe in „Dichtung und Wahrheit" beschrieben hatte, etwas übrig sei. Das Pfarrhaus stand noch. Er erkundigte sich nach der Familie Brion. Friedrike war schon vor langem nach dem Schwarzwald gezogen und dort bei Verwandten gestorben. In Sesenheim aber lebte noch Friedrikens jüngere Schwester Sophie, jetzt eine alte Dame von 79 Jahren. Der Student Kruse ging zu ihr. Sie zeigte ihm ein Heft mit 11 Gedichten, die sie in ihrer Jugend nach Manuskripten im Besitz Friedrikens abgeschrieben hatte. Der Student Kruse las:

Es schlug mein Herz. Geschwind, zu Pferde!
Und fort, wild wie ein Held zur Schlacht.

Das war ein ihm bekanntes Goethesches Gedicht, aber er kannte den zweiten Vers in der Fassung

Es war getan fast eh gedacht.

Auch andere Verse sah er in einer Fassung, die von dem Druck abwich. Und einige Gedichte waren ihm völlig unbekannt. Er schrieb sie alle ab. Dann aber erfuhr er, diese Gedichte seien gar nicht alle von Goethe, denn damals sei noch ein anderer Dichter gekommen, Lenz, und der habe ebenfalls Gedichte gebracht. Sophie Brion hatte sich damals abgeschrieben, was sie hübsch fand. Von wem das eine oder das andere sei, hatte sie vergessen. Die ursprünglichen Handschriften waren nicht mehr vorhanden. Wir haben heute nichts als die Abschriften des Studenten Kruse. Der Philologe entscheidet, ob er ein Gedicht Goethe zuschreibt oder nicht. Er nimmt es in seine Ausgabe auf. Ist es eine Ausgabe ohne Kommentar, so liest der Leser das Gedicht, denkt es sei von Goethe, und es ist vielleicht von Lenz. Ist die Ausgabe kommentiert, so wird dieser Sachverhalt mitgeteilt und der Leser kann selbst darüber nachdenken, ob er das Gedicht Goethe oder Lenz zuschreiben möchte.

Sodann gehört in den Kommentar die Datierung des Textes, jedenfalls in Grundzügen. Es gibt Gedichte, bei denen die Entstehung viel früher liegt als der erste Druck – etwa „Wandrers Sturmlied" –, in solchen Fällen ist die Datierung besonders wichtig. – Bietet das Werk Probleme der Anordnung, wie etwa die „Maximen und Reflexionen", so muß der Kommentar auch darüber berichten.

Zu einem Kommentar gehören ferner sprachliche Erläuterungen. Wenn Gretchen von den „Scherben" vor ihrem Fenster spricht, meint sie Blumentöpfe. Ein Gedicht des jungen Goethe hat die Überschrift „Klaggesang der edlen Frauen des Asan Aga". Der heutige Leser denkt, „Frauen" sei Plural und die Frauen klagen. Hier ist aber

„Frauen" der Genitiv des Singular, ein Genitivus objectivus, also: ein Klagegesang auf die edle Frau des Asan Aga. In „Hermann und Dorothea" IX,123 ist die Rede von der „Heftigkeit der Frauen" – auch da ist es ein Singular. Das Wort „dürfen" hat bei Goethe oft nicht die Bedeutung „Erlaubnis haben", sondern die alte Bedeutung „nötig haben"; in „Reineke Fuchs" III,192 „Ihr dürft nur befehlen" bedeutet: Ihr braucht nur zu befehlen. – In dem Gedicht „Euphrosyne" sagt der Dichter zu der Gestalt, die ihm erscheint: „Rege bedeutend mich auf". Hier muß man jedes Wort in heutige Sprache umsetzen; „aufregen" heißt „anregen"; „bedeuten" ist soviel wie „deuten, hinter der Erscheinung das Wesen zeigen"; der Satz meint also: Gib mir eine Anregung zur Deutung. – Wie ist der „Faust"-Vers 1139 zu verstehn, welcher sagt, die Geister „gehorchen gern, weil sie uns gern betrügen"? Das „weil" ist nicht kausal, sondern temporal, „während". Nur wenn man diese Bedeutung weiß, versteht man im „Divan" in dem Gedicht „Offenbar Geheimnis" die Worte

> Du aber bist mystisch rein,
> Weil sie dich nicht verstehn,

Auch hier ist das „weil" zeitlich und zugleich gegensätzlich gemeint. Gerade bei den weltanschaulichen Gedichten kommt es auf das Wortverständnis an. Was bedeutet in dem Titel „Selige Sehnsucht" das Wort „selig"? Zieht man ein anderes der weltanschaulichen Gedichte heran,

> Im Grenzenlosen sich zu finden,
> Wird gern der einzelne verschwinden,

so wird deutlicher, was gemeint ist, die Sehnsucht ins „Grenzenlose", die Existenz nach dem Tode. In der Sprache der Zeit vor Goethe waren die „Seligen" die, welche nach dem Tode im Himmel sind und Gott schauen. Es ist für das Wortverständnis gut, wenn man die Geistesgeschichte und die Sprachgeschichte kennt und weiß, daß Goethe alte Wörter benutzt, wie er sie in seinen Vorstellungskreis hineinnimmt und dabei die Bedeutung ein wenig verschiebt, aber keineswegs zu derjenigen Bedeutung kommt, welche die Wörter im 20. Jahrhundert haben. Nicht jeder Goethe-Leser hat das „Deutsche Wörterbuch" der Brüder Grimm mit seinen 32 Bänden zur Hand. Und das neue „Goethe-Wörterbuch" enthält bisher nur die ersten Buchstaben des Alphabets.

Der Wort-Kommentar geht über in den Sach-Kommentar. Bei der Gedicht-Überschrift „An Schwager Kronos" muß man wissen, daß

„Schwager" den Postillon meint und „Kronos" die Zeit. Wie viel gibt es allein in „Faust II" zu kommentieren, Seismos, die Telchinen, die Kabiren, die Lemuren, Maria Aegyptiaca usw. Während man „Faust II" seit dem 19. Jahrhundert mehrfach ausführlich kommentiert hat, waren die Kommentare zu dem anderen großen Alterswerk, den „Wanderjahren", sehr knapp, auch in der Jubiläums-Ausgabe und in der Fest-Ausgabe. Hier war noch viel zu tun. Ebenso ließ sich zur Kommentierung der Kunstschriften mancherlei Neues bringen. Wenn ein Maler genannt wird, ist es leicht, in einem kunsthistorischen Nachschlagewerk die Lebensdaten zu suchen und sie in den Kommentar zu setzen. Nun ist aber Goethes Kunstsammlung erhalten geblieben, unter anderem die 9000 Blätter Graphik, die sein kunsthistorisches Institut bildeten. Man kann sie in Weimar für wissenschaftliche Arbeit benutzen und auf diese Weise feststellen, wie Goethe zu seinen Urteilen kam. Ähnlich ist es mit Goethes Bibliothek, die etwa 8000 Bände umfaßt. Sie ist vorhanden, und seit 1958 gibt es den gedruckten Katalog von Ruppert. Goethe hat außer seinen eigenen Büchern eifrig die Weimarer Bibliothek benutzt. Aus den alten Ausleih-Verzeichnissen hat 1931 Elise v. Keudell den Band „Goethe als Benutzer der Weimarer Bibliothek" erarbeitet – 2276 Entleihungen. Stellt man diese Buch-Entleihungen zusammen mit den Tagebuch-Notizen, so sieht man, wie Goethe für manche seiner Werke sich nach und nach Literatur bestellte und sie systematisch verwertete. Dann kann man im Kommentar zu „Dichtung und Wahrheit" nicht nur sagen, wann die von Goethe genannten Persönlichkeiten gelebt haben, sondern auch, was Goethe, als er an diesem Werk arbeitete, von ihnen und über sie gelesen hat und inwiefern er über das Gelesene hinaus ein eigenes Bild gibt. Auch für „Faust II" ergibt sich vieles, wenn man die Anregungen betrachtet, welche Goethe verwertete. Es sind nicht nur Bücher aus der eigenen und der herzoglichen Bibliothek, sondern auch Kupferstiche, antike Gemmen, Zeichnungen und andere Werke der bildenden Kunst aus seinen Sammlungen, die hier anregend gewirkt haben.

Wer Goethe kommentiert, muß vielseitig sein, denn Goethe spricht von Antike und Gegenwart, von griechischer, lateinischer, französischer, italienischer, deutscher Literatur, er bezieht sich auf Künstler und Kunstwerke aller Epochen, er ist Spezialist für Morphologie der Pflanzen und Geologie Thüringens. Wer ein Buch schreibt, behandelt Fragen, die ihn interessieren und die seinem persönlichen Können entsprechen; er wählt seinen Stoff aus. Wer einen Kommentar macht, muß mit seinem Autor durch dick und dünn, ihm sind die Stichworte vorgegeben. Wegen Goethes Vielseitigkeit pflegt man bei modernen Ausgaben für die naturwissenschaftlichen Schriften Fachleute zu wählen, und bei den Schriften zur Kunst ist es vorteilhaft, wenn ein Kunsthistoriker den Kommentar übernimmt; dieser muß freilich nicht nur mit der Geschichte der Kunst Bescheid wissen, sondern auch mit Goethe, und es gibt wenige, welche diese Bedingung erfüllen. Auch wenn man nur die dichterischen Werke nimmt, bleibt die Fülle der Fragen für den Kommentator beträchtlich. Es gibt Gedichte mit griechischen und mit indischen Themen, Gedichte über die Metamorphose der Pflanzen und über Howards Wolkenlehre, Gedichte an die Kaiserin von Österreich und an Minister v. Voigt – der Kommentator muß in jedem Falle Bescheid wissen.

Der Kommentar kommt oft an eine Grenze, wo die Wortbedeutung sich mit Goethes Weltanschauung berührt. Was versteht Goethe in „Faust" unter „Chorus mysticus" und was in den „Wanderjahren" unter „Hausfrömmigkeit" und „Weltfrömmigkeit"? Sobald man auf Fragen aus Goethes Weltanschauung kommt oder auf die künstlerische Funktion der Einzelheiten innerhalb einer Dichtung, geht der Sachkommentar in die Interpretation über. Hier muß der Kommentator sich entscheiden. Interpretation soll er nicht bringen, aber vielleicht sind Interpretations-Ansätze nützlich. Ein reiner Sachkommentar findet zeitlich und räumlich weithin Anerkennung. Je mehr Deutung hinzukommt, desto mehr wird der Kommentar subjektiv und also problematisch.

Anderseits muß man bedenken: Jeder Herausgeber, so gut und so vielseitig er auch seine Arbeit macht, bleibt in den Vorhöfen der Literaturwissenschaft, denn das Hauptgebiet ist die Auslegung des Kunstwerks und die große historische Überschau, und zwischen diesen Gebieten gibt es zahlreiche Verflechtungen, weil das eine nicht ohne den Hintergrund des anderen seine beste Ausgestaltung erhält.

Bibliographie

Die Literatur über Goethe ist im Laufe der Zeit riesenhaft geworden. Die ausführlichste Bibliographie der Werke bis 1950 sind die Bände 4,2 bis 4,5 von Goedekes „Grundriß zur Geschichte der deutschen Dichtung", 1910–1960, insgesamt 2892 Seiten Bibliographie. Umfangreich ist auch die Bibliographie von Hans Pyritz, die in 2 Bänden 1965–1968 erschienen ist; auf 1161 Seiten bringt sie 13 190 Titel; sie umfaßt die Forschung bis 1964. Für die Folgezeit muß man die jährlichen Verzeichnisse nachschlagen, das „Goethe-Jahrbuch" und die „Bibliographie der deutschen Sprach- und Literaturwissenschaft" von Eppelsheimer und Köttelwesch. Alle diese Werke sind in Privatbibliotheken selten. Geht man in eine öffentliche Bibliothek und schlägt sie auf, so findet man darin neben neuen Werken die gesamte ältere Literatur, die größtenteils überholt ist. Wenn man die Ausgabe des Briefwechsels mit Marianne v. Willemer, die H. J. Weitz 1965 gemacht hat, benutzt, ist die von Creizenach, 1877, schlechthin veraltet und unnötig. Der Goethe-Leser, sofern er nicht selbst wissenschaftlich arbeitet, braucht einen Hinweis auf die wichtigste Literatur auf allen Gebieten, aber ohne das Veraltete. Vollständig-Sein ist eine Sache des Fleißes; eine Auswahl treffen ist eine Sache der Kenntnis und der Entscheidungskraft.

Für eine Goethe-Ausgabe ist es von Vorteil, wenn sie bei den einzelnen Werken Bibliographien der Spezialliteratur zu diesen Werken bringt. Außerdem aber kann sie zum Schluß eine ergänzende Bibliographie geben, über Goethes Leben, seine Bildnisse, die Orte, wo er lebte, die Menschen, mit denen er umging, über die von ihm herangezogene Kunst, Literatur, Musik usw. Eine solche Bibliographie habe ich für Band 14 der „Hamburger Ausgabe" zu schaffen versucht. Als ich an die Arbeit ging, hatte ich zwar schon mancherlei Kenntnisse, doch diese reichten für die geplante Bibliographie nicht aus. Ich benutzte in Kiel aus der Universitäts-Bibliothek, aus dem Institut für Literaturwissenschaft sowie aus meiner Privatbibliothek alles, was in Frage kam, doch es fehlten immer noch viele Werke, die ich durchsehen wollte, wobei mir klar war, daß ich die meisten nur ansehen müsse, um sie in meiner Bibliographie weglassen zu können. Ich hatte eine Kartei der Werke, die ich nennen wollte, und eine derer, die ich noch durchsehen wollte. Mit diesem Material fuhr ich nach Weimar. Dort gibt es im Schloß eine Spezialbibliothek der Goethe-Literatur. Ich setzte der Bibliothekarin auseinander, um was es sich bei mir handelte, und dann bestellte ich mir jeden Tag einen ganzen Berg Bücher, die ich nur daraufhin durchsah, ob ich sie aufnehmen oder weglassen solle. Nun wurde die Bibliographie fertig. Sie erschien 1960 zum ersten Mal. Seither ist sie von Auflage zu Auflage überarbeitet. Dabei wurden neue Werke aufgenommen, es wurden aber auch alte weggelassen, wenn sie durch das Neue überholt waren.

Namenregister

In Goethes Werk kommen viele Namen vor, und es ist aufschlußreich, die verschiedenen Stellen zusammenzustellen. Deswegen erhielt schon die Ausgabe letzter Hand ein Namenregister, erarbeitet von Riemer und Musculus, 1835. Die „Weimarer Ausgabe" hat besonders sorgfältige Namen-Register, die auch heute noch grundlegend sind. Auch die Jubiläums-Ausgabe und die Ausgabe des Verlags Bong haben solche Register erhalten, ferner die Artemis-Ausgabe. Die Hamburger Ausgabe hat ebenfalls ein Namen-Register für alle 14 Bände. In den meisten Fällen sind Namen-Register ohne Probleme. Es gibt aber Fälle, in denen es schwierig wird, zumal dann, wenn Goethes Erinnerung nicht mehr genau war. So ist es nicht leicht, zu sagen, ob Goethe in „Dichtung und Wahrheit" den jüngeren oder den älteren Ehrmann in Straßburg meint. Die „Weimarer Ausgabe" hat dankenswerterweise nicht nur die Personen verzeichnet, sondern auch deren Werke, also z. B. bei Heinrich Meyer seine Schriften. In Goethes Tagebuch steht oft – besonders im August und September 1811 – „Meyer. Kunstgeschichte". Das bezieht sich auf Meyers „Geschichte der Kunst", welche damals Manuskript blieb und 1974 durch Helmut Holtzhauer in den „Schriften der Goethe-Gesellschaft" herausgegeben ist. Das Register in der „Weimarer Ausgabe" bezieht alle diese Stellen aber auf Meyers „Geschichte der bildenden Künste bei den Griechen und Römern", 1824, und das ist eindeutig falsch. Der Bearbeiter des Registers kannte Meyers „Geschichte der Kunst" nicht, weil sie damals noch Handschrift war und weil diese Handschrift sich nicht im Goethe-Archiv befand. Auch ein so sachgebundenes Gebiet wie ein Namenregister steht also im Zusammenhang der gesamten Forschung und kann Verbesserungen erleben.

Sachregister

Goethes Gesamtwerk ist eine geistige Welt von erstaunlicher Weite und auch von erstaunlicher Konsequenz des inneren Zusammenhangs. Gewisse Grundvorstellungen gehen durch alles hindurch, und man kann Bilder und Symbole von den frühen Gedichten bis zu den späten Versen des „Faust"-Schlusses in gleichem Sinne finden. Deswegen ist es für den Leser ergebnisreich, ein Motiv an einer Stelle zu vergleichen mit anderen Stellen, wo es auftritt. Zu solchen Motiven gehören das Licht, der Stein, die Wolke, der Regenbogen, die Rose usw. Schon mancher Leser hat nachgedacht, was in dem Gedicht „Selige Sehnsucht" in der Formulierung „trüber Gast" das Wort „trüb" bedeutet. Hat man ein Sachregister, so findet man mehrere Stellen für „trüb" nachgewiesen und sieht: es ist ein Bild, das Goethe aus seiner Farbenlehre geläufig war. Das Licht kann den Stein nicht durchdringen, wohl aber den Nebel oder ein farbiges Glas, es kann sie aber nicht so durchdringen wie die reine Luft oder durchsichtiges Glas. Das „trübende Medium" hindert das Licht. Diese Vorstellung wird zur dichterischen Metapher. In den irdisch bedingten Menschen fällt das göttliche Licht wie in ein trübendes Medium. Doch er sehnt sich danach, ganz davon durchdrungen zu werden; das ist die „selige Sehnsucht". Das Sachregister ersetzt hier einen Kommentar. Die bloße Zusammenstellung verhilft dazu, Goethes Verwendung des Wortes zu finden. – Für ein Werk wie die „Maximen und Reflexionen" zeigt das Sachregister die Querverbindungen, die wegen der Fülle der Einzelheiten anders schwer zu finden sind.

Ein Sachregister kann also die Goethesche Welt weitgehend aufschließen. Das gilt für Begriffe wie Allgemeines und Besonderes, Antike, Architektur, Augenblick, Autor und Publikum, Bedingtheit und Freiheit, Beschränkung, Betrachten und Handeln, Bürgertum, Charakter, Dämon (das Dämonische), Dauer, Denken und Tun usw. usw. Bei Begriffen ist es für einen Bearbeiter, der die geistige Welt Goethes kennt und liebt, gut möglich, ein Sachregister zu machen; bei dichterischen Symbolen ist es schwieriger. Ich hatte von vornherein vor, der „Hamburger Ausgabe" ein Sachregister beizugeben, und hätte es sehr gern selbst gemacht, doch ich war durch die Lehrtätigkeit zu sehr beansprucht, deswegen suchte der Verlag jemanden für diese Arbeit und fand eine Schülerin von Wolfgang Kayser. Sie übernahm die Aufgabe unter der Bedingung, daß ich zunächst für die Bände 1–3, d. h. die Gedichte und „Faust", das Sachregister herstellte. Das habe ich getan (habe dabei unter anderem Symbolmotive wie Schlaf, Nacht, Mond, Spiegel, Wolke, Sonne, Nebel, das Feuer, das Fliegen, die Rose usw. vermerkt) und ihr die Karteikarten mit den Notizen für diese 3 Bände geliefert. Auf diesem Grundstock aufbauend hat sie dann das Gesamt-Register zusammengestellt und damit ein für den Leser sehr nützliches Hilfsmittel geliefert, das auf wenig Raum eine Fülle von Information bietet. Ein Sachregister ist hilfreich, ohne gewaltsam zu sein. Es weist Belegstellen nach, alles Weitere muß der Leser selbst tun. Schon ein Kommentar kommt in die Gefahr, den Leser zu gängeln; das Sachregister tut es nie.

Rückblick

Jede Ausgabe will eine möglichst exakte Darbietung der überlieferten Texte sein, aber durch die Art, wie sie auf Handschriften zurückgeht, durch die Fassungen, die sie bietet, die Anordnung und Kommentierung hängt sie zusammen mit dem Goethe-Bild der Zeit. Jeder Herausgeber fußt auf dem, was frühere getan haben und tut selbständig Erarbeitetes hinzu. 1887–1919 erschien die „Weimarer Ausgabe". Manches aus ihr wurde verbessert in der „Jubiläums-Ausgabe", 1902–1912. Dann folgte die „Fest-Ausgabe", 1926–1927. Auf diese Editionen baute die „Hamburger Ausgabe" auf, 1948–1963, überarbeitet (z. T. ganz erneuert) 1981. Dann folgte die „Berliner Ausgabe", seit 1960. Jeder Herausgeber benutzt, was er vorfindet; und das, was er bringt, wird dann später von anderen benutzt. Texte und Texterläuterungen lassen sich leicht übernehmen. Insofern ist ein Herausgeber in einer anderen Lage als der Verfasser eines Buches. Wer ein Buch schreibt, stellt einen eigenen Fragenkreis dar; wer ediert, muß sich ganz dem Autor anpassen. Auch wo er scheinbar untergeordnete Dinge erforscht wie die Handschrift und deren beste Darbietung im Druck: diese hängen aufs engste mit der Person des Autors zusammen. Bei Goethe, der viel zum Druck brachte und eine „Ausgabe letzter Hand" schuf, spielen die Drucke eine größere Rolle als die Handschriften; bei Hölderlin ist es umgekehrt, und in den Handschriften gibt es bei ihm viel mehr verschiedene Fassungen als bei Goethe. Deswegen muß man Hölderlin-Handschriften editorisch anders behandeln als Goethe-Handschriften; und es ist gut, wenn ein Philologe dem Text auch innerlich nahe steht; nicht jeder Philologe kann jeden Schriftsteller gleich gut edieren und erst recht nicht kommentieren.

Als ich im Winter 1948/49 den Text des 3. Bandes der „Hamburger Ausgabe" mit „Faust" herstellte, hatte ich „Urfaust" nur in wissenschaftlichen Drucken zur Hand, welche die Schreibweise des Fräuleins v. Göchhausen reproduzierten, die für heutige Leser manche Schwierigkeiten bereitet. Ich schrieb auf einer Schreibmaschine den ganzen „Urfaust" ab, in moderner Orthographie und Interpunktion, wobei Goethes Art, Komposita in getrennten Wörtern zu schreiben, sachgerecht behandelt sein mußte. Wenn heute jemand den „Urfaust" in moderner Schreibweise abdrucken will und meinen Text übernimmt, kann ich es ihm nicht übelnehmen. Vielleicht käme er, wenn er den Göchhausenschen Text in heutige Schreibung übertrüge, zu genau den gleichen Ergebnissen. Ähnlich ist es mit anderen Texten, etwa dem der

„Wahlverwandtschaften" oder der „Wanderjahre". Es ist mühsam, sie Wort für Wort zu überprüfen; es sind mit solcher Arbeit keine Lorbeeren zu gewinnen; die Arbeit des Herausgebers geht in die Forschung ein als ein nützlicher Baustein. Nicht ganz so einfach wie Texte lassen sich Wort- und Sachkommentare übernehmen. Auch da fußt einer auf dem anderen. Die Kommentare bilden eine Traditionskette, in welcher es zwar gelegentlich auch neue individuelle Leistungen gibt, doch diese fallen kaum ins Auge.

Edieren ist eine Erziehung zur Bescheidenheit, denn das Wesentliche hat der Autor getan, und was der Herausgeber tut, tritt wenig in Erscheinung. Es ist ferner eine Erziehung zur Genauigkeit, wie alle Philologie. Und es ist im Falle Goethes eine Erziehung zur Vielseitigkeit, denn Goethes Werk erstreckt sich in viele Bereiche des Geistes. Der Herausgeber muß Bescheid wissen vom Komma im Text bis zur Kulturgeschichte des 18. Jahrhunderts und zu Goethes Weltanschauung. Sein eigentliches Arbeitsgebiet ist die Darbietung des Textes, die Wahl der Fassung, die Anordnung, die Textgeschichte und Entstehungsgeschichte, auch der Kommentar. Er muß mit den Handschriften und den alten Drucken Bescheid wissen, um sie den heutigen Lesern in möglichst guten Neudrucken darzubieten. Und so steht hinter jeder Ausgabe – dem Leser (mit Recht) kaum sichtbar – die philologische Kritik, das Handwerk des Herausgebers.

Verzeichnis der Abkürzungen

ADB	Allgemeine deutsche Biographie. 56 Bde. 1875–1912.
Briefe	Goethes Briefe. Hamburger Ausgabe. Hrsg. von K. R. Mandelkow und B. Morawe. 4 Bde. Hamburg 1962–1967 u. ö.
Corpus der Goethezeichnungen	Corpus der Goethezeichnungen. Hrsg. von Gerhard Femmel u. a. 7 Teile in 10 Bänden. Lpz. 1958–1973.
Gespräche	Goethes Gespräche. Hrsg. von Wolfgang Herwig. 4 Bde. Zürich u. Stuttgart 1965–1972. Und 1 Kommentar-Band 1984.
G He.	Goethes Gespräche. Hrsg. von Wolfgang Herwig. 4 Bde. Zürich u. Stuttg. 1965–1972. Und 1 Kommentar-Band 1984.
(Jb.) Goethe	Goethe. Vierteljahresschrift der Goethegesellschaft. Von Bd. 9, 1944, an: Jahresbände. Weimar 1936–1971.
Jb.G.Ges.	Jahrbuch der Goethegesellschaft.
HA	Goethes Werke. Hamburger Ausgabe. 14 Bde.
Keudell	Elise v. Keudell, Goethe als Benutzer der Weimarer Bibliothek. Weimar 1931. (XVI, 392 S.)
Leop. Ausg.	Goethe, die Schriften zur Naturwissenschaft. Leopoldina-Ausgabe. Hrsg. von Dorothea Kuhn u. a. Weimar 1947 ff.
NFG	Nationale Forschungs- und Gedenk-Stätten der klassischen deutschen Literatur in Weimar.
Schuchardt	Christian Schuchardt, Goethes Kunstsammlungen. 3 Bde. Jena 1848–1849. (Fotomechanischer Neudruck: Hildesheim 1976.)
WA	Goethes Werke. Weimarer Ausgabe. 143 Bde. Weimar 1887–1919. – 1. Abt.: Werke. 2. Abt.: Naturwissenschaftliche Schriften. 3. Abt.: Tagebücher. 4. Abt.: Briefe. – Wenn keine weitere Bezeichnung dabei steht, ist die 1. Abt., Werke, gemeint.

Quellenangaben

Ein Tag aus Goethes Leben:
Ursprünglich in kürzerer Form mündlich vorgetragen vor den Mitarbeitern der NFG (Nationale Forschungs- und Gedenkstätten der klassischen deutschen Literatur in Weimar) am 14. Oktober 1961 bei einem Ausflug nach Dornburg, im Eßzimmer des Rokoko-Schlosses. – Erster Druck: Neue Zürcher Zeitung 27. August 1972 (ohne Anmerkungen). Dann in dem Buch „Weimarer Goethe-Studien" (Schriften der Goethe-Gesellschaft, Bd. 61), Weimar 1980 (Mit Anmerkungen und Bildern).

Das Haus am Frauenplan in Goethes Alter:
Erster Druck in: Weimarer Goethe-Studien. Weimar, Böhlau Verlag, 1980. (2. Aufl. 1984). = Schr. d. Goethe-Ges., Bd. 61. Dort ausführlicher und mit Anmerkungen. – Ergänzend dazu ein Aufsatz über Zelters Grundriß-Skizzen des Goethehauses in: Jahrbuch der Sammlung Kippenberg, Bd. 4, 1983, S. 169–179.

Goethe als Sammler:
Vortrag in Weimar, NFG, 19. Oktober 1961. Erster Druck: Goethe-Jahrbuch 89, 1972, S. 13–61. Wieder abgedruckt in: Weimarer Goethe-Studien (Schr. G. Ges., 61), Weimar, Böhlau Verlag 1980. Dort in ausführlicherer Form mit Quellennachweisen und mit 123 Anmerkungen. Wer also über die hier vorliegende Darstellung hinaus Einzelheiten sucht, sei auf jene stärker philologische Fassung hingewiesen. Literatur über Goethes Sammlungen ist auch genannt in: HA, Bd. 14, Bibliographie, Abschnitt 20.

Goethes lyrische Kurzgedichte:
Vortrag bei der Tagung der Goethe-Gesellschaft in Weimar am 21. Mai 1964. Gedruckt in: Goethe. Neue Folge des Jahrbuchs der Goethe-Gesellschaft, Bd. 26, 1964. – Zu der Zeit, als der Vortrag gehalten wurde, war noch nicht vorauszusehen, daß in den folgenden zwei Jahrzehnten das lyrische Kurzgedicht in der deutschen Literatur eine Epoche reicher Produktion erleben werde.

Goethes Altersstil:
Geschrieben 1953 als Artikel für das „Goethe-Handbuch", 2. Auflage. Dort in der 2. Lieferung, 1955. = Bd. 1, Stuttg. 1961, Sp. 178–188. – Vorabdruck in: Wirkendes Wort 5, 1954/55, S. 134–139.

Goethes späte Lyrik:
Vortrag vor der Goethe-Gesellschaft Hamburg, 1948. Gedruckt in der „Deutschen Vierteljahrsschrift für Literaturwiss. u. Geistesgesch." 23, 1949.
Die späte Lyrik ist als Gruppe zusammengestellt in der „Hamburger Ausgabe", Bd. I. Der Kommentar dazu gibt Hinweise auf die Handschriften, die ersten Drucke und den Stand der Forschung.

Das Vergängliche als Gleichnis in Goethes Dichtung:
Vortrag am 28. August 1949 zu Goethes 200. Geburtstag im Rathaussaal der Stadt Lüneburg. – Gedruckt im Jahrbuch „Goethe" Bd. 16, 1954, S. 36–56.

Vom Handwerk des Herausgebers:
Erster Druck in der Broschüre: Aus der Werkstatt der Hamburger Goethe-Ausgabe. Christian Wegner Verlag, Hamburg 1949, S. 3–17. – Dann in erweiterer Fassung in: Jahrbuch der Goethe-Gesellschaft in Kansai (Japan). Bd. 18. Hrsg. von S. Okamoto. Osaka 1982. S. 1–33.

Abbildungen:
Goethes Arbeitszimmer. S. 9
Bacchus. Aus Goethes Sammlungen. S. 22
Gipsabgüsse nach Peter Vischer. S. 25
Goethes Haus, Grundriß des ersten Stocks. S. 43
Goethes Haus, Gartenseite. S. 49
Das Treppenhaus. S. 53
Das Urbino-Zimmer. S. 57
Gartenpavillon an der Ackerwand. S. 61
Blick vom Frauenplan auf Goethes Haus. S. 69

Fotos:
Stiftung Weimarer Klassik